U0529126

【中国侗族研究丛书】

侗族武术文化传承之道：
两个"侗拳之乡"的比较研究

张忠杰　龙宇晓　著

中国社会科学出版社

图书在版编目(CIP)数据

侗族武术文化传承之道：两个"侗拳之乡"的比较研究/张忠杰，龙宇晓著.—北京：中国社会科学出版社，2020.7
（中国侗族研究丛书）
ISBN 978-7-5203-6719-6

Ⅰ.①侗… Ⅱ.①张…②龙… Ⅲ.①侗族—武术—文化研究—贵州 Ⅳ.①G852

中国版本图书馆 CIP 数据核字（2020）第 113314 号

出 版 人	赵剑英
责任编辑	王莎莎　刘亚楠
责任校对	张爱华
责任印制	张雪娇

出　　版	中国社会科学出版社
社　　址	北京鼓楼西大街甲 158 号
邮　　编	100720
网　　址	http://www.csspw.cn
发 行 部	010－84083685
门 市 部	010－84029450
经　　销	新华书店及其他书店
印刷装订	北京市十月印刷有限公司
版　　次	2020 年 7 月第 1 版
印　　次	2020 年 7 月第 1 次印刷
开　　本	710×1000　1/16
印　　张	24.75
插　　页	2
字　　数	404 千字
定　　价	148.00 元

凡购买中国社会科学出版社图书，如有质量问题请与本社营销中心联系调换
电话：010－84083683
版权所有　侵权必究

中国侗族研究丛书编委会

编委会主任：
石培新　韦　维

编委会委员：
余维祥　严　肃　肖振猛　郭　文　邬卫东　熊世桓
王平瑞　李　佩　余乐正　石　林　龙宇晓　石含洲
吴亚平　陈志永　李生柱　秦秀强　王章基

主持单位：
贵州师范学院中国山地文明研究中心
贵州山地研究院人文社会科学部

丛书主编：
龙宇晓

迈向中国侗族研究的新境域
——"中国侗族研究丛书"总序

中国是一个多民族国家，正是各地方民族文化的千姿百态，共同造就了整个中华文化的博大精深和丰富多彩，从而使中华民族共同体拥有了得天独厚的文化多样性底蕴和由此形成的文化资源软实力。而侗族作为中华民族大家庭的一员，一方面创造、发展和传承了具有鲜明特色的民族文化；另一方面则早就在历史的长河中与周边其他民族形成了"我中有你、你中有我"的共生依存关系。尽管语言学界对于侗族语言系属还存在着不同的观点，但侗族是我国古代百越族系后裔这一点，却是民族学和历史学界都一致公认的学术定论。无论是从其百越先民时期，还是从首次出现本族特有族称记载（"仡伶""仡榄"）的北宋时代算起，侗族这个群体其实都早已与神州大地上的其他民族形成了密切互动和交融的关系，为中华民族共同体的缔造做出了自己的贡献。正如著名人类学家和民族学家梁钊韬先生在《百越对缔造中华民族的贡献》（《中山大学学报》1981年第2期）一文中所说的，"数千年来，百越民族与羌彝系统诸民族、苗瑶系统诸民族不断交往，相互融合、混血，成为中华民族的成员民族，为缔造中华民族文化及保卫我国边疆作出了伟大的贡献"。从这个角度出发，显而易见，今天我们深入研究侗族的历史和文化，无论是对于侗族人民提升文化自觉和文化自信，还是对于增强少数民族的国家认同、进一步铸牢中华民族共同体意识，无疑都有十分重要的学术价值和现实意义。

在漫长的帝制时代里，帝国皇权的空间演化不断重塑着政治的和文化的边界，侗族所在的区域从自在自为的"蛮荒"或"化外之地"逐渐被吸纳为边陲；而随着时间的推移，这些边陲又不断地非边陲化。但是，贯穿了这条历史长河的帝国主流文化话语体系却似乎从来就不曾承认过边陲族群存在的合法性或正当性。对于那些被纳入了版籍的边陲族群而言，尽管它们继续存在，可它们的文化连同其族群身份一道，常常会被官儒们表述为没有主体意识的奇风异俗，总是以一种妖魔化和野蛮化的形象出现在主流话语里。在新中国民族平等政策和民族区域自治制度到来后，才扭转了这业已延续千年的历史轨迹，使多民族共生发展的认知成为一种共识，使民族身份的认同表达成为社会常态，让许多茧封和遮蔽在深山偏隅里的族群文化得以被知晓、被激活从而获得了新生。

如果不是 1950 年代初中央民族访问团和少数民族社会历史调查队的到来，解除了来自以往一元化帝国历史的厚重的话语遮蔽；如果不是新政权的民族平等政策彻底颠覆了由上千年的受歧视压迫经历积压而成的深深的族群疑惧，很难想象现在称之为"侗族"的这群"蛮夷"同胞会如此毫不畏缩且十分自豪地将他们那尘封多年的民族身份亮出来，并使之成为自己所属的国家公民身份的核心组成部分。

据此我相信，侗族作为一个族体乃是一种本体论意义上（ontological）的存在，不仅有着一系列的文化特质和时空关系结构作为物性的依托与标识，也有着相同的集体境遇记忆和厚重的历史谱系作为亲缘感的基础，而且更是侗族精英代表在民族区域自治的制度框架下发挥主体性和能动性，与政府互动协商、与其他相关力量博弈共进的结果。西方一些人类学学者不分青红皂白地一味将中国的少数民族加以"解构"，斥之为目的论意义上（teleological）的威权政治创造物，显然有失偏颇，甚至恰恰可能有着难以言说的意识形态偏见或目的论。我十分赞同潘蛟教授在《解构中国少数民族：去东方学化还是再东方学化》（《广西民族大学学报》2009 年第 2 期）中作出的批判，那种把中国少数民族想象成完全没有主体性和能动力、任人摆布和任意组构之玩偶或创造物的观点，不过是对中国少数民族"再东方学化"的畅想，根本经不起迪尔凯姆和莫斯社会人类学意义上的民族志"社会事实"（*Facto Social / Facto Social Total*）的检验。

谈到侗族的本体存在，便不由自主地想起费孝通先生提出的"多元一体"学说。1988 年秋，这位享誉全球学术界的中国民族学大师在著名的"坦纳讲座"（Tanner Lectures）上首次明确而系统地阐述了中华民族多元一体格局的理论，不仅为中华各民族认同与贡献的"客位论述"提供了指导性的学术框架，也给不同民族在这个格局中的自我文化表述赋予了话语正当性。按我的理解，他所说的中华民族多元一体格局至少应包括两个层面上的内容：不仅中华民族这个整体是多个民族在近现代民族国家建设的框架下整合而形成的超级共同体，就连中华民族的各个具体成员族群也几乎都是多元一体的民族单位。

以侗族为例来说，其内部不仅有南北两个方言区，而且各方言区里还有许多不同的支系，有的自称为 Gaeml 或 Geml，有的则自称 Jeml。譬如，湘黔桂边区的三省坡一带侗族就有 Jeml Laox、Jeml Tanx、Jeml Jaox 等不同支系之分，贵州黎平和从江等地的侗族则又有"天府侗""河边侗""高山侗"之别。这些不同支系之间在方言土语、文化习俗等方面有异有同，究竟是什么样的因素和何等的机制使得他们能够求同存异，一方面顽强地保持如此多样化的文化自在；另一方面却维系着如此执着而同一的民族认同呢？对这一问题的解答，还有待于我们对侗族进行跨方言、跨支系、跨区域的多学科比较研究。揭示侗族内部的文化多样性与民族认同一致性之间的关系，不仅能够促进对侗族形成过程和机理的认识，而且有助于深化我们对中华民族多元一体格局理论的理解。毕竟，正是由于有着像侗族这样一个个支系纷繁的多元一体民族的存在，才构成了中华民族多元一体的整体格局，使中华文明充满了丰富的内涵，这似乎也正好应验了人类学巨匠列维-施特劳斯在其经典著作《结构人类学》中写下的那句名言："文明意味着具有最大限度多样性的文化之间的共存。文明甚至就是这种共存本身。世界文明不是别的，只能是保持着自身特点的各种文化在世界范围内的联盟。"

但是，在当今我们所处的这样一个复杂多变、各种机遇与风险并存的全球化生境中，一个民族要想实现可持续发展，就再也不能仅仅满足于保持文化自在与认同，而必须实现从文化自在到文化自觉的跨越。文化自觉，诚如费孝通先生所指出的："是指生活在一定社会中的人对其文化有'自知之明'，明白它的来历、形成过程、所具的特色和它发展的趋向……自知之明是为了加强文化转型的自主能力。"开展对侗族的全方位、多视角、跨学科的研究，正是推动侗族文化自觉的必由之路。

近现代学术意义上的侗族研究起步较晚，论及侗族的人类学民族学论著虽然可以追溯到 20 世纪初年，但最早专门研究侗族的成果却只有 20 世纪三四十年代李方桂的侗台语调查报告、陈国钧《侗家中的鼓楼》

（1942）和梁瓯第的《车寨社区调查》（1947）等成果。而专门对侗族开展较大规模的调查研究，则是新中国成立之后才出现的事情。值得注意的是，与中华民国时期侗族语言文化论述作者均为"他者"的情形不同，在20世纪五六十年代国家组织开展全国少数民族社会历史调查期间，侗族社会历史调查小组的骨干成员中身为侗族的知识分子占了绝大部分，包括来自贵州侗区的向零、伍华谋、张民、周昌武、张士良，来自广西侗区的石若屏、陈衣、陈维刚，来自湖南侗区的杨权、吴万源、杨成权，等等。侗族知识分子们积极参与国家组织的侗族社会历史的调查研究，并编著了一批颇有影响的论著（如《侗族简史》），那这算不算是一种文化自觉的践行或其良好的开端呢？我认为答案是肯定的。

如果说20世纪中叶这场以重新发现和建构历史为主旨的侗族知识生产活动带有过于浓重的"国家在场"痕迹且还局限于人数不多的侗族精英的话，那么1987年以来，一系列侗族学术社团的成立及其所开展的活动则表明侗族人在文化自觉方面的努力已经拓展到了更为广阔的范围，进入了一个新的阶段。1987年成立的侗族文学学会（中国少数民族文学学会侗族文学分会）、1989年成立的贵州省侗学研究会、2006年成立的湖南省侗学研究会、2007年成立的广西侗学研究会，以及一些地州县先后成立的侗学研究会，都凝聚了大批有志于探讨侗族历史、侗族语言与侗族文化的侗汉等各族人士，旨在"明白它的来历、形成过程、所具的特色和它发展的趋向"。

改革开放以来，我们对我国侗族研究成果在数量上的显著增长、在研究深度和广度上的不断提高有目共睹。中国知网和读秀等文献库的检索数据显示，目前以侗族为题的期刊论文数目至少在6000篇以上，著作至少700部以上，硕博学位论文近500篇，尽管相比壮族、苗族或彝族的研究而言还显得薄弱，但就自身的纵向发展而言已蔚为可观——近年来每年的发文量都在200篇以上，而20世纪80年代每年平均发文量还不到30篇。纵观近百年的侗族研究，特别是近一二十年来的侗族相关著述，成绩固然可嘉，但也存在一些值得注意的问题。除了学科方法还比较单一、跨学科交叉的力度还有待加强之外，有些或多或少具有一定普遍性的倾向更令我感到不安。对于这几种论述范式或话语倾向，姑且可将之概括为"六化"：原始化、浪漫化、同一化（刻板化）、单一化、溯古化、应时化。

首先，说一说"原始化"和"浪漫化"的问题。这里所谓的"原始化"，就是深受古典单线进化论的影响，将侗族的某些习俗或元素（如尊重女性、萨玛女神崇拜、"不落夫家"、舅权、夏威夷型亲属称谓）解释为原始社会的残余或表征，将早期人类学关于原始社会的论述套到侗族身上，或选取一些侗族文化现象来对所谓的原始社会进行演绎。这种时空穿越式的论述倾向在20世纪80年代比较普遍，近来已不多见，但还是会不时出现。而所谓"浪漫化"，就是把侗族传统文化的一切都描述成美轮美奂的生活图式、浪漫优雅的田园牧歌，譬如有些学者将侗族老人怀旧想象中作为传统社会理想类型的"款组织"当成了社会事实，建构了自己对侗族社会秩序模型的浪漫学术想象；而有人则将侗族传统生态知识的意义过度夸大，想象成了当代环境治理的浪漫神器，这些浪漫化的论述，就如欧洲启蒙运动时代思想家卢梭等人对于"高尚野蛮人"（Noble Savages）的想象一样，看似可以增强文化自信，实则脱离现实，不过是作者对自己心里的"他者"理想类型的学术想象和建构而已。

其次，谈一谈"同一化"和"单一化"的倾向。"同一化"，其实也可称为"刻板化"，这是近年来在侗族研究中比较突出的一种倾向。众所周知，鼓楼、风雨桥、大歌是侗族文化中比较重要的关键符号，但事实上并不是所有地区的侗族或侗族支系都有这些文化事象，譬如北侗就既无大歌，也已没有鼓楼。然而目前侗族研究的很多著述都是言必称鼓楼或大歌，眼睛总是只聚焦于有鼓楼和大歌的地区，而忽略了侗族其他地区许许多多的丰富文化内涵。这对于全面了解侗族、推动侗族研究深入发展显然十分不利，甚至还严重误导了不少侗族地区的文化遗产保护、乡村发展规划和旅游开发走向。周大鸣教授在《行政的边缘　文化的中心：湖南通道上岩坪寨田野调查报告》（民族出版社，2014）一书"总结与反思"章里对侗族地区村寨规划与研究中的这种严重"同一化"的倾向提出了批评，并郑重地提醒我们"侗文化本身就是多样化的"。我认为这是十分中肯而有益的意见，值得侗族研究界注意和采纳。而所谓"单一化"，则包括两个方面的倾向，一是研究中的单一民族化；二是研究视角的单一化。侗族地区与其他民族长期交流和融合，形成了犬牙交错的分布格局，在村寨社区层级范围之外的很多地方，其实都处于侗族与其他民族共居共建的状态，但许多论著却没有把那些与侗族水乳交融的周边民族及其文化考虑进来，而只是孤立地就侗族谈侗族，使研究脱离了实际的多族互动语境。与此同时，一些文化事象根本就不是侗族独有的（譬如冲傩仪式），但不少论文却倾向于将其作为侗族特有之物来论述，而没有放置到多民族共有的文化这一框架下来进行比较分析和理解。此外，研究视角的单一化也是长期存在的问题之一，许多关于侗族特定文化事象的著述，缺乏整体论、跨学科、多方位或主客位交互的视角，局限于就某事象而谈某事象，不与其他事象联系起来考量，因而难以全面深入地揭示其内涵和意义。

最后，讲一讲"溯古化"和"应时化"的倾向。这里的"溯古化"有两层含义，其一是目前关于侗族文化的不少论著似乎都过于偏重所谓的传统文化，倾向于对已经逝去的传统进行浓墨重彩的梳理性和建构性论述，而轻视对当下活着且演化中的侗族文化实践的深描记述，好似侗族文化就静态地停滞在传统之中、不再向前演化一样；其二是动辄就要为侗族的某种文化事象去寻找一个越古越好的起源，要么攀附到秦汉隋唐名人望族中，要么不惜笼统地追溯到所谓的"原始氏族社会"，这往往与前边提到的"原始化"倾向交织在一起。其实，由于史料匮乏，侗族绝大多数社会文化事象的起源都并不可考，那些关于侗族姓氏和家族起源的汉字家谱内容里充斥着许许多多的攀附虚托之物，叙事史诗《美道》中的"破姓开亲"故事也不可能是什么原始社会氏族外婚制度的历史写照，而很可能只是对该史诗流传地区侗族聚落世系群发生半偶（*moitiés*）分裂而导致婚姻圈变化所作的"宪章式"合理化解释而已。与"溯古化"相对的另一个极端就是"应时化"。应时应景炒作是当前很多学科领域的通病，侗族研究也不例外。学术为现实发展服务，达到经世致用的目的，是学术界天经地义的最高理想追求之一。但遗憾的是，一些论文并没有将时代精神贯彻到侗族实际问题的调查研究中，去发现新问题并提出解答，只是将各个新时期的时髦词句和话语套到侗族身上来炒炒冷饭、发发议论、喊喊口号而已，对于认识侗族社会文化新动向、促进侗族社会发展毫无裨益。

侗族研究的现状及其以上这些不足之处，说明这个领域远未进入成熟期，尚处在科学学家普莱斯（Derek J. de Solla Price）所说的学科领域初期发展阶段。换言之，侗族研究还有很大的发展空间，许多研究主题上的空白需要我们去填补，许多学术问题需要我们去分析和解答，许多的不足之处也亟待我们去弥补和超越。我和贵州山地研究院人文社科部的中国山地民族研究中心之所以会响应侗族研究界一批资深专家学者的建议，主持编写出版这套"中国侗族研究丛书"，就是希望借助新时代赐予的良机，在前人成就的基础上，尽力推动这个研究领域快速而稳步地走向纵深发展。

基于对国内外学术动向和上述问题的思考，"中国侗族研究丛书"在著作选题上优先选择了之前没人调查研究过的侗族社区或侗族文化事象，在研究方法上则优先支持那些具有整体论、跨学科、多视角、深度描述等研究取向的选题。丛书首批书目计划中的《侗语语音语法及名物的多视角研究》《记忆的狂欢：瑶白侗寨摆古节的民族志研究》《侗族武术文化传承之道：两个"侗拳之乡"的比较研究》《中国侗族大歌的生态记录与研究》《河运码头侗寨的石刻记忆：三门塘等地濒危碑刻的抢救性整理研究》《侗医指号学：侗语疾病医药命名与分类的跨学科研究》《侗匠记忆抢救录：贵州侗族传统建筑老匠师的口述史研究》《侗族山地林业史》《北侗生活世界中的礼与俗》《追寻本体的身影：百年侗族论著的知识图谱分析》等，基本上都是作者基于自己的长期田野调查或对第一手资料的扎实把握而写成的学术专著，就研究主题而言都是研前人之所未研、发前人之所未发的填补空白之作。希望这些成果的出版有助于丰富侗族研究的内涵、增强侗族研究的深度、提升侗民族的文化自觉，在推动侗族研究迈向更高学术新境域的同时，也为我们铸牢中华民族共同体的伟大实践奠定更加深厚的知识根基。

2019 年 5 月 6 日写毕于深圳
2019 年 5 月 8 日修改于复旦
龙宇晓

前　言

博大精深的中华武术种类繁多，内涵丰富，不仅有拳种丰富、门派林立的汉族武术，更有民族特色浓厚、文化底蕴深厚的少数民族武术。然则，长期以来，少数民族武术一直处于整个体育实践与研究领域的边缘，而著名武术史专家马明达在《说剑丛稿》一书中指出："少数民族同汉族人民一道，对创造和发展中国武术做出了贡献。因此，我们研究武术史时必须充分注意到这一点，并以足够的篇幅来加以论述。"所以，挖掘少数民族武术内涵，丰富武术研究内容，重视少数民族武术研究已迫在眉睫。在众多少数民族中，侗族（侗话：Gaeml）是中国境内较有特色的民族之一。在侗话里，gaeml的意思是"被大山阻隔，被森林遮盖的人们"。因此，侗族是典型的山地民族，主要分布于贵州、湖南、广西等地。而贵州是侗族的主要聚居地之一，民族文化特色较为明显。和汉族一样，侗族在历史上同样创造出了丰富多彩的武术文化。从侗族武术文化的形成和发展过程来看，侗族武术文化与其他民族武术文化早已形成"你中有我，我中有你"的多元一体武术文化格局。就整个侗族来说，按照方言区可分为北侗和南侗，贵州天柱县和黎平县分别为北侗文化和南侗文化的主要代表区域。课题组选取贵州天柱县渡马镇的甘溪和贵州黎平县的觅洞作为代表性田野调查点，针对村寨历史沿革、生产生活和民风民俗、侗族武术技战术训练体系及伦理体系、侗族武术的社会影响及传承与发展等进行详细的田野调查，搜集到了包括文字、口述、实物、音像等在内的侗族武术资料，为书稿的完成奠定了坚实的基础。本书所调研的侗族村寨都极具民族和地域特色。然则，不同的侗寨武术从历史文化语境到发展现状，从传承载体和传承类型，都存在着或多或少的差异。其中，天柱县甘溪侗寨表现出一种典型的"龙文化"。相比之下，黎平县觅洞侗寨文化是以"鼓楼"为代表的南侗文化，侗族武术的发展和继承也紧紧围绕"鼓楼"展开。在文化大繁荣、大发展的时代背景下,侗寨武术在国家建设、全球化、在地化交织的网络中编织起了侗寨武术传承的行动者网络。这两个侗寨形成了各自的武术传承行动者网络,表现出了不同的历史文化特色。更为重要的是,随着人们价值观念的变迁,社会对于侗族武术的需求由原来的以防身自卫为主变为以强身健体和娱乐欣赏为主。在此时代背景下,为迎合文化大繁荣、大发展和"美丽乡村"战略的需求,侗族武术成为侗族地区乡村旅游建设中的重要文化资本,为全民健身和"美丽中国"做出了应有的贡献。为此,甘溪侗寨武术走上了一条旅游传承型的传承道路,而觅洞武术则因循着古老的内生型传承道路。

目 录

导论

研究缘起与价值 ……………………………………………（3）
    一　研究缘起 …………………………………………（3）
    二　学术价值与现实意义 ……………………………（8）

内容方法和预设 ……………………………………………（10）
    一　研究内容 …………………………………………（10）
    二　研究方法 …………………………………………（12）
    三　研究预设 …………………………………………（13）

甘溪篇

引　言 ………………………………………………………（17）

魅力村落：抹不去的集体记忆 ……………………………（20）
  第一节　村寨概况 ……………………………………（20）
    一　甘甜之溪 …………………………………………（20）
    二　功夫之溪 …………………………………………（22）
  第二节　六姓人家 ……………………………………（25）
  第三节　生产与民风 …………………………………（28）
    一　生活之道 …………………………………………（28）
    二　彪悍民风 …………………………………………（30）

生存与发展：甘溪侗家拳的历史脉络 (33)
第一节 峥嵘岁月 (33)
    一 历史渊源 (33)
    二 经典故事 (35)
第二节 村寨械斗 (38)
第三节 生活困扰 (41)
    一 艰难前行 (42)
    二 外出收徒 (43)
第四节 合为一体 (45)

开放与保守：甘溪侗家拳的技术本体 (47)
第一节 花架与表达：甘溪侗家拳的内容体系 (47)
    一 组成与结构 (47)
    二 名称与口诀 (55)
第二节 训练与解释：甘溪侗家拳的训练体系 (59)
    一 基础功法：三角步与矮桩 (59)
    二 功力训练：从石锁到药功 (65)
    三 解释系统：侗寨武术实战 (67)

外显与内隐：甘溪侗家拳的多维呈现 (73)
第一节 技战术特点 (73)
    一 山地特征 (73)
    二 以快制胜 (75)
    三 独树一帜 (78)
第二节 文化特征 (80)
    一 舞龙与花架 (80)
    二 时间与空间 (81)
    三 伦理与道德 (83)
    四 融合与交流 (84)
第三节 功能价值 (86)
    一 防身自卫 (86)
    二 强身健体 (88)

三　休闲娱乐 …………………………………………… (89)

规训与竞争：甘溪侗家拳中的伦理文化 …………………… (90)
　第一节　尚武崇德 ……………………………………………… (90)
　第二节　拜师仪式 ……………………………………………… (92)
　第三节　个人心酸 ……………………………………………… (94)
　　一　"过堂"和"留一手" ……………………………… (95)
　　二　"破场"与应对 ……………………………………… (97)
　第四节　遵规守旧 ……………………………………………… (98)

从评论到关注：甘溪侗家拳的社会影响 ………………… (102)
　第一节　政府的评判 ………………………………………… (102)
　第二节　社会的认可 ………………………………………… (107)
　第三节　村民的认同 ………………………………………… (110)
　第四节　境外的关注 ………………………………………… (112)

从传统走向复兴：甘溪侗家拳的传承与发展 …………… (117)
　第一节　持守与传统：甘溪侗家拳传承情况及困境 ……… (117)
　　一　师承概况 …………………………………………… (117)
　　二　传承方式 …………………………………………… (119)
　　三　传承困境 …………………………………………… (121)
　第二节　复苏与转型：甘溪侗家拳的传承与发展之道 …… (128)
　　一　众志成城："功夫村庄"建设之路 ……………… (128)
　　二　不同声音："功夫村庄"建设之憾 ……………… (161)
　　三　转型发展：传承模式与发展路径 ………………… (165)

觅洞篇

引　言 ……………………………………………………… (179)

沧桑觅洞：都柳江流域上游的古侗寨 …………………… (181)
　第一节　古老村寨 …………………………………………… (181)

一　地形 ……………………………………………………（181）
　　二　寨门 ……………………………………………………（183）
　　三　简史 ……………………………………………………（185）
　第二节　历史遗迹 ……………………………………………（186）
　　一　古石 ……………………………………………………（187）
　　二　古碑 ……………………………………………………（188）
　第三节　族群历史 ……………………………………………（192）

文化语境：觅洞武术的社会文化生态 ………………………（196）
　第一节　生产与民俗 …………………………………………（196）
　　一　铁匠 ……………………………………………………（197）
　　二　芦笙 ……………………………………………………（199）
　第二节　制度与环境 …………………………………………（201）
　　一　寨佬和村长 ……………………………………………（201）
　　二　战乱与土匪 ……………………………………………（202）
　第三节　鼓楼与侗戏 …………………………………………（204）

前世与今生：觅洞武术历史发展轨迹 ………………………（212）
　第一节　从唐末英雄传说看觅洞武术源流 …………………（212）
　第二节　从生存到复兴：觅洞侗族武术的历史演化 ………（219）
　　一　谋生与斗争：1949年前的觅洞武术 …………………（220）
　　二　自觉与自强：1949年后的觅洞武术 …………………（222）
　　三　文化与基因：觅洞武术的历史传承 …………………（232）

技术本体：觅洞武术内容与技战术训练体系 ………………（236）
　第一节　内容体系 ……………………………………………（236）
　　一　基本功 …………………………………………………（236）
　　二　"黑虎拳" ………………………………………………（238）
　　三　实战 ……………………………………………………（257）
　　四　器物 ……………………………………………………（261）
　第二节　训练体系 ……………………………………………（263）
　　一　先易后难 ………………………………………………（263）

二　勤学苦练 ···································· (264)
　　三　区别对待 ···································· (266)
第三节　运用原则 ······································ (267)
　　一　以快制胜 ···································· (267)
　　二　先发制人 ···································· (268)
　　三　攻守合一 ···································· (269)

伦理文化：觅洞武术中的人伦道德 ················· (271)
第一节　驯服的身体 ·································· (271)
　　一　拜师 ·· (271)
　　二　择徒 ·· (273)
第二节　处世的规范 ·································· (274)
　　一　忍让 ·· (274)
　　二　武友 ·· (275)
第三节　文化的保守 ·································· (276)
　　一　"传男不传女" ································ (277)
　　二　"关起门练"及"留一手" ······················· (279)
第四节　拳师的心酸 ·································· (281)
　　一　师傅"破关" ·································· (281)
　　二　外人"破堂" ·································· (282)
　　三　比试武功 ···································· (285)
　　四　传承人之争 ·································· (286)

侗人论武功：觅洞侗族主位的武术观 ··············· (288)
第一节　社会功能价值观 ······························ (288)
　　一　防身自卫 ···································· (288)
　　二　强身健体 ···································· (289)
　　三　文化价值 ···································· (290)
　　四　伦理价值 ···································· (291)
第二节　技术与时空观 ································ (292)
　　一　技术观 ······································ (292)
　　二　时空观 ······································ (294)

传承与发展：觅洞武术文化基因的延续 ………………………… (297)
    第一节　保守中的开放：基因延续方式的转变 ……………… (297)
        一　持守传统 …………………………………………………… (297)
        二　传承与交流 ………………………………………………… (298)
    第二节　政府的规划：文化基因延续中的政府角色 ………… (300)
    第三节　村民的态度：文化基因延续中的村民参与 ………… (302)

评价与认可：觅洞武术的社会影响 ……………………………… (310)
    第一节　从"未知"到规划：政府对觅洞武术的评价 ……… (310)
    第二节　从"熟知"到"广知"：社会对觅洞武术的评价 …… (314)

比较分析与结论

引　言 …………………………………………………………… (325)

侗寨里的全球化弥散与国家在场 ………………………………… (326)
    第一节　媒体景观下的侗寨武术叙事 ………………………… (326)
    第二节　社会治理下的侗寨武术传承 ………………………… (329)

跨越时空的行动者网络 …………………………………………… (332)
    第一节　侗寨武术传承行动者网络的形成与发展 …………… (333)
        一　迁徙与生存：侗寨武术行动者网络的初步形成 ……… (334)
        二　竞争与合作：侗寨武术行动者网络的演化 …………… (334)
    第二节　侗寨武术传承行动者网络的断裂、变迁与重构 …… (337)
        一　侗寨与国家的较量：武术传承的断裂与变通 ………… (337)
        二　市场与国家的协商：武术传承的转型与重构 ………… (338)

全球化、国家建设和在地化发展之网的交织 …………………… (343)
    第一节　全球化与在地化的交融 ……………………………… (343)
        一　全球化与在地化语境下的甘溪侗寨武术 ……………… (344)
        二　全球化与在地化语境下的觅洞侗寨武术 ……………… (345)
        三　侗寨武术全球化与在地化的共生 ……………………… (346)

第二节　在场化与在地化的交织 …………………………… (348)
　　　　一　侗寨武术的国家建设在场化 …………………………… (348)
　　　　二　侗寨武术的国家建设在地化 …………………………… (349)

侗寨武术传承的类型与逻辑 ………………………………………… (352)
　　第一节　外生与内生的辩证法 ……………………………… (352)
　　　　一　获得外援的先期需求 …………………………………… (353)
　　　　二　外部力量的后期干预 …………………………………… (354)
　　　　三　内在需求与外在力量的协商 …………………………… (355)
　　第二节　内在逻辑 …………………………………………… (357)
　　　　一　侗族文化基因的延续 …………………………………… (357)
　　　　二　侗族武术传承的建构 …………………………………… (359)

结论：学术贡献、不足与展望 ……………………………………… (362)

参考文献 ………………………………………………………………… (366)

后　记 …………………………………………………………………… (372)

导论

研究缘起与价值

一 研究缘起

(一) 体育人类学中的跨文化比较

1896年，爱德华·伯内特·泰勒在牛津大学创立了第一个人类学教研室来倡导"跨文化比较研究"，成为文化人类学的奠基人，被誉为"文化人类学之父"。此后，比较研究一直是人类学研究的一个重要方法，体育人类学亦不例外。[①] 在体育研究领域，以"体育比较研究"为主题的论著较多，涉及体育课程、法律保障、体育教育、管理、场馆等诸多方面。但在武术研究领域，以"比较研究"为主题的论著并不是太多，主要有武术与域外体育项目、民间武术与学校武术、竞赛规则等方面的比较。更值得一提的是，杨海晨等在《论体育人类学研究范式中的跨文化比较》(2012) 一文中旗帜鲜明地对体育人类学跨文化比较研究范式进行了阐述，并指出：跨文化比较研究应遵循可比性、整体性、主客位性等原则；在研究方法上应综合考虑类型比较法、历史比较法及模式比较法等方法；应选取具有相似表现形式的项目，根据地缘或渊源进行研究。[②] 这为本书对两个侗寨武术文化进行比较研究提供了理论与方法上的指导。但令人遗憾的是，在少数民族武术研究领域，尚未见到以"比较研究"为主题的论著。而以村寨或村落武术为研究主题的论著虽然不多，但却为本书提供了方法上的参考。其中，郭学松的《一个少数民族村落传统武术人口变迁的考察》(2015) 和《乡土村落武术的变迁规律：畲族八井拳的个案研究》(2016) 均通过少数民族村落武术人口

[①] 胡小明：《体育人类学》，高等教育出版社2017年版，第4页。

[②] 杨海晨、王斌、胡小明：《论体育人类学研究范式中的跨文化比较》，《体育科学》2012年第8期。

的变迁解析了村落传统武术围绕社会环境变迁呈现出波动的一般性社会规律。① 无独有偶，王明建的《村落武术的文化人类学研究》（2016）一文从文化人类学的角度阐述村落武术的研究范式，而他在《拳种与村落：武术人类学研究的实践空间》（2016）一文中则以"他者"为视野，以陈家沟太极拳和鲍店传统武术为个案，透视民间武术的社会符号存在和村民因"拳"而分的社会学意义；印证村落武术与民众社会生活的关系②，并指出：前期相关的武术理论的研究和探讨大都停留在必要性的理论阐述，武术的文化人类学研究近乎一个盲区。③ 这反映了当时学界在武术文化研究方面的不足。实际上，在该文之前，虽然已有周惠新的《中国村落武术变迁的文化人类学分析——以湖南梅山武术为例》（2015）、温博的《文化人类学研究方法及其理论在武术研究中的应用》（2009）、龚茂富的《近代中国武术文化变迁的文化人类学审视——从文化适应到文化自觉》（2008）对武术的文化人类学研究进行了理论探讨与分析，但缺乏相应的案例解析和深度。近年来，学界对侗族武术也进行了零星的研究，相对而言，最早研究侗族武术的是欧阳开松的《侗族武术月牙镋引进校园的创编与研究》（2012）。此后，以张江龙、刘文燕、罗辑、陈超为代表的一批贵州学者，针对侗族武术的文化内涵、文化生态及其嬗变、传承与发展等进行了有针对性的分析。唯有刘文燕等的《黔东南侗族黑虎拳的人类学研究》（2017）一文对黑虎拳进行了初步的人类学分析，但美中不足的是，该文欠缺研究深度。尽管如此，该文也为本书提供了一定的参考。纵观国内武术研究，虽有武术的人类学研究和田野个案分析，但迄今为止，几乎无人对武术的个案进行比较研究。虽然泰勒当初提倡的是"跨文化比较"，但是笔者认为，同一文化内部也存在不同的子文化系统，相互之间存在着差异。如本书中的甘溪和觅洞两个村寨分属于北南两个不同的方言区，从文化信仰到民风民俗乃至村民的心理结构都存在着较大的差异，武术的传承之道也不同。因此，对两个村寨的武术文化进行比较研究，既可以揭示侗寨武术传承之

---

① 郭学松：《一个少数民族村落传统武术人口变迁的考察》，《武汉体育学院学报》2015年第12期。
② 王明建：《村落武术的文化人类学研究》，《上海体育学院学报》2016年第3期。
③ 王明建：《拳种与村落：武术人类学研究的实践空间》，《成都体育学院学报》2016年第1期。

道最深层次的各种社会原因，同时也是对体育人类学"跨文化比较研究"范式有益的补充。

(二) 体育人类学中的"深描"

英国的马林诺夫斯基将自然科学中的实证主义研究方法引入人类学研究领域中，视田野调查为人类学的研究方法重要依据，实现了人类学在研究方法上的转变。之后，美国人类学家克利福德·格尔茨对泰勒的文化人类学理论方法进行了批判，认为"这种泰勒式大杂烩理论方法将文化概念带入了一种困境"[①]。格尔茨借用吉尔伯特·赖尔的"深描"概念，通过分析"挤眼睛"的文化意义，提出了"民族志是深描"的说法，指出："民族志学者首先必须努力把握它们，然后加以翻译。这一点在民族志学者活动之最为基础的丛林田野工作层面上有真切的表现：访问调查合作者、观察仪式、查证亲族称谓、追溯财产继承的路线、调查统计家庭人口……写日记"。[②] 显然，格尔茨的"民族志深描"不仅继承了卡西尔的文化哲学整体观，更是强调了文化的阐释。在体育研究领域，虽然学界运用田野调查法做了一些可圈可点的体育人类学研究，但有关"民族志深描"的成果并不多见。其中，除了上文提及的郭学松、王建、刘文燕等学者所做的体育人类学研究之外，更有诸如胡小明、白晋湘、杨世如、杨海晨、谭华、谭广鑫等专家学者对相关体育项目进行的体育人类学的田野调查。其中，胡小明先生是国内较早提倡和进行田野调查的体育人类学家之一。他与杨世如在《黔东南独木龙舟的田野调查——体育人类学的实证研究》（2009、2010）中连续阐述了他们带领团队深入黔东南州清水江与巴拉河流域对独木龙舟进行田野考察的过程和结果。随之，胡小明先生在《体育人类学方法论》（2013）一文中明确提出了要在参与观察和深度访谈的基础上构建体育民族志，脚踏实地进行跨文化比较。[③] 这为本书对两个侗寨武术进行田野民族志式的比较研究提供了方法论依据与参考。而更加值得学界关注的是，学界在以往研究少数民族武术时，偶有部分学者做了田野调查，但也多为"走马观花"式的"民间采风"，停留在对少数民族武术现象的浅层描写，缺乏

---

① ［美］克利福德·格尔茨：《文化的解释》，韩莉译，译林出版社2014年版，第4页。
② 同上书，第12页。
③ 胡小明：《体育人类学方法论》，《体育科学》2013年第11期。

体育民族志式的深描,但杨海晨在《族群体育与认同构建》(2017)中,在对黑泥屯的演武活动进行深度田野调查的基础上,演绎出族群体育与族群认同这一学理。这一体育民族志式的深描理论与方法,为本书提供了重要参考。尽管如此,在笔者看来,武术技术虽然处于武术文化的最外层,但却是武术研究的根本,也是一切武术文化研究的源泉。对侗族武术进行人类学调查,并对技术进行拍摄和记录,既可以弥补以往武术研究中缺少人文关怀的弊端,又可以避免过于强调人文关怀而忽略武术技术本体的缺憾。无独有偶,谭广鑫的《巫风武影:南部侗族"抬官人"挖掘整理的田野调查报告》(2014)一文采用人类学田野调查的方法,以"抬棺人"为研究对象进行了"深描":论述侗族武术的人类学背景及其所生存的民俗场域,为本书提供了体育民族志深描方法上的参考。相比之下,刘文燕等的《黔东南侗族黑虎拳的人类学研究》(2017)和张江龙等的《对黔东南侗族武术的主要内容与文化精神的研究——基于渡马镇、高酿镇、双江镇等武术之乡的田野调查》(2017)虽然对侗族武术村寨进行了实地调查,但未能结合体育民族志深描理论进行阐释,在研究理论与方法上就略显不足。而笔者的《苗族濒危体育文化遗产镋钯传承的人类学调查》(2018)一文运用田野调查法,对流传于云贵川三省苗区的苗族镋钯的传承进行实物史料的搜集和口述访谈,尝试运用体育民族志深描理论揭示镋钯在苗族迁徙中从形制到技法功能的演化及背后的人类学故事。尽管如此,该文在"深描"层次上仍显不足,但为本书的体育民族志深描积淀了基础。

(三)文化整体观与主位观

文化整体观是体育人类学研究重要的方法论。胡小明、倪依克、杨海晨等一大批专家学者都曾提倡并运用文化整体观分析体育文化现象。然则,由于研究范式的固化,学界虽然有部分学者从人类学的视角分析少数民族武术文化内涵,但绝大多数学者对于少数民族武术的认知与研究仍未能摆脱"就武术而研究武术"的困境,剥离了武术赖以生存与传承发展的文化土壤,未能从文化整体观的角度去理解少数民族武术的内涵。本书吸取以往研究中的教训,基于文化整体论,对包括村寨历史、民风民俗、侗族大歌、侗戏、民间信仰、寨佬制度等在内的两个"侗拳之乡"进行相对全面的调查,为揭示侗寨武术的传承之道提供依据。与此同时,以往的研究成果多从旁观者的角度看待武术,没有运用人类学中的主位观,站在本土人的立场去阐述问题。而龚茂富在《中国民间武术与社会变迁——基于四川地区民间武术的研究》(2018)一书中提及要从"他者"的视野理解"民间",尽管在书中并未明显凸出"他者"的视野,但其研究思路与方法却为本书提供了参考。龚茂福指出:"民间武术也是我们可以借以理解中国社会结构的重要路径之一。民间武术群体并非'乌合之众',他们所继承或产生的群体文化是中国社会深层次结构以及中华民族所特有文化的反映。"① 而本书中所论述的存在于侗寨武术传承中的武术伦理、民风民俗、民间信仰等实际上就折射出当时的社会结构。此前,笔者也曾在《苗族濒危体育文化锐钯传承的人类学调查》(2018)一文中运用人类学中的"主位观"分析苗族锐钯的传承,但未针对侗族武术进行主位观分析。而如美国人类学家格尔兹所言,"对文化的分析不是一种寻求规律的实验科学,而是一种探求意义的解释科学"②。所以,本书运用人类学中的主位观,让侗拳师说话,倾听他们对于侗族武术文化的解释,凸显民间拳师的"话语权",避免武术研究成为学者们的"主体性建构"。

(四) 相关研究

除此之外,在侗族文化研究方面,国外主要关注于中国侗族的语言、民俗等方面,尚未关注侗族武术;而国内学界在侗族武术研究领域正处于初步探索阶段,主要集中于发展现状、文化内涵、教育传承等研究主题,尚无侗族武术方面的专著。而学界对于其他民族武术却做了可圈可点的研究工作,其中,郑玲玲等的《云南德宏傣族孔雀拳运动》(2013)仅对云南德宏傣族孔雀拳在文化特征和项目介绍、技术分析等方面进行了初步的探讨。石兴文的《蚩尤拳》也仅仅展示了流传于广大苗区的蚩尤拳的历史渊源、技法特征、历史人物故事等。而与以上有所不同的是,郭振华的《滇黔武术文化研究》(2015)一书从地理环境、民风民俗、古迹兵器、战争与移民、武术社团、反封建斗争、地域与心理特征方面较为全面地展示了滇黔武术内容与文化特征,既有技术展示,又有理论解析;既有全面介绍,又有个案分析,而正如郭志禹教授所说,"舞中

---

① 龚茂富:《中国民间武术与社会变迁:基于四川地区民间武术的研究》,中国社会科学出版社2018年版,绪论第3页。
② [美]克利福德·格尔兹:《文化的解释》,韩莉译,译林出版社2008年版,第5页。

演武"是该书分析、提炼的精要之一。① 其实,该书不经意间已经运用了文化整体观来分析滇黔武术文化,为本书提供了思路上的参考。

基于以上几点,本书基于文化整体观,希望以侗族武术研究为切入点;以两个侗族村寨武术为例,率领研究团队深入两个侗族村寨,运用文化整体观,对侗族村寨历史和文化遗迹、武术社会语境、武术技术体系、武术伦理、侗寨武术的社会影响等做相对全面的田野考察。在田野调研的基础上结合深度访谈对侗寨武术文化现象进行"深描",揭示社会结构、文化伦理等与侗寨武术的相互建构。在此基础上,本书还运用国家在场、在地化、共生、行动者网络等社会学与人类学理论方法,对两个侗寨武术进行深度解析和比较研究,揭示两个"侗拳之乡"传承之道不同的文化根基与历史记忆。此外,本书希望通过对两个侗寨武术进行个案比较研究,形成一个"试验场",以期为学界进行同类比较研究提供研究范式上的借鉴和理论方法上的参考。

二 学术价值与现实意义

(一) 学术价值

1. 完善少数民族武术研究,推动民族传统体育学科的发展

根据上文对侗族文化研究情况的分析可知,当前学界虽对侗族武术文化进行了零零散散的分析,但截至目前,尚无侗族武术研究专著。因此,本书不仅填补了国内侗族武术研究在专著方面的空白,也扩展了少数民族武术的研究内容;不但丰富了整个中国武术研究的内涵,还在研究范式上大胆尝试,对少数民族村寨武术文化进行比较研究,这必将完善少数民族武术研究,推动整个民族传统体育学科的发展。

2. 丰富体育人类学的研究内容,推动体育人类学的发展

中国体育人类学发展至今,已经形成了较为系统的理论和研究方法,但有关体育民族志的深描并不多见。与此同时,虽然体育人类学提倡"跨文化比较研究",但多针对不同的体育文化系统进行比较分析,而鲜见对于同一文化系统内的不同子文化之间进行比较研究。尤为重要的是,学界在体育民族志深描的基础上对两个民族村寨进行比较研究的更是非常少见。因此,本书通过体育民族志深描的方式,对同属于侗族传统文

---

① 郭振华:《滇黔武术文化研究》,民族出版社 2015 年版,自序部分。

化系统内的南北两个不同文化子系统中的武术文化进行比较研究，不仅丰富了体育人类学的研究内容，还将推动体育人类学的发展。

(二) 现实意义

通过课题组深入广大侗族地区进行田野调查，挖掘蕴含于侗族文化生态系统中的武术文化内涵及相关人类学解释，并对两个村寨武术进行比较研究，不仅对于促进侗族地区全民健身运动的开展、推动"健康中国"战略在侗族地区的实施有着重要的现实意义，而且对于带动乡村文化旅游建设、促进侗族地区经济社会的发展、推动"美丽中国"战略的实施也具有深远的现实意义。与此同时，通过本书也有助于增强侗族的文化自强和文化自信，增强侗族的国家认同感。这对于促进民族和谐、维护社会稳定也具有重要的现实意义。

内容方法和预设

一 研究内容

由于侗族主要分布于贵州、湖南、广西等地，尤以黔东南州侗族人口最多，占据全国侗族总人口的百分之四十左右。其中，黎平县侗族人口位列全国第一，是全国侗族最大的聚居地。因此，课题组将以黔东南地区为重点调查区域，选取天柱县渡马镇甘溪和黎平县双江镇觅洞这两个"侗拳之乡"作为田野调查区域，分别对村寨的历史沿革与生产生活、民风民俗、历史遗迹、侗族武术技术训练体系、英雄故事和民间传说等进行深入考察。在此基础上，运用全球化、国家在场、行动者网络（ANT）、在地化等理论方法分析这两个侗寨武术传承之道的不同。因此，本书的研究内容主要包括以下几个部分：

第一部分：导论部分。

这一部分主要是确立问题意识，分析侗族武术田野考察和比较研究的必要性，阐述研究的价值和意义，提出相关理论假设。

第二部分：甘溪篇和觅洞篇。

这一部分主要对侗寨武术的历史沿革、生产生活、文化生态、技战术训练体系、武术伦理、社会影响等进行论述，并运用人类学与社会中的相关理论与方法对相关文化现象进行阐释，具体如下：

第一，侗寨历史沿革。主要是阐述村寨的发展历史，涉及村寨内各姓氏迁徙历史及相关历史遗迹。

第二，村寨生产生活。一部分主要是调查侗寨村民的生产生活方式，分析村寨的生产生活方式对侗族武术传承与发展的影响。

第三，侗寨武术的文化生态。这一部分主要是阐述村寨的民风民俗、社会组织制度、祭祀活动、精神信仰等民族文化因子。首先，在天柱县境内，侗族地区的"龙文化"比较突出，舞龙是重要的民族活动。在舞龙活动中，侗族武术表演是其重要的活动内容。其次，侗族的社会制度也是侗族武术发展的重要影响因素。在黎平县境内，鼓楼文化与寨佬制度紧密结合。鼓楼成为包括侗族武术在内的侗族文化传承与发展的重要行动指挥中心。

第四，侗寨武术历史渊源。这一部分主要是通过在村寨的田野调查，结合侗族的迁徙历史及生产生活等，全面考察侗族武术的历史渊源。更为重要的是，阐述村寨侗族武术的传承谱系，讲述发生在侗族村寨内的武术英雄故事，通过这些零碎的武术故事和典故呈现出侗族村寨武术历史的概貌。

第五，侗寨武术技术训练体系。这是侗族武术的核心内容，也是侗族武术文化的技术本体。在这一部分，主要通过课题组的实地观摩和录像，分析侗族武术的技术特点；通过对侗族村寨内的拳师和寨佬等进行深度访谈，阐述侗族武术的技术训练方法及内容体系，主要包括侗族武术的内容分类、基本功内容、套路内容及技术训练体系、药功的内容及应用方法等。

第六，侗寨武术的发展现状。主要是针对侗族村寨武术发展的情况进行田野调查，包括目前村寨内侗族武术的习武群体及其特征、习武的时空特征与场域、政府对于侗寨武术的支持与期望、村民对于侗族武术的态度和情感、侗族拳师的生活状况、侗族武术进校园情况等。

第七，侗寨武术的伦理体系。这一部分主要是分析侗寨武术的拜师仪式、侗拳师的收徒经历及遇到的诸如"过堂""破场"等个人心酸历程，运用人类学的文化阐释学对这些文化现象进行阐释。

第八，侗寨武术的社会评价与影响。这一部分主要是通过访谈政府与村民对于侗寨武术的评价，分析诸如"功夫村庄"建设、武术比赛等活动的社会影响。

第三部分：比较研究与分析。

这一部分主要是在田野调查结果的基础上，基于全球化背景，运用阿帕杜莱的全球化理论分析侗寨武术所受到的影响，并分析全球化背景下这两个侗寨武术的国家在场的不同；与此同时，讨论了甘溪和觅洞这两个"侗拳之乡"侗寨武术传承中内生与外生的相辅相成关系。此外，这一部分还运用行动者网络理论分析讨论了甘溪和觅洞两个"侗拳之乡"在历史传承过程中所形成的行动者网络，并论述了网络的形成、演变与断裂以及重构，进而阐释了两个"侗拳之乡"侗族武术传承之道不同的历史与文化根基。

二 研究方法

内容决定方法，针对本书的研究内容，课题组主要采用了田野调查法、文献资料法、比较分析法等研究方法。

（一）田野调查法

田野调查法是体育人类学的主要研究方法之一。课题组选取天柱县渡马镇甘溪和黎平县双江镇觅洞这两个具有代表性的侗族"武术之乡"村寨作为田野调查点。在天柱县政协文史委、天柱县文化局非遗中心的协助下，在甘溪陶光标的带领与帮助下，课题组先后于2017年8月23—26日、2018年1月13—15日对甘溪"功夫村庄"进行了田野调查。2017年8月23—26日，课题组以陶通信为主线，对甘溪村貌、甘溪武术的内容及其技术训练体系、甘溪武术历史进行了访谈；2018年1月13—15日，课题组则在陶光涛师傅的带领下，对甘溪陶家、杨家、袁家、陆家、陈家家谱进行收集和访谈，对杨家、袁家、陈家的武术技术及其训练体系等进行了调查。2018年1月24—31日，课题组在天柱县政协的协助下，在双江镇政府的帮助下，深入觅洞村对村寨历史、鼓楼文化、寨佬制度、武术的历史渊源、发展现状、传承情况、民间故事典故等进行了深入调查，通过在这两个"武术之乡"的深入调查，为本书的撰写积累了大量第一手资料。

（二）文献资料法

首先，在课题的论证阶段，要查阅大量侗族武术相关研究文献，对这些研究文献进行梳理，并结合相关理论为本书的立论提供文献参考。另外，在课题组深入侗族村寨进行田野调研的过程中，对于侗族村寨的民风民俗，需要查阅相关地方志文献，为分析村寨的历史演变提供依据。如课题组在村寨调查中，发现甘溪和界牌这两个侗族村寨都是明朝时期才从江西吉安府迁徙至村寨。因此，课题组查阅《贵州省志》和《吉安府志》等相关地方志及历史文献对访谈到的事实进行考证。与此同时，在对两个侗寨武术进行比较分析时，要借鉴学界在全球化、国家在场、协同发展、行动者网络、在地化等方面的研究文献，为本书分析两个侗寨武术传承之道的不同提供理论依据。

（三）比较分析法

课题组深入侗族村寨中，运用比较分析的思维方式对侗族武术进行田野调查。如在访谈侗拳师关于侗族武术的技术及其相关训练方法时，经常与汉族武术或其他民族武术、武术套路和散打等现代体育项目进行对比，分析侗族武术的技术特点与文化特征。再比如从侗族武术的传承方式及文化语境来看，两个侗族村寨之间既有许多共通的地方，又有许多相异之处，如黎平县觅洞的鼓楼文化具有典型的南侗特色，而在天柱县境内的甘溪的"龙文化"则是典型的北侗文化。不同的文化语境造就了不同的武术传承方式。村寨之间武术文化及其语境的比较，有助于分析各个村寨侗族武术文化特点及内涵。更为重要的是，甘溪和觅洞侗族武术在历史的传承过程中，文化根基和社会组织形式不同，这导致了国家在场的表现形式各异，所形成的行动者网络不同，传承的类型也迥然不同。因此，书稿综合运用了全球化、国家在场、协同发展、行动者网络、在地化理论方法比较分析了甘溪和觅洞侗族武术传承之道的不同。

三 研究预设

1. 社会学与人类学中的相关理论能够解释两个侗族村寨的武术文化。通过人类学中的"跨文化比较研究"不仅能够对不同文化体系进行比较，对于同一文化系统内不同的子系统之间也可以进行比较分析。两个侗族村寨的形成与发展历史各异，侗族武术的历史背景与进程也不尽相同，传承之道亦不同。

2. 社会学、历史学、人类学及体育学中的某些理论并不完全适合于侗族武术，这是由于侗族拥有自己独特的文化特性，作为生长和发展于侗族传统文化沃土之上的武术文化，在其传承与发展的历史中有其独特之处。

3. 对两个侗族武术村寨的历史、生产生活、民风民俗、历史文化遗迹、武术技术体系、武术伦理体系、武术的社会影响等进行全面考察，并搜集散存于村寨内的口述、文字、实物、图像等史料，有助于更准确地理解侗族武术的文化内涵，更深刻地把握侗族武术的发展历史并揭示其内在的发展规律，揭示侗族传统武术的传承之道。

甘溪篇

引　言

　　甘溪侗寨位于天柱县渡马镇共和村，分为上甘溪和下甘溪两个自然村寨，现居住一百余户，是远近闻名的"功夫村庄"。据当地人讲述，甘溪形成寨子最早可追溯到明代。甘溪先祖是从江西随军征调的军士，在明朝政府征剿云贵后，大批军士携带家属就近留守云贵地区。甘溪先祖综合考虑水源、地形等因素，就在甘溪开垦荒地，逐步定居下来。陶家、陈家、陆家等六姓人家先后迁徙至此，而六家在迁徙至甘溪之前均有自己的武术。其中，陶家的再礼公是甘溪陶家始祖，陶钧为征苗将军，武艺高强。而至于甘溪武术最开始属于哪个门派，由于历史较为久远，加之旧时关于武术也少有文字记载，多为口头相传，因此，甘溪武术的源头已无从考究。但从甘溪先祖迁徙之前的从军经历，可以大致判断：甘溪武术起源于军事武艺。在甘溪先祖迁徙至甘溪后，在军事武艺的基础上，结合甘溪地理环境，对技术进行了适当改造。与此同时，在与周边村寨的民俗和生产生活互动中，甘溪武术逐步与汉族、苗族及其他侗族进行武术交流和融合，逐渐形成"你中有我，我中有你"的多元一体武术文化格局。

　　至清末民初，陶幸昌成为甘溪武术的重要传承人，中华民国时期则是陶再成和陶政红。其中，陶政红是国民党军人，对于丰富甘溪武术内容也起到了重要作用。但也正因为此，在文化大革命期间，陶通信的父亲陶政红被打成"右派"，甘溪武术发展曾一度受阻，在此期间，甘溪侗寨武术不能公开习练和传承，只能"隐于高山"，且多为晚上"关起门练"，这给本就保守的甘溪武术的传承增添了一定的障碍和神秘性。文化大革命后，陶通信成为甘溪武术重要的传承人和总教练，陈家、杨家、袁家、陆家等大多师从于陶通信。此外，陈万清、陶通信、陈通信、袁霞凤、杨汉德等也都是重要的武术传承人。而在"传内不传外"的年代，为了能够学到陶家功夫，陈家和陶家结为异姓兄弟，所以才出现陈光涛、陶光涛、陈通信、陶通信这些同名不同姓的情况。到了20世纪80年代，随着改革开放的推进，甘溪逐渐形成了以陶通信为核心的侗族拳师队伍，纷纷外出教武收徒，促进了甘溪武术更广范围内的继承和传播。

不仅如此，长期以来，在甘溪，受侗族玩龙民俗的影响，甘溪武术曾在相当长的历史时期内伴随舞龙而发展，"玩龙"时打拳已成为甘溪武术重要的展演模式。通过"玩龙"，甘溪武术也得到了有效"宣传"，感召更多的甘溪人主动学习和传承侗族武术。与此同时，通过在民俗节日期间"玩龙"，增进了村寨之间武术文化的交流。在武术文化交流的过程中，甘溪武术不免会吸收包括汉族、苗族武术在内的其他武术因素，促进了甘溪武术内容的丰富和技术的发展。另外，在旧时，天柱县侗族地区民风彪悍，村寨械斗时常发生，为了在械斗中取胜，在争强好胜心理的驱动下，部分甘溪侗拳师刻苦学习和训练，客观上促使甘溪武术技术不断得到改进，也促进了甘溪人习武风气的盛行。

随着改革开放的进一步深入，在经济与文化全球化的双重影响下，甘溪人的价值观念发生了较大的变化。甘溪武术的社会文化语境发生变迁，侗族武术也因为不能带来直接的经济效益而被束之高阁，处于文化传承的边缘地带。近年来，随着文化大繁荣、大发展的进一步深入，包括侗族武术在内的侗族传统文化逐步得到政府各级部门的重视。在此背景下，在陶光标和陆承龙为代表的文化精英的大力推动下，在甘溪民文化自强意识的带动下，以发展求自强、以发展求脱贫已成为共识。而在甘溪当前的条件下，以武术带动旅游发展，促进经济社会的发展逐渐得到了包括甘溪干部在内的社会各界人士的认可。因此，从陶光标最开始提出的"把武术传承下去"到"建设功夫村庄"，从甘溪侗家拳最初注重实战逐步向兼具实战与表演转变，符合当前人们的观赏和娱乐需求。甘溪人依靠优美的地理自然环境优势，借助甘溪侗家拳的娱乐与表演功能，走出了一条武术文化旅游型传承之道。更为重要的是，甘溪人在建设"功夫村庄"的过程中，上下一心，在修建寨门、合约食堂、功夫记忆馆中众志成城，自动捐木、捐工、捐钱，既体现了甘溪人的"自我牺牲精神"，更体现了甘溪人较强的民族凝聚力和族群向心力。

与此同时，在天柱县政府宣传部的大力支持下，通过电视新闻媒体的宣传，先后有来自美国、加拿大、菲律宾、瑞典的国外武术爱好者来到甘溪一探究竟，甘溪也被英国《每日邮报》评价为"世界最神奇的九大村庄之一"。基于新闻传播的连锁效应，日本富士电台也于2018年3月来到甘溪拍摄"世界极致体验"节目，进一步扩大了甘溪的知名度。无独有偶，在国内，尤其是在黔东南，世界拳王张美萱、"苗人小龙"王飞鸿等先后造访甘溪，并设立训练和拍摄基地，给予甘溪"功夫村庄"建设以莫大的鼓励和支持。

在强大的宣传攻势下，在甘溪强大的凝聚力下，在天柱县和渡马镇政府的大力支持下，基于文化大繁荣大发展的时代大背景，甘溪村民及侗拳师、政府、社会在甘溪"功夫村庄"的建设中实现了共谋。尽管如此，在甘溪"功夫村庄"的建设中，依然存在方方面面的问题，如甘溪"功夫村庄"建设中的管理与利益分配、武术文化旅游产品的设计与开发等问题仍悬而未决。

魅力村落：抹不去的集体记忆

事实上，所有比成员之间有着面对面接触的原始村落更大（或许连这种村落也包括在内）的一切共同体都是想象的。区别不同的共同体的基础，并非他们的虚假/真实性，而是他们被想象的方式。

——［美］本尼迪克特·安德森《想象的共同体：民族主义的起源与散布》

第一节　村寨概况

一　甘甜之溪

甘溪隶属于天柱县渡马镇，紧邻杨柳村、桥坪村，包括上甘溪和下甘溪两个自然村寨，居住着陶、陈、陆、杨、袁、刘六姓人家。在旧时，甘溪通往外界的交通道路比较差，使得甘溪比较闭塞，村民一般要到距此五公里远的渡马镇"赶场"①。由于山林密布，交通极不方便，甘溪"老班"外出做事全靠走山路。1949年后，渡马公社成立，后改为渡马乡，目前称为渡马镇。另据陶光荣讲述，"甘溪"是自建寨以来就有的称呼，目前隶属于共和村，而在旧时整个共和村都称甘溪。

关于"甘溪"的由来，据陶光标讲述，因为村里小溪的水比较甘甜，所以甘溪老祖就称这条小溪为甘溪，甘溪也由此得名。最初，人们曾误把"甘溪"写为"干溪"。甘溪源头在大林山脚下，一直是甘溪侗族的重要饮用水源和甘溪侗族文化的重要物质基础。

---

① "赶场"也即"赶集"。

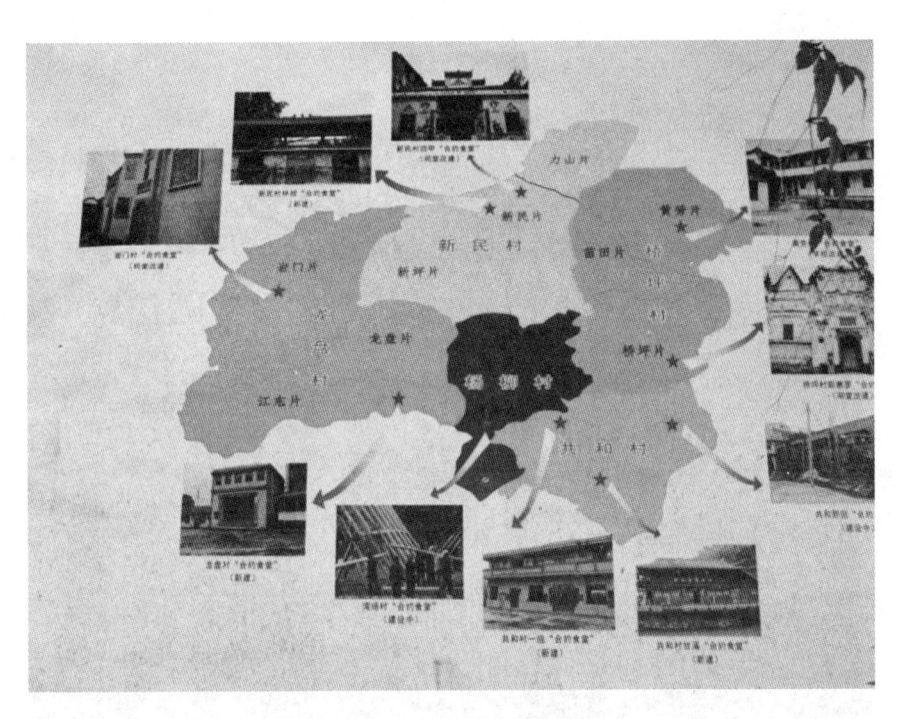

图 3-1　甘溪地图

图 3-2　甘溪

二 功夫之溪

笔者跟随陶光标来到甘溪口，见到了寨门及挂在中间的牌匾，上面刻着鎏金大字，正面为"魅力甘溪"，背面为"功夫村庄"（见图3-3）。

图3-3 甘溪寨门

据陶光标讲述，修建甘溪寨门最初是由他和陆承龙共同倡议的，后在村干部的领导下，村民们自发捐工、捐木、捐款修建而成。甘溪寨门最上面画着一条黄色的龙，象征着甘溪的龙文化。

走进寨门，在寨门的左侧竖立着一块木牌，牌子上的内容为甘溪简介和"一户一约"制度（见图3-4）。

甘溪将习武传承作为"一户一约"制度的首要内容，不仅是甘溪功夫世代相传惯习的延续，更是当地习武之风的真实写照，也是甘溪打造"功夫村庄"文化旅游的现实需要。

而如本尼迪克特·安德森所说的那样，"事实上，所有比成员之间有着面对面接触的原始村落更大（或许连这种村落也包括在内）的一切共同体都是想象的。区别不同的共同体的基础，并非他们的虚假/真实性，

魅力村落：抹不去的集体记忆

图3-4 甘溪简介及"一户一约"制度牌子

而是他们被想象的方式。"① "功夫村庄"是甘溪村民基于武术传承而想象出来的产物。

沿着寨门走进来，在寨子中间平地上的一栋木质建筑是"合约食堂"，又叫"功夫食堂"。"功夫食堂"是专为打造甘溪功夫文化旅游而精心设计的，也是在以陶光标和陆承龙为代表的地方文化精英的倡导和策划下，村民们自发捐工、捐木、捐款而成，是甘溪集体智慧的结晶。

甘溪寨门和"合约食堂"是新时代条件下甘溪人不甘落后、奋发赶超的精神见证，是甘溪响应国家崇尚节约风气的结果，也是甘溪武术在新时代条件下传承的重要物质基础，更是甘溪文化旅游发展的现实需要。

甘溪人在这片热土上既寄托了未来的梦想，又作为历史文化记忆的传承者，诉说着甘溪人往日的故事。

---

① ［美］本尼迪克特·安德森：《想象的共同体：民族主义的起源与散布》，吴叡人译，上海人民出版社2011年版，第6页。

图 3-5 俯瞰功夫食堂

图 3-6 功夫食堂

2018年1月14日，笔者再次来到甘溪，在陶光涛的带领下，笔者见到了传说中陈再和老前辈曾经打死老虎的地方（见图3-7）。据陈通逊师傅讲述，陈再和力气比较大，经常操练武功，有一次，看到老虎叼了一个人，就开枪打伤老虎救下了那个人。

图3-7 传说中陈再和打老虎的地方

随着甘溪功夫村庄逐步"闻名远扬"，吸引了国内外武术爱好者来此一探究竟，另据陶光涛讲述，在2016年，有来自美国、加拿大、菲律宾的外宾来到甘溪，在传说中陈再和老前辈打老虎的山林中拍照。

第二节　六姓人家

据当地老人们讲述，甘溪最早形成于明代。甘溪先祖为了逃难，才从江西迁徙至此，这与侗族的历史形成比较吻合。关于侗族的族源，国内学术界普遍认为：侗族属于古越人后裔[①]。且在今侗族地区，早已有侗族先民居住，如宋健所说："不少江西籍的汉人，因为战乱或者不堪

---

① 宋健主编：《鼓楼侗歌·侗族》，贵州民族出版社2014年版，第7页。

忍受封建压迫，逐渐迁入侗族地区，与侗族人民一道生活。"① 陶家、袁家、杨家、陈家、陆家、刘家均是从江西迁徙至此。另据陶光标讲述，陶家人口最多。由于明代洪武年间朝廷西征云贵，陶家才随军过江西，在宣德年间从江西迁徙到贵州天柱县城，没过多久就迁入甘溪。甘溪《陶氏族谱》记载了陶家从江西迁徙到贵州的情况，部分原文如下：

> 至敬公于明洪武元年，由安徽当涂宦留江西；清奇公于洪武年间由江西受敕征苗遂留于贵州，……存贞公于明顺天年间由瓮洞徙居天柱渡马；……再礼公于明万历年间由旧团迁渡马甘溪，至今410余年。

从陶氏族谱所记载的情况来看，陶家迁徙到甘溪应是在明万历年间，其分支祖宗是再礼公。与陶家历史同样悠久的还有陆家，据陆承龙讲述，甘溪陆家的迁徙路线大致为天柱蓝田镇（对门江）→凤城芭州→甘溪。

无独有偶，据陶通连讲述，甘溪陈家是从江西迁徙到渡马镇龙盘村，后再迁徙到甘溪，至今已有三四百年的历史。陈家祠谱详细记载了陈家从江西迁徙到天柱县的情况，部分原文如下：

> 义凯二公子，明初洪武十五年，原籍江西南昌丰城北乡石桥庄，地名松柏溪，发迹来至沅州黔阳县同居数十年，义公往靖州。我凯公贵州柱邑地日执营逮。

因此，从陈家祠谱记载的内容来看，陈家从江西迁徙至甘溪也应当是在明初洪武十五年之后。与陶家、陆家、陈家同样历史悠久的袁家，也是从江西吉安府迁徙至贵州。

《袁氏族谱》明确记载了袁家迁徙至贵州的历史，部分原文如下：

> 天罡公降生西蜀，……子孙因是落籍吉安府泰和县而家焉迨至。……荣政二公于皇明洪武四年迁入贵州所东门外之下首渡马凉柳秧地头，开坎上家焉，是为渡马凉柳秧地头并坎上开基之始祖我祖。

---

① 宋健主编：《鼓楼侗歌·侗族》，贵州民族出版社2014年版，第12页。

图3-8　访谈陈通逊师傅

图3-9　访谈袁霞凤

从《袁氏族谱》中所记载的情况来看，袁家于明洪武年间迁入贵州，而迁入甘溪应在明代以后。与之不同，杨家迁徙至甘溪稍晚一些。据杨仪鑫讲述，杨家从渡马镇寨角迁徙至甘溪，已有九代人。

另据他讲述，在甘溪，杨家、袁家、宋家均为小姓。由于历史盘根错节，错综复杂，陆家、杨家、刘家、陈家尚无家谱，六姓人家迁徙历史的具体细节已无从知晓，但基本上可以确定：甘溪六姓人家从明代迁徙至此，甘溪逐步得到开发，但六姓人家并非一直长期居住。另据村中老人们讲述，从明朝到中华民国，由于天灾或避难等历史原因，有部分由甘溪迁徙至外地，也有部分继续从外地迁徙至此处。

图 3-10 · 左起依次为龙宇晓、杨仪鑫、张忠杰

第三节　生产与民风

一　生活之道

甘溪每户人家几乎每年都要打制一百多斤的糍粑，用于制作甜品，而打糍粑用的杵棒也可以用作武器。此外，在旧时，甘溪也有专门打铁的铁匠，打制刀、铜、镲等兵器。因此，铁匠也必须会武功，用于防身。

魅力村落：抹不去的集体记忆

时至今日，铁匠这门职业在甘溪已几近消失。不仅如此，在侗族传统村落，侗拳作为防身立命的重要手段，不仅是职业拳师收徒卖艺的重要本领，更是作为其他职业身份的重要技能。为了生计，侗拳师还兼具木匠、铁匠、药匠等职业身份。据陶通信讲述，木匠作为甘溪常见的传统职业师傅，近代以来也开始习练武术。他的父亲既是一名拳师、是甘溪的武术"教师"，更是一名木匠，据他讲述：

> 我父亲还经常出去做木工，会给房子搭架桩，他还是铁匠，懂得风水地理，还是一个药匠。所以，我父亲他们那一辈经常出门在外做活，要懂武术，用作防身。

此外，甘溪每户人家一般都会在房屋后面种植一些竹子，不仅构筑了一道美丽的风景线，更为甘溪武术训练提供了良好的素材。

图3-11　甘溪民屋后的竹林

在甘溪武术的棍术训练中，常在竹筒中灌入沙子，增加训练的难度，以增长习练者的"功力"。除此之外，甘溪老一辈也常在竹林中用手击打竹子，以练习手法。因此，竹子不仅是甘溪人生产生活中的重要生产工具，更是侗族武术训练时的辅助用具。

二 彪悍民风

天柱境内少数民族地区历来民风彪悍，《天柱县志》中有所记载："风俗之好尚非其人不治，况楚风彪悍，而天柱尤为极。……天柱未建县时，人以彪悍为上，苗以劫掠为生，开化以来，易刀剑而牛犊，易左衽而冠裳，好勇习战之风日益丕变。"① 由此，天柱县甘溪侗族历来民风彪悍，且秉持"不惹事，不怕事"的处事原则，

图3-12 陶通信家中的沙筒

陆承龙对此深有感受，据他讲述：

> 我们那个自然寨打架斗狠确实是这样子的，以往在我们周边地区，别人都怕惹到我们寨子，但是我们不去惹别人、找别人麻烦。但别人一旦惹上我们，那就不好玩了。

不仅如此，甘溪侗族也有自己的自然崇拜，"龙"即是其中之一，"玩龙"这一民俗就是甘溪"龙"图腾崇拜的重要体现，已成为甘溪人的集体记忆与历史记忆，并刻画在甘溪"功夫村庄"寨门上（见图3-13）。

此外，龙文化还活跃在甘溪的"玩龙"民俗中。在"玩龙"时，要表演拳术、棍术、月牙镋等。罗安乐是"功夫食堂"的老板，对于舞龙风俗深有了解，据他讲述：

---

① 《天柱县志》，成文出版社1968年版，第39页。

图3-13 甘溪"功夫村庄"寨门上的龙图案

以前我们这里的舞龙是最好的,县里面春节一有什么活动就要喊我们去搞,今年春节我们甘溪一百人到附近的村寨舞龙,徒步走了十几公里。回到村寨的时候,要表演武术,外面也有很多人过来看。

另据杨仪鑫讲述,1952年,杨仪鑫的父亲杨汉德在甘溪开堂子,开始舞龙表演。到了1982年,杨仪鑫开始玩龙。在舞龙时,要先接龙,接龙时要请专门的师傅来接,一般要挨个寨子接龙,往往需要进行二十天左右。而需要接龙的寨子一般都要事先放鞭炮,只要某一个寨子放鞭炮,舞龙队就要去那个寨子去接龙。接龙时,就要开堂子。在"开堂子"时,一般都要进行侗族武术表演。在表演时,有一定的次序。一般来说,要先表演拳术,再进行拳术对练,之后是棍术,分单头棍和双头棍。然后是棍术对打,紧接着是铁尺表演,分为铁尺单练和对打,下一环节是铜术和锐术表演,最后是扫堂棍。值得注意的是,扫堂棍不同于一般的棍术,要按照上中下四个方位的打法。开堂之后还要扫寨子。在扫寨子时，舞龙队要面临村民们用脚踢舞龙之类的"挑战"。在杨仪鑫看来，村民们此举意在试探舞龙队师傅们的功夫。据杨仪鑫讲述：

> 扫寨子要随机应变，特别是舞龙，龙头比较重，所以，拿着龙头的师傅基本上无法实战用功夫，所以舞龙队的第二个人比较重要，位置也很关键，功夫必须好，否则就过不了关。而"过了关"的舞龙队就会被寨子里的人邀请到家做客，并住下，等到第二天再去其他寨子接龙。如果接龙的时候在这个寨子"没有过关"，那么人家就不会邀请你留下，你就只能继续去其他寨子玩龙。

在20世纪80年代甘溪的舞龙活动中，一共有两条龙，基本上以陶家为中心的寨子一侧组成一个舞龙队，杨家一侧组成一个舞龙队。在甘溪，舞龙作为民俗被代代相传，是侗族武术传承的重要载体。在某种程度上，武术曾经作为协调侗族社会关系的媒介，不仅用于规范人们的社会行为，更是侗族拳师赢得尊重的重要载体，在侗族舞龙活动中也是一种"游戏"。

生存与发展：甘溪侗家拳的历史脉络

> 人类的需要构成了一个层次体系，即任何一种需要的出现都是以较低层次的需要的满足为前提的。……人几乎总是在希望什么，这是贯穿人生的特点。而人的需要所引发的行动都趋于成为整体的人格的一种表现形式，从中我们可以看出他的安全感、他的自尊、他的精力、他的智力等各种情况。
>
> ——［美］马斯洛《马斯洛人本哲学》

甘溪侗家拳产生于生产生活，为了应对虎狼等自然威胁和强盗劫匪等社会威胁，甘溪老一辈延续着历史悠久的习武传统。与此同时，人与人之间、村寨之间的械斗客观上促进了侗家拳的传承。进入 21 世纪后，随着社会治安的好转，侗族武术逐步融入普通百姓生活中，成为强身健体、促进社会发展的重要手段。为了甘溪文化旅游的发展，六姓人家也打破以往"传内不传外"的陈规陋习，将六家拳法的技击精华融为一体，称之为"六家拳"。

第一节　峥嵘岁月

一　历史渊源

对于武术的起源及历史，学界早已有所共识：武术起源于生存竞争和原始战争等[①]。而甘溪武术起源于生产生活，还是军事斗争，抑或是其他，是学界关心的首要问题，社会各界也是众说纷纭。陶光标对于甘溪武术的起源有着自己的理解。据他讲述，甘溪民间武术源于生活，在生活实

---

① 国家体委武术研究院编：《中国武术史》，人民体育出版社 1997 年版。

践中，学武以防备豺狼虎豹等野兽的攻击、在生产生活中因争强好胜而与他人打斗。与此同时，甘溪武术也不断吸收外来拳种，曾外请拳师教武，并在此基础上，结合自身实际加以精简提炼，逐渐形成了成型的洪门棍和六家拳。加之甘溪先祖六姓人家均是在明洪武年间陆续从江西迁徙过来，因此，甘溪侗家拳是外来迁徙文化中的一部分。也即是说，受甘溪地理环境和民风民俗等文化语境的影响，甘溪先祖在原有武术的基础上对技术进行改造，经过历史的沉淀，逐渐形成了今天的甘溪武术。对此，甘溪中的知识分子和村民有着比较清晰的认识。据陶光标讲述：

> 我们村练武的历史有几百年了，我们先祖最早是在明代宣德年间从江西吉安逃难过来的，是一路逃难一路受尽屈辱打过来的。最开始是从军，那个时候是打到哪个地方就在那里安顿下来。当时打完了仗就就地解散，就选择比较好的地方去开垦荒地，人一多就会起争执，有些就会走，有些就会留，有很多原因的。

而从天柱县文物局中所收藏的兵器也能看出侗族武术与汉族武术之间交流的迹象，据姚登屏老师讲述：

> 我之前在天柱文物管理所工作，在那些文物当中，有一些古代的兵器，有月牙镋、大刀，还有春秋时期的青铜剑也比较多。天柱这里的木材比较多，汉族会来这里开发所携带的兵器，还有双铜等。

在陶光标看来，侗族武术是用来"打架"的，是甘溪先民在迁徙过程中防身自卫的重要工具和手段。另外，从最初的原始森林演变为甘溪，是外来移民迁徙至此的结果，而迁徙过来的六姓人家基本都有自己的武术体系，风格也各不相同。对此，陆承龙有自己的认知，据他讲述：

> 我们陆家一开始也练武，我们陆家的武术和其他家的武术差不多，也是矮桩，就是我们常说的坐马桩。在我们甘溪六家拳出来之前，我们甘溪的六家各自的武术稍有不同。有的是模仿虎、豹等动物，有的则是动作放得更开一些。

其实，费孝通先生曾阐述了"你中有我，我中有你"多元一体的民族格局，这里面有两层含义。第一，中华民族各个民族相互交融与融合的现象在历史上屡见不鲜；第二，各民族文化之间也相互交流和交融，形成"你中有我，我中有你"的多元一体文化格局。如此，甘溪先祖迁徙过来之后，在多元一体的民族文化格局中，其原有的武术本体与天柱县其他地区的武术存在着不同程度的交流，早已形成"你中有我，我中有你"的武术文化格局。此外，受到农民起义等因素的影响，这种武术交流活动会更为频繁。在天柱县，流传着许多农民起义的英雄故事，与侗族武术密切相关。姜应芳就是比较典型的起义军领袖，据传年轻时习练侗族武术。另据姚登平老师讲述：

> 姜应芳是我们天柱侗族的武术师傅，反对朝廷，搞了十四年的侗族农民起义，抗击清政府。姜应芳从小到湖南怀化地区拜师学艺，学武成功后回到天柱，因为喜欢打抱不平，所以当地的一些地主欺负老百姓，他就出面干涉。最后，他就带领侗族人民起义。

与此同时，甘溪周围也有不少"武术村"，距离甘溪十公里远的姚家溪就是一个苗族"武术村"。在旧时，从甘溪到姚家溪，"老班"一般需要走两个小时的山路。尽管如此，甘溪和姚家溪在历史上也有不少"恩怨"，二者的武术体系在内容上有许多相似之处，这源于二者的相互交融。

二 经典故事

在旧时，甘溪侗拳师被人们称为"教师"，在历史上发生了许多故事，至今仍被传为佳话，对此，陶通信也是深有感慨，据他讲述：

> 我们的武术历史太久了，是我太公他们传下来的。就我们陶家来说，以前有很多"教师"，有一个比较厉害的，有三十个强盗来我们寨子偷他的牛，他的牛在吃草，有七八百斤重，他看见牛有点脏，就两手掂起牛在水里洗，那三十个强盗看到了就跑掉了。这个是我们迁徙到甘溪后过了两代人之后的故事了，代代相传。

此外，在甘溪的历史上也出现了许多远近闻名的"高手"，陶家的"卜洞"老爷就是其中的一位。他的故事代代相传，陶通信作为寨佬，对此深有感触，据他讲述：

> 我们村的卜洞老爷是我们陶家的，下河有一个教练说他厉害，就拿了一把很粗的铁棍，把铁棍往地上一扎，就有了很深的洞。而我们卜洞老爷把屁股侧闪一下，用刀就把树掯起来了，那个教练一看就走了。

不仅如此，甘溪陶家还有一个较为有名的武术高手，人称"步团老"，动作速度极快，只因训练过度而无后人，另据杨仪鑫讲述：

> 我们甘溪也有很多高手，在山坡的北边，陶家就有一个叫"步团老"的。有一个房屋高的坎子，他一个箭步就能上去。但是我们也没有亲眼见过，只是听老人们侃过。他的功夫很好，比如说狗跑得很快，一直跑到山坡上，他竟然能追上狗，还抓住狗的尾巴。所以，他的动作是相当快的。但是，"步团老"也没有后人，可能是练武过度所致，毕竟他经常练习那个踢沙袋。

陶家历代习武，最早迁徙到甘溪，由于历史较为久远，陶家能记起的侗族拳师先祖不是太多，另据陶通信讲述：

> 我们陶家会武功的有很多，我记得比较早的一个是陶幸昌，再下来就是陶再成，我父亲是陶政红，他是国民党军人，他的弟弟是陶政禄，是国民党空军的团长。

另据陈光涛讲述，陶通信的父亲很厉害，但那个年代功夫厉害的比较多，在甘溪还有一个姓陈的，外号叫"老佛"，功夫比陶政红还厉害。陈家在历史上也出了不少武林高手，陈万清前辈就是其中之一，他与附近的苗寨双河村因坟山纠纷而发生冲突，凸显了英雄本色。据陈光涛讲述：

> 在中华民国的时候，我们的一个寨佬就比较厉害，但他没有后代。他是我们陈家万字辈，具体名字已经记不得了，他的棍和刀都非常厉害。我们和双河村挨得很近，从我们寨子翻过山去，没走多远就是姚家溪了，大概也就五公里远。因为我们两个寨子发生坟山纠纷而打架，他一个人打人家一个寨子。第二天，双河村去了父子八个人，也很厉害，都可以飞檐走壁，但就是打不过他。他把挑粪的箩筐都给打烂了。双河村的武术也比较厉害，他们姓杨和潘，都是苗族，也练武术，他们老一辈也经常打，但就是差那么一点点打不过我们。后来，双河村的一个师傅被杀死了，他的尸骨埋在我们寨子附近，新中国成立后，他们寨子里的人还过来找他的尸骨。我的这个寨佬就专门练武，会气功，不干农活。他跑得很快，蹦得也很高，他有妻子，但不同房，所以没有后代。

陈万清前辈的故事对于今天的"习武"和"用武"很有启发。首先，在发生类似坟山纠纷之类的矛盾时，应以和为贵，避免武力冲突，尽量用和平手段解决。另外，在习武过程中，要遵循习武及人体自然规律，把握其中训练的"度"，避免因过度训练而造成身体及心理上的伤害。

陈通连自身不会武术，但却很爱好武术。他的太公陈万清、爷爷陈年真、父亲陈再铭、弟弟陈通逊都是拳师，并且习的都是家传的侗族武术。另据陶通连讲述：

> 陈万清的堂兄陈万志本身就是一个武功高强的人，会用腰带打人。当对手用棍子或者刀来打他时，陈万志就用腰带把对手的兵器缠住。

此外，袁家也有不少"英雄好汉"，据袁毓权讲述，在他爷爷那一辈，袁家有几个武林高手，有一个绰号叫"老鼠"的，身体很灵活，速度很快；还有一个绰号叫"猴子"的，也是很灵巧，他们都有许多经典的故事。此外，袁毓权的大舅公和大伯也都是武术爱好者，且他的大舅公所在的寨子几乎人人都会武术。而在下甘溪，也有很多姓袁的，在旧时，也出现了许多武师。

图 4-1　笔者访谈陶通连

如扬·阿斯曼所说，文化记忆不仅包括"被记住的过去"，还包括"记忆的历史"。"被记住的过去"其实就是一种"对过去的证实"，就是通过创造一个共享的过去，再次确证拥有集体身份的社会成员。[①] 甘溪村老一辈侗拳师的英雄故事已成为村寨的历史记忆和集体记忆，也再次印证了甘溪"功夫村庄"历史的悠久。

第二节　村寨械斗

村寨械斗一直是武术研究中不可避免的话题，学界在以往的研究中普遍认为村寨械斗促进了武术的发展，如李吉远在《岭南武术文化研究》（2015）中通过广东土客之争和潮汕械斗的案例分析了械斗在客家武术和潮汕武术产生和发展中的重要作用，对于本书分析侗寨武术中的械斗具有参考价值。而侗寨武术械斗则有其独特的语境，在很长的一段

[①] 赵静蓉：《文化记忆与身份认同》，生活·读书·新知三联书店 2015 年版，导论第 13 页。

生存与发展：甘溪侗家拳的历史脉络

历史时期内，由于社会生产力低下，治安环境恶劣，随着人口数量的增多，村寨之间常因资源争夺而发生争执，甚至在民俗节日中也常因言语口角而发展为肢体冲突。加之民风彪悍，村寨之间械斗时有发生。在一定程度上，村寨之间、村寨内部的械斗影响了社会安定，但在客观上也促进了甘溪武术的传承发展。对此，陶光标深有感触，据他讲述：

> 我记得比较清楚的是我们寨子打了几次架，那都是大型的打架，小型的就不计其数了。有一个自然寨和我们寨子平常有过节很正常，但是有一次，他们做的确实很过火。我们都有正月去玩山、看歌场的习俗，我们有一个九盘歌场，在那里，青年男女对唱。我们有两个老人和两个年轻人在正月的时候去凑凑热闹。他们寨子的几个年轻小伙子就开始对我们进行语言挑衅，我们寨子的两个老人就不服气，在语言上争执了几句。然后他们就拿起刀子砍我们，有一个老人穿着很厚的棉衣，帽子被砍成一半，幸好头没砍到；另一个七十多岁的老人拿着火药枪，但他哪能抵得过年轻人。他们就把那个老人的枪砍了两刀，枪砍断了，但人没有伤到。另外两个年轻人是躺在地上聊天被他们踢了两脚。我们就很生气，我们心想，你和年轻人对打，我们没有意见，你说不尊重也就算了，但是你打老人这一点怎么都说不过去。有一个小孩就回来报信，我们总认为他们跑掉了也就算了，哪想到他跑一段又回头嘲笑我们，那就真惹火了我们。我们是分股去围他们，结果我们中的八个人组成的小组围住了他们，对方有三十多个人，是从山上往下走，我们是从山下往上走，然后迎面对上就打起来了，结果他们重伤了六个人，我们却毫发无损，就那六个人到现在都还是残废的。那个村子离我们也不是太远，以前就因为打架结成了仇，但现在不结仇了，可来往也不是很多。

村寨械斗事出有因，但解决纠纷和矛盾应该还有其他途径和方法，而限于当时人们的认知与沟通能力，械斗也在所难免。但在陶光荣看来，作为甘溪的武术总教练，武功高强是首要条件，是"打"出来的；其次要有威信，能够在村寨中一呼百应，是村民们公认出来的。另据他讲述：

> 我的熟爷（陶通信）是我们的总教练，也是队长。我们甘溪的

寨佬一般都是武术教练，打架的时候，教练一喊我们就去。在更早以前，我们祖爷爷的那一辈也是这样的。寨佬的功夫最好，威信最大，品德也很好，大家都心服口服。在八九十年代的时候，社会治安比不上现在，那个时候随时都有打架的，我们都要听教练的。九十年代的时候，我们村和别人打过好几次架。我们以前打架从来不输别人的，我们村寨里的人比较老实，人家欺负我们，我们才打架，不欺负我们，我们就不会去打别人。有一次，在距离我们山坡两公里的地方，那个时候很多年轻人唱侗歌，结果有一个寨子的人把我们的人给打了，我的熟爷就喊了几个人过去，把他们打趴下了。所以，你如果没有这个真功夫的话，你敢去搞啊？那个时候，他们那几个人还拿土枪呢，我这个熟爷就给大家讲："先不要忙，一靠近就打。"但是一旦远的话，他那个火枪就比较厉害。所以，最开始的时候，要先和他们谈判，不要着急打架，一旦近身就用武功了。所以要有一定的策略，只能近战。

因此，现在看来，作为一名村寨的"总教练"，还应当拥有过人的胆识和足够的智慧。陶通信历经人生的沧桑，阅历无数，其过人的本领赢得了村民们的尊重，年轻时的英雄故事也成为家喻户晓的佳话，但就其自身而言，却有着与众不同的理解。陶通信不愿多提及这些往事，只是觉得往事不堪回首。据他讲述：

  那些往事都讲不尽的，在九几年的时候，经常打架。那个时候政府也不怎么管，现在都比较规矩了。以前，有一个寨子的人去玩，和我们寨子发生矛盾，就打起来了，结果他们有几个被打残废了。其实，他们也会武术，是姓龙的侗族。我们寨子的几个人和他们寨子的几个一起去玩，当时都还是朋友，中午的时候，我们就留他们在寨子上一起吃午饭，有个朋友醉酒了就砍了我们的人一刀，所以就打起来了。

陶通信作为甘溪的武术总教徒，武艺高强，而"艺高人胆大"，陶通信年轻时敢打敢拼的英雄气概值得年轻人钦佩。对此，陆承龙深有感触。据他讲述：

> 陶通信年轻的时候教武术去的地方比较远，打架的知名度比较高。当时是在八几年的时候，社会治安比较乱，在湖南会同那个地方出金子，每个小地方都有类似于斧头帮、大刀会之类的组织。陶通信也去了，和别人产生矛盾后，别人几十个人打他一个人，那些人拿着菜刀和斧头都近不了陶师傅的身。陶师傅就拿了一根用油茶树做成的棍打了那一群人，那一群人都往两边闪。最后，那些人打不过，没办法了，就拿石头扔，最后陶师傅也受了一点伤，身上被石头刮了一个口子，流了一点血。当时，我们村里也去了几个人，但只有陶通信敢动手。

村寨之前的械斗不仅发生在口角争斗上，也发生在"玩山"等民俗当中，陶通信经历了这一过程，深有体会。据他回忆：

> 以前，在小江的溪口也有武功比较厉害的，远口的那一方都怕他们。溪口的那一帮人来渡马，拿了很粗的一根棍子，来我们寨子"玩山"，玩我们的姑娘。在我们的寨门那里，有几个打哨子的，我们这里也有几个"教师"，结果就打起来了，他们小江的打输了。

在旧时，甘溪周边村寨基本上都有习武的传统，但一直延续至今的只有甘溪。在甘溪与其他村寨的交往过程中，不免会发生一些误会和摩擦。在解决矛盾和纠纷时，武力成为重要的解决手段之一。其实，村寨械斗在某种程度上违背了武德的要求，械斗是逞强好胜、好勇斗狠，这是习武之大忌。也正因如此，作为历经村寨械斗的陶通信不愿多提及。虽则如此，械斗却在客观上促进了侗族武术的传承和发展，这与潮汕武术和客家武术形成与发展中的械斗既有类似之处，更有不同之处。与土客之争中不同族群间的械斗相比，侗族中的武术械斗多发生于族群内部，起因多为一些日常摩擦和民俗节日中的"较劲"，也有一部分原因是为了生存而争夺有限的资源。

第三节　生活困扰

在历史唯物主义中，人的需要占据着重要的地位。马克思、恩格斯指出，人类历史的第一个前提就是"人们为了能够'创造'历史，必须能够生活。但为了生活，首先就需要吃喝住穿以及其他一些东西"①。按照王海萍的理解，人的需要及其满足不仅是人得以生存和历史得以发展的基本前提，也是推动历史进一步发展的重要因素。② 针对侗寨武术发展来说，一部侗族武术发展史就是一部侗拳师的个人生活史。在侗拳师的个人生涯中，为了生活需要外出收徒，而在生活困苦或者国家在场强势介入的情况下，侗拳师又不得不以生活为主。

一　艰难前行

在新中国成立初期，甘溪人苦于生计，无心练武，侗族武术在艰难前行中传承。尤其是在文化大革命期间，由于人们不敢公开练武，只能"关起门"来偷练，使得侗寨武术传承处于相对封闭的状态，这严重阻碍了甘溪侗寨武术的传承。此外，在历经三年自然灾害和"大跃进"等一系列运动之后，甘溪社会经济遭遇"冰点"，温饱问题成为甘溪人面临的首要问题。在此时代背景下，练武已让位于"讨米"。尽管如此，仍有部分拳师坚持习武。对此，陈通逊师傅深有感触。据他讲述：

> 从"大跃进"到"大食堂"，我们都还打拳，到了六二年、七零年，我们又搞了几年武术。到了七九年、八零年的下半年，冬天的时候我们就准备玩龙，但只玩了那一届。再说那个时候，哪个还练武术，饭都没得吃。

而随着改革开放的进一步深入，受经济与文化全球化的双重影响，外出务工成为众多甘溪人年轻一代的主要选择。在此背景下，甘溪武术出现"断崖式"失传。陶光标感叹当前侗族传统武术濒临失传的困境，究其原因，陶光标认为有以下几点：第一，社会生态发生变迁，甘溪武术无用武之地；第二，在市场经济影响下，很多年轻人选择外出打工，挣钱养家糊口；第三，甘溪侗寨武术重实战而轻表演，对于大众的吸引力不强。

---

① 《马克思恩格斯文集》（第1卷），人民出版社2009年版，第531页。
② 王海萍：《合理性的乌托邦与个人的自我实现》，《学术交流》2017年第4期。

因此，社会经济发展滞缓时，人们生计受到影响，使得侗族武术的传承缺乏强有力的物质基础，不利于侗族武术的传承；反之，当社会经济得到快速发展之时，人们的思想价值观念又逐渐发生变迁，侗寨武术传承逐步让位于经济发展。长期以来，在甘溪侗族传统村落中，作为民俗生活一部分的甘溪武术受制于当地的社会生产生活和整体环境，而不断艰难前行。

二 外出收徒

长期以来，侗族武术在村寨内代代相传。而甘溪部分侗拳师迫于生计，也时常外出收徒。诚如武超所说："杰出弟子主要侧重的是传承的'精'，非杰出弟子主要侧重的是传承的'广'。"[①] 侗拳师侧重于将甘溪武术传承给自己的子孙，强调"精"；相比之下，为了生计，需要外出收徒，将侗家拳传承给其他村寨的异族或异姓，则强调"广"。尤其是在到了20世纪80年代，外出收徒逐步公开化，扩大了甘溪武术的传承范围。当然，这并非是说在传承给异族或异姓时就不会强调"精"，而是只有遇到特别好学、悟性又较好的徒弟，侗拳师才会传其"精"。外出收徒被当地人称为"开堂子"，要收取一定的费用。陆承龙对此深有感触，据他讲述：

> 在改革开放之前，他（陶通信）基本上每年都在外面教徒弟，我们叫开堂子，现在叫开武馆。开堂子时间长则半年，短则两到三个月，我舅妈就是陶通信在她们寨子上收徒教武术时认识的，比陶通信小十九岁，这也算是因为武术而带来的婚姻。出去开堂子是有讲究的，那个时候开堂子收徒弟，徒弟是要交钱的，不交钱就要交粮，拿这些作为师傅的报酬。那个时候，开堂子一个月也就总共收两三百块，徒弟也就一二十个。

由此，陶通信作为甘溪武术"总教练"，在外收徒的过程中，不仅肩负传承侗寨武术的使命，还因武结缘。这不仅显示了陶通信的个人魅力，也是在当时的社会文化语境下的产物，映射了侗拳师在村寨中的社

---

① 武超等：《论民间习武共同体之生态保护》，《上海体育学院学报》2017年第6期。

会地位，也侧面反映了当时的社会治安状况以及习武在人们生活中的重要作用。

此外，和物质商品不同，外出收徒是侗拳师向徒弟传授武术，是技术输出型服务。因此，在一个地方的徒弟学完之后，侗族拳师往往需要更换到其他地方再次收徒，以赚取生活费用，这一方面体现了侗拳师的生活心酸；另一方面在客观上也扩大了甘溪武术的传承范围。另据陆成龙讲述：

> 陶通信在外开堂子比较多，主要有白市镇的阳山、地杨、改内、社学的塘仁、田冲、湖南的会同、靖州等地。

陶通信作为外出教武收徒的当事人，对于外出收徒也有自己的感触，据他讲述：

> 还有一个师傅是七几年到靖县去教武术，那个时候，大家都很困难，用粮票吃饭，我记得有一个徒弟还拿了三十斤粮票给我。

所以，收徒所收取的费用既可以是粮票等财物，也可以是象征性的物质补偿。而外出收徒赚取生活费用折射出了当时社会经济状况整体薄弱的情况。然则，并不是所有的侗拳师都外出收徒，陈光涛的父亲就没有外出收徒弟，对此，陈光涛有自己的解释：

> 在外面，他一般都说自己不会武功，因为老人家一般都比较保守，所以我父亲就没有出去收徒弟。

"社会需要是体育发展的基本动力"[1]，甘溪武术在很长的历史时期内"传内不传外"，但迫于生计的需求，外出收徒以挣取生活费用甚至走上江湖卖艺的道路，实属无奈之举。另外，社会治安的不稳定是社会群体学习武术的动力源泉之一，也即社会需要侗寨武术。但也正因为此，才使得甘溪武术不断向外传播，在更大的范围内实现其社会价值。

---

[1] 周志俊等：《体育辩证法》，合肥工业大学出版社2004年版，第158页。

第四节　合为一体

以巴恩斯、布鲁尔为首的爱丁堡学派主张社会建构主义的分析纲领。他们认为：利益角色在科学社会活动的认识与社会因素之间起中介作用，不同的利益诉求可以影响、引发、激活、塑造、维护、持续、修正科学知识的生产和产品。① 为此，刘保等进一步指出：群体的需求和利益不仅决定了做什么技术和不做什么技术，甚至决定了将某种技术做成什么样子，也即是说，利益不仅建构技术的发展方向和速度，还可以建构技术的"内容"。② 甘溪人不仅需要生活，更需要发展。为了村寨能够更好更快的发展，也便于宣传侗寨武术，甘溪人在原有六家拳术的基础上建构出"六家拳"。甘溪几乎人人都会武术，是名副其实的"功夫村庄"，现任的陶光荣村支书就是镋钯能手。历史上，甘溪的陶家、陆家、陈家、杨家、刘家、袁家均有自己的武术，在旧时六家互相保守，交流甚少。但在新时代条件下，为了推进甘溪"功夫村庄"建设，推动文化旅游，六姓人家将各家拳术融合在一起，成为如今的"六家拳"。对此，陶通信记忆犹新，据他讲述：

> 我们村现在的陶光荣书记也会武功，他会打镋和棍，舞了两届龙了。他们几个都是我教的。我们村寨现在大家学的都是六家拳，是跟着六个姓氏的师傅学的。这六姓有陶姓、陈姓、杨姓、陆姓、袁姓、宋姓，六家拳就是综合了六家的拳法。

六姓人家同住甘溪，在相同的地理环境和人文环境下，相互交流、切磋，相互吸收和借鉴，最终形成了我们今天见到的"六家拳"。陆承龙对此深有感受，据他讲述：

> 因为我们每一姓的武术都有它独特的东西。我们陆家到了甘溪

---

① 刘保、肖峰：《社会建构主义——一种新的哲学范式》，中国社会科学出版社2011年版，第134页。
② 同上。

以后，和陶家、陈家等相互切磋，最终才形成了六家拳。

与此同时，将甘溪六姓人家的拳术融为一体成为"六家拳"，并非偶然，而是源于六姓人家的拳术在相同的地理人文环境下表现出了相通的武术技术元素。对此，陶通信深有体会，据他讲述：

> 我们六家来到甘溪的时候就已经有武术了，距离现在已经有几百年历史了。在甘溪，最早的时候主要是我们陶家和陈家，杨家、宋家、陆家都没有教拳。我们甘溪的武术不管是哪家，都有两样，一个是老虎开口，一个是顺手牵羊。

在新时代条件下，甘溪武术在原本就存在一定程度的交流的基础上，大胆创新，相互借鉴，取长补短，最终形成了统一的"六家拳"，这是时代的进步，也是甘溪武术在标准化道路上又前进的一步。如郭玉成所说："拳种流派的产生和发展，可以看作武术标准化的重要标志。"[1] 不仅如此，"六家拳"只是一次成功的尝试，但不是最后的结果，相信随着时间的推移和甘溪"功夫村庄"建设的推进以及甘溪人思想的进一步开放，会有统一的"洪门棍"、刀术、双锏、锐等标准化套路出现。而"六家拳"作为甘溪武术的标准化，必然有利于甘溪武术的进一步推广。与此同时，"六家拳"的出现也是甘溪侗寨基于现实利益的需要而建构出来的结果。从这个角度来讲，甘溪村民是历史的创造者和开拓者，甘溪村民推出"六家拳"推动了侗寨武术历史的发展。

---

[1] 郭玉成：《武术标准化研究的概念、方法和体系——基于标准化学科视域的基础理论构建》，《上海体育学院学报》2015年第1期。

开放与保守：甘溪侗家拳的技术本体

技术记忆的学习是关于行业的一种社会结构，它的意义重大，如亚洲、非洲的铁匠以及延续至17世纪的欧洲行会等就是这类的技术记忆。学习并保守行业秘密在每个种族的社会学科中都可以看见。
——安德烈·勒鲁瓦-古昂《记忆与节律》

和其他地域武术一样，甘溪武术也有自己的内容和训练体系。从内容上讲，以洪门棍和六家拳最具代表性，技术上具有鲜明的山地特征，表现为矮桩、练习范围仅限于一米之内等特点。与此相适应，甘溪武术也有基本功、药功等相对完善的训练体系。

第一节 花架与表达：甘溪侗家拳的内容体系

甘溪侗家拳也分为拳术和器械两大类，拳术主要有"六家拳"、猴拳等，器械主要有"洪门棍"、铜术、镋、铁尺等。实际上，甘溪的陶、陆、陈、袁、杨、刘六姓人家都有各自的拳术，各不相同，但都与其他武术区别较大，一直保持浓郁的民族特色和鲜明的地方特色。如今，六家拳术融为一体，形成了"六家拳"。

一 组成与结构
（一）拳术

在甘溪武术内容体系中，拳术主要有六家各自的拳术，诸如猴拳、虎拳等。近年来，随着文化大繁荣、大发展的推进，侗家拳进入非遗保护行列，甘溪借助贵州文化旅游的东风，筹备"功夫村庄"建设。在此背景下，在地方文化精英的倡导下，甘溪六姓人家将各家拳术融为一体，

称之为"六家拳"。陶光滔师傅对此深有感触,据他讲述:

> 我是跟着老一辈练武的,我们以前的拳法不叫"六家拳",只是后来再申报非物质文化遗产时需要有一个名称,所以就改为"六家拳"了。

此外,甘溪武术虽说已有"六家拳",但在"六家拳"以前,各家都有自己的武术体系,且风格各不相同,时至今日,六姓人家仍保留着自己独特的武术体系。据杨仪鑫讲述:

> 1982年我们寨子舞龙,我和我大儿子都练武,都是舞龙队的队员。那个时候,大家都是各练各的,武术的风格不太一样,就是到了现在,虽说有了"六家拳",但仍是各家练各家的。

就袁家来说,有猴拳、单头棍、套棍、虎拳等。2018年8月25日,课题组再次来到甘溪,对甘溪袁家武术进行了实地考察,其中,袁毓权向课题组展示了袁家的虎拳。

根据课题组的实地观察,袁家虎拳刚劲勇猛,快速有力,步法灵活多变,且演练时活动范围较小,具有典型的山地特征。与此同时,为适应山地环境,在训练和演练袁家虎拳时,后腿并未伸直,类似于南拳中的"骑龙步",更具有南拳的特征。此外,在演练套路时,两脚紧贴地面,始终没有抬腿动作,体现了袁家虎拳的训练和演练实战化的特点,是"一切从实战出发"的要求。

图 5-1　袁毓权演示虎拳

无独有偶，在袁家武术中，还有灵巧的猴拳。就猴拳来说，主要是扫堂腿，总体上表现出上肢动作较多，下肢动作较少，手法灵活多变，动作快速有力等特点。袁毓权演练了袁家的猴拳（见图5-2）。

图5-2　袁毓权演示猴拳

另据袁毓权讲述，他的虎拳和猴拳虽然师承自己的爷爷，但是也将自己后天学到的搏击融入进去，形成自己独特的技术风格。因为在袁毓权看来，甘溪侗族传统武术注重矮桩，但是与当代的搏击项目如拳击、散打、泰拳等相比较而言，缺乏灵活性和打击的快速有效性。因此，袁毓权在跟着袁霞凤学习侗族传统武术的同时，也积极吸收了泰拳、散打等当代搏击项目中的有益因素，采用不高不低的中档桩位，既保持了侗族传统武术重桩法的特点，又有利于身体的快速出击，着实为袁毓权在侗族武术技术方面的个人创新。

此外，在甘溪侗家拳内容体系中，动作简单实用，且变化无穷，一个动作往往有很多种变化和用法。而甘溪侗家拳也是一个开放的技术体系，不断吸收外来拳种。陶通信酷爱武术，早年东奔西闯，以武会友，对于甘溪武术与外来武术的关联，有自己的真知灼见，据他讲述：

> 我们甘溪的侗族武术也没有太具体的套路，或者说有多少套，它倒是有很多种打法。我们甘溪也有一些猴拳，但是和外面见到的猴拳那是截然不同的，完全不一样，我们的猴拳不是那种经过加工的。我们的猴拳是以某一部分为主，融入了我们村侗族武术的很多东西。

由此看来，甘溪的侗族武术体系由六姓人家的武术组成，虽然在技术内容上大致相同，但在技术风格上互有差异。与此同时，技术风格的各异也从侧面折射出六姓人家的社会关系并不十分融洽。据杨仪鑫讲述：

> 以前，TJ曾欺负过我太公，TJQ给我太公剃头，把发型剃得很难看，并羞辱我太公，我太公打不过人家，回家后想不开，就剖腹自尽了。所以，从我太公开始，我们杨家就一直习武。那个时候，我公到处拜师学艺，学了很多。但可惜，我公在二十多岁的时候就因为练武过度而离世，那个时候我父亲才五岁，所以，他的武功就没有传下来，之后我奶奶就改嫁到姚家溪（现在的白市镇双河村）。我父亲也是到处学武，学了很多。

从杨仪鑫太公的悲剧中，笔者能深切感受到当时六姓人家相互之间的隔阂，反映了人们在当时的社会背景下心理层面的相对狭隘。这种看似难以理解的悲剧也折射出时代的局限性。总体来说，甘溪各家武术在积累过程中，都坚持技术的开放性，但受地缘政治安全的影响，诚如布尔迪厄在分析场域理论时所说的那样，场域是一个争夺的空间，作为各种力量位置之间客观关系的结构，场域是这些位置的占据者所寻求的各种策略的根本基础和引导力量。场域中位置的占据者用这些策略来保证和改善他们在场域中的位置，并强加一种对他们自身的产物最为有利的等级化原则。① 侗寨武术作为旧时争夺社会资源的利器，为了能够在相同的场域中获得更多的资源和权力，在六家之间的相互交流中，又保持着保守性，实现对各自所谓"绝招"技术的垄断。更为重要的是，正如安德烈·勒鲁瓦－古昂所说，"技术记忆的学习是关于行业的一种社会结构，它的意义重大，如亚洲、非洲的铁匠以及延续至17世纪的欧洲行会等就是这类的技术记忆。学习并保守行业秘密在每个种族的社会学科中都可以看见。"因而，侗族武术技术被视为行业的秘密。

（二）器械

甘溪武术中的器械主要有"洪门棍"、铁尺、镋、锏等。对于"洪门棍"的来历，据陶光标讲述，在以前，甘溪棍术主要是洪门棍，据说老一辈就是用洪门这一棍把对方打翻。除了棍之外，年代久远的兵器就要数镋了。据陶通信讲述，甘溪唯一有百余年历史的镋，现存放于合约食堂里。但在众多武术器械中，唯独没有刀。实际上，在甘溪侗寨武术体系中原本有刀，但是在陶通信看来，由于刀的杀伤力较大，因此，刀术一般不教给徒弟。另外，也因为甘溪武术以矮桩为主，用刀容易误伤自己。此外，甘溪人心中对刀的认知与其他人不同。据陶通信讲述：

> 我们寨子的武术有拳、棍、铁尺、月牙镋，用刀很少。因为武术都是来源于我们的生产生活，生活当中大家也很少用刀，我们用刀也是后来演化的。我们用得最多的当然就是拳和棍，除了拳和棍外，就是铁尺和月牙镋。刀和铁尺、棍的招数是大致相通的。所以我们没有单独刀法。像我们的柴刀，就可以当作铁尺来使用。

而月牙镋是甘溪武术的另一代表性武术器械，陶光荣村长对此深有感触，据他讲述：

> 月牙镋也比较好学，在以前，月牙镋是用来打老虎的，前面的那个弧形的东西就是防着老虎来咬，因为老虎是要扑过来咬你的，所以月牙镋前面的那个月牙可以挡住老虎。

---

① ［法］皮埃尔·布尔迪厄、［美］华康德：《实践与反思》，李猛、李康译，中央编译出版社1998年版，第139页。

但在陈光涛看来，在甘溪武术的所有器械中，刀最难练，另据他讲述：

> 因为我们这里是矮桩，所以刀是最难练的，矮桩近身容易一点，打实战的时候用刀容易受伤，因为我们是长期练武，再加上我们是累的时间多，闲的时间少，所以，我们就没有坚持练这个刀。

与此同时，甘溪人所理解的刀与外界的不同。据陶通信讲述，甘溪人心目中的刀为柴刀和盘刀之类的短刀，而外界对于刀的认知大多为长刀和大刀。更为重要的是，基于甘溪的山地环境，侗寨武术总体上以矮桩为主，而在甘溪人看来，矮桩不利于刀剑之类器械的挥砍，发挥不出刀剑的最大功效。相比之下，铁尺、锏、棍等器械更能发挥近身搏斗的优势，陶通信对此深有体会：

> 铁尺有它的套路。锏是四棱的，很笨重，铁尺就比较轻，铁尺很厉害，它有护手，但它是短兵器，我们村最擅长也就是这些。

另据杨仪鑫讲述，铁尺主要在村寨"玩山"时用，一般随身携带。此外，铁尺也常放在家中的床头或者桌椅旁，随手可拿。

所以，在笔者看来，甘溪武术内容中少有刀，最根本的是缘于山地地形。与刀有所不同，棍的普适性就比较强，在山地环境中的实战效果依然能够被发挥得游刃有余。甘溪侗寨武术就以棍法见长，陈光标对此深有见解，据他讲述：

> 我们这里爱好棍法，拿起棍子就可以随便打人。在甘溪，棍法要数我师傅陶通信最厉害。在今年（2017年），省武术协会来了两个人要和他比试一下，结果都搞不过他。你别看他个子小小的，棍法很厉害的。

此外，洪门棍又有单头棍和双头棍之分。二者的区别主要是棍术技法不同，陶通信对此深有感触，据他讲述：

开放与保守：甘溪侗家拳的技术本体

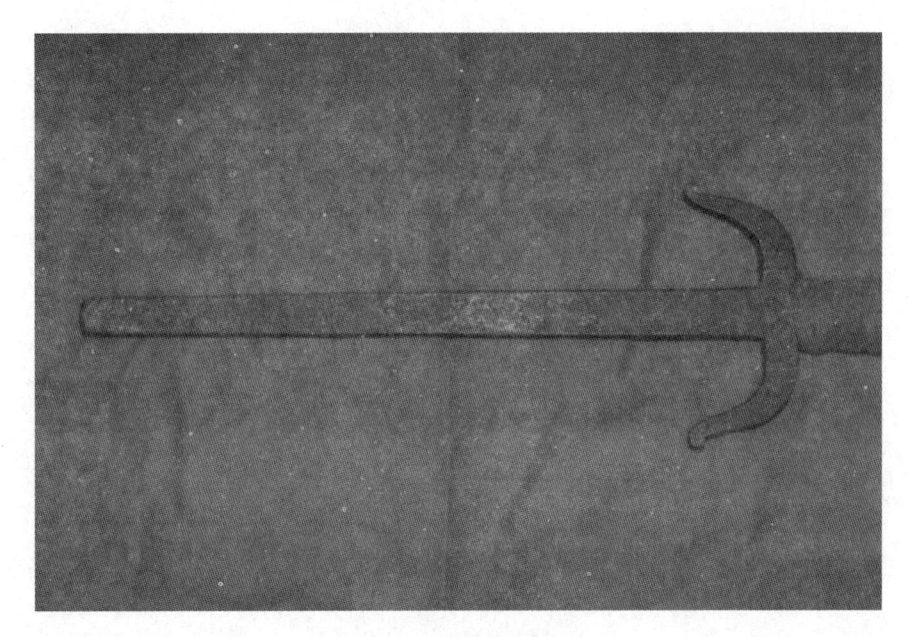

图 5-3　陈光涛家中的铁尺

我们的棍术有单头棍和双头棍，单头棍是手拿一头，上一步"啪"的一下就打到对方了，双头棍是两头都打。我们的棍术有很多，有洪门棍、拦牛摆尾、古树盘根、莲花盖顶等，其中，最厉害的是洪门棍。洪门棍的特点全部是打架打出来的，只有往前打，没有后退的，一动就打。

不仅如此，甘溪武术器械棍的制作与当地的生产生活密切相关。在当地的山坡上，种植了很多经济作物——油茶树（当地人称"柚树"）。油茶树成为甘溪侗家拳所用棍子的重要制作材料，且木质坚硬，不易损坏。此外，棍的制作和保养都有讲究，据陈光涛讲述：

陈光友是我堂弟，我们经常在一起练对打的棍，那个棍是柚树做成的。这种柚树要自然晾干，老一辈的是先在火塘里把柚树烘干再来做成棍。只有干了的棍才不会变形，我们寨子的有些棍就有一百多年。而棍子外面也不用涂上漆，棍子长时间练，因为手出汗，

图 5-4　陶通信演练棍术

　　浸到棍子里，加上手和棍子的摩擦，外面就会慢慢变红。其他木料做成的棍红不了，只有用柚树做成的棍才能变红。

　　因此，甘溪侗寨武术器械主要来源于生产生活。此外，智慧的甘溪人还善于变通，将常见的树枝武器化，表现出了取材多样化的特点。另据陶通信讲述：

　　　　以往这些武器都来源于生活当中，有棍的时候就用棍，没棍的时候就用拳。还有我们的铁尺就是从那个树枝上砍下来的树杈上演变过来的兵器。

　　不仅如此，在甘溪的武术内容体系中，部分生产农具也是重要的武术器械，如耕田用的犁耙也可以作为武器使用。据杨仪鑫讲述：

　　　　以前我们经常去玩山，把铁尺背起，这个铁尺也可以放在家里，家里一旦来强盗了，就可以用做防身，铁尺还可以挡住刀和棍。我父亲就是一个穷光蛋，会练武，但是铁尺和铳一样也没有，就连一根棍都没有。以前，他曾经去玩山，碰到从江东来的几个人，那几个问他："你会哪样子功夫啊，是高还是低？"我父亲就说："高低都可以。"说着，他就顺手拿起旁边地里的一个犁耙，挥舞起来，所以，对他来说，哪样都是武器。

总体来说，甘溪武术主要有六姓人家各自的拳术、猴拳、六家拳、洪门棍、锐、铁尺等，既有单练，又有对打。就其整体而言，与外界存在一定的交流，也融合了其他武术，在区域文化的影响下，逐渐形成了具有地方特色的武术体系。与此同时，以袁毓权为代表的一批年轻人在接触到泰拳、散打等现代搏击项目后，对侗族武术的技术创新进行了一些积极的尝试和探索。

二　名称与口诀

尽管甘溪侗寨武术内容丰富，但由于个人差异，每一个拳师对于甘溪武术的理解不同，解释也就不同，相应的名称也不尽相同。不仅如此，在甘溪武术对外收徒的过程中，侗族武术拳术及动作名称都要发生改变。对此，陶通信深有感触，据他讲述：

> 我们这里的拳种不是一下子就能搞懂的，有的取名猴子掉尾，有的取名卧下去空，有的取名洪门棍，有的取名叶子掉尾，所以这个口诀多得很。每一个套路都有一套口诀和一套说法。我在甘溪教的是洪门棍，但我去外面教就不取洪门棍这个名字，同样的内容叫法不一样，我出去教的话就要改名。

令人欣慰的是，部分侗拳师为了怕在传承技艺的过程中出现遗忘情况，就将套路动作名称记录在笔记本上，陶通信就是其中典型的一位。

其中，陶通信笔记中记录了甘溪部分拳术的套路名称，有"恶蛇出洞、阴阳两板、八子力株、岩鹰亮翅、懒婆公丈、铁牛造栏、姜公钓鱼、双头棍、四门棍、回马枪、子午棍……"

此外，针对每一个套路，陶通信还记下了单棍每一个动作的名称及动作次数，虽然由于文化水平不高而出现个别错字，但并不影响整体的练习。部分原文如下：

图5-5 陶通信翻阅笔记本

单棍：滚龙上三步、下三步，到铁牛造栏两下，到搅车棍两下，到懒婆娘棍两下，到中子午两下，到左右吞棍三下，到半朵莲花，到左右格两下。

在甘溪侗族武术技术体系中，除了棍术单练外，更有棍术对练，在当地又称为"合棍"。口诀原文如下：

合棍：毒蛇出洞三下，到金盆浪水三下，到尖浪水两下，到猴子搬桩三下，阴阳两板五下，到仙人量衣两下，到大红展翅三下，到猛虎下山一次，到滚龙三下，到乌龟淘沙。

从笔记所记载的单棍内容来看，主要是单棍的用法口诀，与现代武术套路动作相比，这些棍法口诀简单易懂、朴实无华，是甘溪武术的

"地方性知识"。从合棍的口诀内容来看，多以动物命名，如"猴子搬桩""猛虎下山""乌龟淘沙"等，这体现了甘溪武术师法自然的文化特征。此外，从"滚龙三下"也能看出甘溪武术的民俗性。

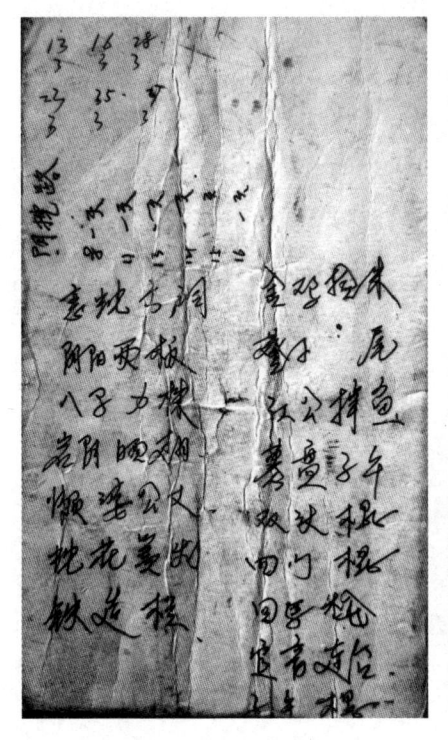

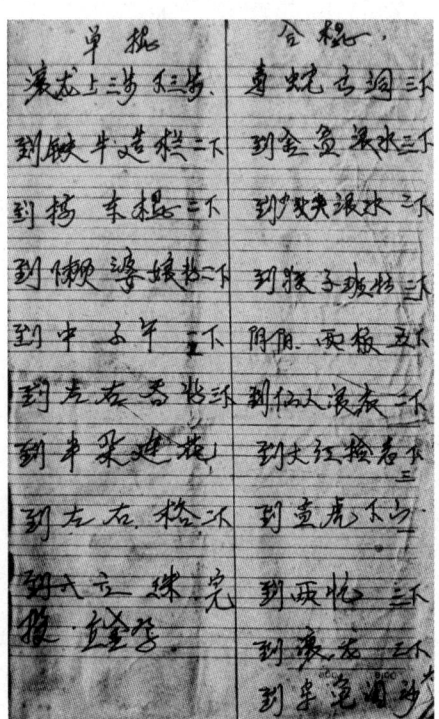

图 5-6　陶通信笔记　　　　　　　图 5-7

与此同时，甘溪老一辈也传下了一套棍法，称之为"八板棍"或"七十二梅花枪"，其拳谱摘录在陶通信的笔记本中，现摘录如下：

叶子尾　两阴阳　仙人量衣　大鸿展翅　双剪　单班　猛虎下山　两头忙　金盆浪水　三点水　猴子搬桩　滚龙　乌龟淘沙

巧合的是，在邻近的双河村苗寨，当地的苗族武术中也有"七十二梅花枪"，据当地人介绍，是从它处学得。而根据笔者对甘溪村和双河村棍术对练的实地观察和对比，二者有不少相似之处。这正如福柯在分析相似性时所说："在世界这个自然容器中，邻近并不是物与物之间的一个外部关系，而是至少是模糊的一种亲缘关系的象征。"[①] 甘溪侗寨武术与邻近的双河苗族武术之间相互借鉴、互通有无，早已形成了"你中有我，我中有你"的多元一体武术文化格局。此外，陶通信虽然比较擅长棍术，但是在笔记中也记下了拳术的动作名称，如下所示：

拳术一：马步打架，反客为主，反手推，老虎张嘴，单腿包边，要手下按，踏步下按，双带进肘，上搓掌，内步下推，猛虎出洞，分心掌权，野马掌权，上步盖打，抢扫拳，虚步上架，反败为胜，龙腰翻江，野马针。

拳术二：老虎开口，半朵莲花，园内偷桃，仙人偷桃，双峰贯耳，半边纯风，顺手牵羊，半边挂枪，左插右插，一刀两断，姜公钓鱼，雷公上树，雷公下树，二龙戏珠，美女梳头，双手开门，老虎扛猪。

尽管如此，在甘溪武术内容体系中，大部分拳术动作都没有口诀，而是背后蕴含着耐人寻味的人类学背景，据陶通信讲述：

我教徒弟的时候，刚开始只能教一些套路，打人的口诀我一般不教，要不然公安局会找我，为什么这么说呢？假如我教的徒弟学会打人，把人给打伤了或者打死了，那么公安局就要打电话给我，因为是我教的武功，我得负责任。

因此，甘溪武术之所以没有口诀，一方面是因为甘溪侗拳师重口传轻记载，加之"宁可失传，不可滥传"的传承伦理，部分拳术口诀因"人亡拳消"而遗失殆尽；另一方面，在侗族武术的传承过程中，侗拳师出于现实利益考虑而拒绝传授口诀，久而久之，口诀也会出现遗忘的情况。

总体来说，甘溪侗家拳内容丰富而又有自己的内涵，种类多样而又有自己的特色，以"洪门棍"为代表性拳种。在甘溪侗家拳的历史发展

[①] ［法］米歇尔·福柯：《词与物：人文科学的考古学》，莫伟民译，上海三联书店2017年版，第19页。

中，尽管因循着"传内不传外"的传承秩序，但在甘溪人外出求艺学武的过程中也积极吸收外来拳种，以充实甘溪侗家拳的内容。尽管如此，由于重口传而轻记载的旧有习惯，因此侗寨武术出现有动作名称但无口诀的情况，且在甘溪人看来，动作名称和口诀在有时是同一概念。加之甘溪侗家拳师传承上的保守性，在外出传承时更改拳种和动作名称，而在内部也常有"留一手"的陈规陋习，这导致动作口诀和动作名称越来越少甚至失传，这显然不利于甘溪侗家拳的有序传承。

第二节　训练与解释：甘溪侗家拳的训练体系

和其他民族武术类似，甘溪武术也有自己的技术训练体系，主要包括基本功、套路练习、实战对练、功力训练，还有药功等。与此同时，对于器械的保养，甘溪也有一套自己的方法。

一　基础功法：三角步与矮桩

甘溪侗寨武术拥有自己的技术训练体系。其中，步法是最基础、最实用的技术要素，也是甘溪武术最重要的基本功。在实战格斗中，灵活而又快速的步法往往是制胜的法宝。此外，在山地环境中，甘溪武术非常讲究下盘功夫，步法为典型的三角形。

2017年8月21日，在姚登屏老师的帮助下，笔者对陶通信进行了访谈。陶通信作为甘溪侗寨武术拳师代表，对侗寨武术基本功和训练以及与其他搏击术的区别深有见地。据他讲述：

> 我们也是先练习马步，然后是手法，接着是棍法。在练习马步的时候，除了静止训练之外，还可以马步走三角形。除了马步之外，还有弓步。我看那个散打拳打脚踢，和我们的不一样。我们的是讲究下盘功夫。比如说练习那个马步的时候要两只手上下都要照顾，叫"上顾眉毛下顾阴"，这个动作就叫老虎开口。别看这个动作简单，但是却很实用。我们这个武术不是舞花，脚步活动的范围不能超过一米，脚不能跷起，也不能随便摆动，都是有步数的。

甘溪侗寨武术注重下盘功夫体现的就是扎马步，在陆承龙看来，扎

图 5-8　笔者访谈陶通信

马步需要有毅力和耐心，据他讲述：

> 我们学习武术也是先学习基本功，套路一天就可以学会，但是你要练好没有一年半载是不行的。比如说扎马步，一扎就是好几个月，如果你连马步都扎不好的话，他也不会教你其他东西，即使有些东西教了你，也是为了让你练马步。

更为重要的是，甘溪侗寨武术套路中本身就蕴含着实战内容，另据陶通信讲述：

> 练完步法之后就开始练套路，套路比较多。但是套路中也有很多基本组合动作，有一个是手挡棍的动作，用手抓棍，抓棍之后就要还击对方。

不仅如此，对于甘溪侗寨武术的技术体系，陶光标也有自己的认知，在他看来，武术是"打架"的代名词，招招实用。另据他讲述：

> 我们寨子的习武传统保持得一直都很好，我们能够上去打架的

人比较多,再一个,我们的武术没有花架,上去就是致命的,招招都是有用的。当然,也有另一部分人认为我们是花架,这是他们不懂。确实,我们现在能看到的也只是花架。

陈光涛作为年轻一代侗拳师的代表,对于甘溪武术基本功及训练有自己的理解。2017年7月25日,在陆承龙和陶光标的帮助下,笔者来到陈光涛家中,对其进行了访谈(见图5-9)。山地环境决定了甘溪武术动作范围较小,按照陈光涛的说法,动作范围要在一米之内,这决定了甘溪武术训练方法的独特性。据陈光涛讲述:

图5-9 访谈陈光涛

我是从小学三四年级的时候跟着父亲学武术的,一直练到二十多岁。我们是先练习拳,再练棍。在练习拳的时候,先熟悉脚步、脚法和手法。我们陈家练的拳法与棍法和陶家练的都是一样的,打拳和打棍不超过一米。他们是上三步、下三步。以前老人家练武都是在大方桌子上练,也就在一米之内。"六家拳"是综合了甘溪六姓人家拳法的精华。

在旧时，甘溪武术侗拳师除了在大方桌上练习外，还在竹子上和光滑的泥巴上训练动作的稳定性。杨仪鑫对此深有体会，据他讲述：

> 以前，他们在屋后砍了很多竹子，然后摆放到屋子里，竖起来，用作练武。他们练武的时候，要把竹子全部竖起来，用脚踩在最上面，每走一步就有人朝竹子上踢一脚，要练到你在竹子上面行走自如才算你练成功。每一次练习的时候，用力在脚上，师傅或者师兄弟在一旁用棍子打你，那么你站着的那根竹子就会摇晃起来。所以，那个很难搞。还有就是我以前在学校教书的时候，教了一个武术队，在下雨的时候，要在外面的黄泥巴地里打球，比较滑，练习惯了就能在上面行走自如。

除此之外，陈通信师傅对于步法的重要性也有自己的身体认知，据他讲述：

> 棍法和拳法是不同的，棍子不能高，也不能低，这个是脚步问题，步法是千变万化的。这个很简单，当对方打过来时，我就退步，并进步，变不利为有利。

不仅如此，老一辈甘溪人对于武术的喜爱甚至达到了痴迷的地步，在"玩山"时也不忘练习基本步法"三面面"，也即三角步或者梅花步。对此，杨仪鑫深有感触，据他回忆：

> 我老仔（父亲）还给我讲过，他那个时候去山上玩山，就先走一个"三面面"（上三角或者下三角），那个泥巴就搞成了一坨了，他旁边的那个姑娘身上就被搞了一坨泥巴。

据陈光涛讲述，梅花步有上三角和下三角之分，在实战格斗的时候用下三角，先退守，避开对方正面的攻击，然后用上三角进攻对方。而陈光涛一般练习上三角。

开放与保守：甘溪侗家拳的技术本体

在近距离打架时，等你进攻我的时候，我就用下三角，你就走空了，我们一般练的是上三角，下三角是退的，所以这个步法是有变化的。这个梅花步就是走三角、走边步。按照农村人的说法，我们这里叫三绵绵，也就是三角。实际上，我们练习这个梅花步就是在练习马步了，这也是我们练习马步的方式，是基本功。

在甘溪侗家拳的训练体系中，除了以三角步或梅花步为主要特征之外，还非常强调步法在实战中的灵活多变，陈光涛对此深有感触。据他讲述：

以前舞龙的时候练武，现在我也很少练了。我们的步法是三角步、梅花步，就是走三个点，在平时练习的时候就要练习这三个点，打的时候却不一定按照这三个点打。

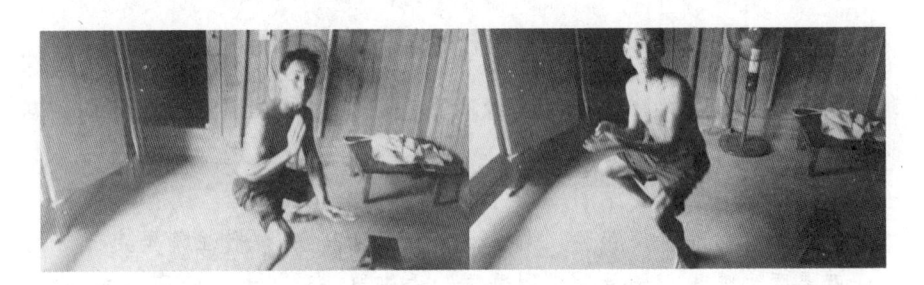

图 5-10　陈光涛演示梅花步

与此同时，甘溪武术的实战也是按照梅花步来练习的，按照陈光涛的说法，"步法和角度都差不多"，且陈光涛称呼甘溪武术实战为"擒拿"和"策手"。据他讲述：

我们没有试过，我们农村这种实战的比较少，比较多的是对练和套路练习。

但对于甘溪武术基本桩步的称呼，陈家和陶家不同，陶通信称呼练习桩功的基本姿势为狮子大开口，而陈光涛则称呼它为老虎开口。尽管如此，基本桩功是一致的。

图5-11　陈光涛演示洪门棍

此外，甘溪武术还要求手、眼和脚相互配合，只冲半拳等，这些都是从实战出发而总结出来的宝贵经验，构成了甘溪武术的技术体系，据陈光涛讲述：

> 基本功除了梅花步之外，还练习眼睛，手和棍往哪里走，眼睛就要跟到哪里，脚就要跟到哪里。手脚要一致，和眼睛配合在一起。另外，我们冲拳的时候只冲半拳，因为如果你全部打出去，就会被别人抓住，你就走不了。
>
> 打棍则是要求贴身，铜和铁尺的要求一样，都要求贴身。如果打远了，我们说这是"亮手"，你一旦"亮手"，别人就会抓住你的手。你的棍打远了，对方就容易近你的身，而且你收回来也慢。

与此同时，与翻子拳、查拳、华拳、八极拳等北方拳种不同，甘溪武术遵从"道法自然"，为适应侗族地区崎岖不平的山地，在技法上表现出了手法多、腿法少的特点，且已有的腿法也多为低腿和暗腿，为此，陈光涛深有体会。据他讲述：

> 在近距离时，也有踢腿动作，主要是踢对方的膝关节、裆部，

踢上头的基本没有,我们的拳法和腿法都是打低。另外,我们的武术也有扫腿动作,是贴地扫。我们的扫腿和别人不一样,要勾着退扫,脚尖内扣,首先要勾住对方的脚,然后将对方扫倒。

基于山地环境,甘溪侗寨武术以矮桩见长,对于矮桩在实战中的价值与功效,陈光涛有自己的解释:

矮桩就好像往下面走,可以打下面,高桩打不到下面,所以要练低,打高容易打,但是打低难练。当然,我们也不是重点打下面,主要是我们这里是山地,再一个,低桩的话起来容易一点。经常蹲矮点,起来容易,下去也容易。假如你练高桩的话,蹲矮桩你就蹲不了了。

而笔者在甘溪走访侗族拳师和普通村民时,发现村民家中的板凳几乎全部为小矮凳。一方面,这与甘溪人身材普遍不高有关,但更重要的是,小矮凳的设计也有为练习矮桩打基础的意味在其中。

所以,甘溪武术的基本功以矮桩为主要特色,强调桩法的稳固,上肢动作较多,腿法较少,这在崎岖不平的山地环境里显得尤为重要。"梅花步"是甘溪武术区别于其他地域武术的标志之一。此外,由于矮桩,不便于刀的挥舞,故侗家拳中少有刀法。

二 功力训练:从石锁到药功

(一) 石锁与硬功

石锁是中国古代武举考试中常见的测试项目,在包括侗寨武术的传统武术训练体系中一直延续至今,但石锁却在当代武术训练体系中鲜有见到。在陈光涛家中,笔者找到了当年他父亲练功用的石锁,距今已有半个多世纪(见图5-12)。

据陈光涛讲述,这两个石锁是他父亲年轻时找人做的,主要是练习武术的功力,也即武术力量练习。笔者用称重工具称了一下,单个石锁有12斤。从图5-12中能够明显地看出,石锁的中部握手处是用竹筒做成,其余部分全为水泥。

此外,在甘溪武术训练体系中,还有气功和内功,但目前均已失传。

图 5-12　陈家所用的石锁

不仅如此,老一辈甘溪侗拳师还通过在竹筒中灌沙子来增强自己的功力。据陈光涛讲述:

> 我们家门前种有竹子,在以前的时候,都是往竹子里面灌上沙子来练功,后来多年没练,就扔了。

与此同时,硬功也是甘溪武术比较有特色的训练手段。杨倪兴从小跟着父亲练武,见过父亲练习硬功,对此印象深刻,据他讲述:

> 我父亲的每一棍都是很有力的。距离两尺远的灯都能打熄,父亲有那种硬功夫,都是下苦功夫练出来的,父亲舞那些重的东西都很轻松,扎马步是基本功,父亲手脚都绑着红绳,舞起棍来都有风声,我刚开始学都打不出风声。

(二) 独特的药功

在学界的以往研究中,并未将药功视为传统武术训练体系的一部分,而仅仅在相关论述中提及传统武术与中药的结合。但在甘溪侗寨武术技术训练体系中,侗族医药不仅是治疗跌打损伤的必备物品,还是重要的训练手段,被当地人称为"药功"。对此,陶通信深有感触。据他讲述:

> 我们的老一辈除了教拳之外,也教我们一些药功,我父亲就会药功。当时,医术不发达,我们这里没有医院,不像现在有吊针,

所以必须要懂点药理。

甘溪侗寨武术中的药功主要包括草药的采集和制作、草药在练功中的运用等。陶通信作为甘溪侗族武术的总教练，对于药功深有研究，据他讲述：

> 药酒是一种药功，在山坡上挖草药，然后用酒泡，之后就可以在练功的时候用。练功前喝一点药酒就不会怕疼。练武的时候，不喝药是不行的。因为晚上要练习棍法、手法，在练习棍法的时候，会打到手和脚，所以一定要在练功前先喝一杯药酒，喝完之后，手和脚在练功的时候被打就不会痛了，练功之后再喝一杯。晚上睡觉前喝药酒是为了让身体快速得到恢复。这些药功都是我爸爸传给我的。但是，练我们这个要吃亏一点，因为身体要经常挨打。我们的药酒所用的米酒全部都是用大米做成的。

无独有偶，据陈光涛讲述，他的父亲陈通信也会药功，但到了年轻一辈就不懂药功了。另外，甘溪武术的药功一般多用于晚上，早上练功时则不喝药酒。究其原因，根据陶通信的解释，早上精力充沛，练武不需要喝药酒。在白天，侗拳师一般要忙于农活，晚上比较累，因此，需要喝药酒以帮助身体快速恢复体力，并提高身体抵抗力，以便第二天继续练武。此外就是通过喝药酒提高抗打能力。

三 解释系统：侗寨武术实战

甘溪侗寨武术有着严格的训练次序，一般先练习基本功，再练习套路，最后是实战。陈光涛年轻时跟着父亲接受过传统的侗族武术训练，对此深有感触，据他讲述：

> 一般来说，师傅先教你基本的手法和步法以及套路，之后才教你策手。在教策手的时候，和两个人谈话一样，我父亲给我讲怎么打，怎么接，怎么去躲。

陈通信主要学习木工，后跟着陶通信学习武术，对于武术实战练习有自己的体会，据他讲述：

我小时候跟着师傅陶通信练武,我们家本身也有祖传的功夫。那时候,早上练,晚上练。在练武的时候,大家互不伤害,特别是两个人对练时,对方攻击你,你就要注意躲闪。

在一对多的实战练习中,甘溪侗拳师总结出了自己的实战经验,据陈通信讲述:

打群架有打群架的招数,要是三四个人和你打,你要是被搞到中间就要遭殃了,所以,在你一对多的情况下,要避免出现这种情况,要走边,来一个打一个。

因此,在陈通信看来,实战中的"一对多"要注意运用适当的策略。而在老一辈的习武训练中,两人实战与今天的两人对打有所不同,陆承龙对此深有感触,据他讲述:

我们的老前辈在练武的时候,两个人对打,就在一张八仙桌上练,不像少林拳一下子跨出一大步。我们老前辈在八仙桌上练的时候,谁被打下来就算输,这个我见过,他们是事前约好,但不是踩着板凳上去,而是用棍子一点跳上去;如果是拳术对练,就是一只手撑着桌子的角落,一跃而上。但是,老前辈他们功夫练得登峰造极的时候我没有看到过。再说,他们练到那个程度的时候也不让我们看,他们主要是练一些防守和进攻的方法。

对于甘溪武术的实战练习,侗拳师称之为"解释",套路中的每一个动作都有很多种解释,也即有很多种用法。对此,陶光标深有体会,据他讲述:

洪门棍中有一招"半朵莲花",看来就只是一些套路:出脚—勾腿—挑棍—撒步—下压。但拆解下来却很精妙:出脚(出右脚,同时左脚呈弓步,降低重心)—勾腿(右脚是横着出去,即能勾到对方的脚,又能灵活移动,保护自己的下盘)—挑棍(手随脚动,棍随势往上直挑对方的手或者所持器械)—撒步(若对方摆脱刚才一系列的招数而出手攻击自己，这一动作就是侧身避开对方对自己下身的攻击）—下压（用自己的器械往下压住或者打掉对方的器械）。这样的过程讲解需要结合实际才能完整地表现出来，也才能真正领略甘溪武术的精妙之处。

更为重要的是，在甘溪武术的学习与训练中，每一个动作有很多种解释，整个武术内容体系拥有一套相应的动作"解释体系"，也即对动作用法的讲解，这套动作解释是甘溪武术的精华所在。另据陶通信讲述：

> 我们甘溪侗族武术是需要解释的。怎么进攻、防守、怎么退步、进步，都有解释的。没有解释，就不懂得武术。学动作的时候需要一个一个学，每学一个动作，除了会做动作之外，还要对动作进行解释。如果不解释的话，徒弟就不懂所学的动作。但是，这一帮年轻人因为他们都不懂事，学会了就出去乱打人。而且很多老一辈的都去世了，所以他们都不会这个解释了。

甘溪侗寨武术动作变化无穷，每一个动作都可以拆开来练，蕴含着丰富的进攻与防守技法。陶光标自幼跟着舅舅陶通信习武，对此感受颇深，据他讲述：

> 对于我们的武术而言，外在的形式表现出来就是一些花架套路，真正要去理解和融会贯通，那还要去学策手，实际上就是拆手，把动作拆开来练，练动作的用法。我在给政府的一篇报告中，就写很简单的一个招数，蕴含着很多奥秘在里面，我只拆了一个简单的招，他们看了就说有这么多的招数在变。如果拆的很细很细的话，那就会有更多，它有很多变化的，它的这个动作是拿来干什么的，是只有在实战当中才能看出来的。你看着当然就是零点几秒就过去了。我是用棍挑一下然后再下压，他们说很简单。但就是这么简单的动作里，包含着绞法、手法、眼法，这些都只是一些内在的东西，你只有这些东西跟得上，再配上我们的棍法或者其他器械，才有用。你拿着棍是一种打法，拿着铁尺是另一种打法，你要拿刀则是另外一种打法，这些都需要我们的脚法、手法、眼法。

此外，甘溪侗寨武术以"老虎开口"为典型动作，蕴含着技法的变化，也有很多解释。

由此，甘溪侗寨武术实战练习中的方法与手段独特，是实战经验的总结。更为重要的是，甘溪武术动作灵活多变，用法多样化，单个动作有很多种动作用法。在学习动作后，紧接着就要讲解它的用法，体现了一切从实战出发的特点。

而为了探寻甘溪侗寨武术实战的奥秘，2018年8月25日，课题组再次来到甘溪，对袁家武术进行了专访，并邀请袁霞凤及其孙子袁毓权演示了袁家侗族武术中的实战对打"牵牛掂筋"。

图 5-13　袁霞凤和袁毓权演示"牵牛掂筋"

在"牵牛掂筋"中，当对方进攻之时，首先上步绕到对方身后，左手抓起对方手臂，右手抬起对方的肩膀，然后用肩膀背起对方的手臂，使对方动弹不得，并失去重心。在此基础上，用左手掂起对方的腿，使之倒地。

在甘溪武术实战训练中，除了拳术对练之外，更有器械对练，常见的为棍术对练，袁霞凤和袁毓权也向课题组展示了袁家武术中的棍术对练。

开放与保守：甘溪侗家拳的技术本体

图 5-14 袁霞凤和袁毓权演示棍术对练

此外，甘溪侗寨武术遵循先慢后快的练习原则，初步练习时，以掌握基本对练规范为主，包括手法和脚步都要到位，在此基础上，由慢到快，熟练掌握攻防动作。在实战练习中，始终要注意身体的放松，切忌身体僵硬用蛮力等。除此之外，自实战训练的开始阶段，就要按照预先设定的动作组合来对练，待熟练掌握后，才能进行即时实战训练，也即练习的一方并不清楚对方要用什么动作，而只能根据对方的动作灵活应对，这种训练更加接近于实战格斗。但不管是训练的何种阶段，陶家、陈家、杨家、袁家等六家武术均强调"快打慢"，以快制胜始终是甘溪武术的精华所在。

总之，甘溪武术无论从内容体系上讲，还是从训练方法上看，尽管与其他民族武术之间存在一定的交流和融合，但仍具有典型的地域特色。值得一提的是，在甘溪武术的内容体系中，有诸如六家拳、铁尺、镋、洪门棍等地方性拳种和器械，基于此，在民族文化和生产生活的影响下，逐步形成了诸如药功之类的训练手段与方法。这些都是甘溪武术的特色之处，是独具特色的"地方性知识"。

外显与内隐：甘溪侗家拳的多维呈现

第一节 技战术特点

技战术是甘溪武术的内容本体，有其自身的特点，主要表现为步法与技术路线上的山地特征，在训练与实战中强调"以快制胜"，在格斗中以防为主等特点。

一 山地特征

笔者之前曾分析了苗族武术的山地特征：技术上的直线与走圈特征；手法多、腿法少。① 而侗族武术也具有独特的山地特征，但又有自己的独特之处。从地形上来看，整个甘溪四面环山，只有寨门处为一出口，整体犹如一个口袋。据陶光标讲述，之前有强盗和小偷来甘溪抢东西、偷东西，进来之后就很难逃出去：

> 以前，有一些小偷来我们寨子好几次偷东西，但是有一次他们又来了，被我们发现后要逃出去，结果从一个地方逃出去后，被我们寨子住其他位置的人围起来抓住了。从此以后，我们寨子就再也没有进来强盗或者小偷了。包括我们去年和前年搞村里工程的时候，我们的东西都散放在村子中间的广场上，外面的人都不敢进来偷。

因此，四面环山这一地形特征决定了甘溪侗家拳在技术上表现出功架低矮、腿法较少、手法较多的山地特征。另据陶光标讲述：

---

① 张忠杰：《苗族传统武术文化的山地特征》，《原生态民族文化学刊》2013年第3期。

因为我们甘溪侗家拳上去都是轻声轻脚的,你要一上去就让别人知道你在跺脚,那别人不就防你了嘛。我们一上去就有步法的,我们是擦着地面按照步法走,棍、铁尺、锐随之就过去了。

图6-1 甘溪村貌

此外,甘溪侗寨武术的马步低矮,在山地环境实战中对高桩具有优势,陶通信作为甘溪武术总教练,对此深有体会。据他讲述:

马步一般不好练,而且我们的马步是矮桩,别人的武术都是高桩。一般来说,高桩打不过矮桩。

不仅如此,"合约食堂"的罗安乐老板对于甘溪武术的实战性和矮桩,也深有体会,据他讲述:

甘溪功夫不是用来表演的,是有实战性的。这里的(甘溪)武术注重矮桩和马步,和它们那些弹跳的功夫(竞技武术)不一样,我在这里开店两年,经常见他们打拳。在这里,在举行大型活动的时候,就能看到武术表演。比如说外地游客来的比较多的时候,政府来考察的时候,就要举行大型武术表演。高桩搞不过矮桩,武术上就是矮桩打高桩。

陈通信作为陶通信的徒弟,对于甘溪武术矮桩的实战价值也深有体会,据他讲述:

我有一个山东的朋友,人高马大的。我们一出去,人家问我们是哪里的,我说是贵州的,他们都知道贵州人爱打架,所以就要试一下。我想，你人高马大的，我也不怕，因为那些太极拳是高桩，没有力气的，我们是矮桩，随时都可以逮到一个人，那些公安武警练的东西就是矮桩。

陆承龙自幼跟着舅舅陶通信练武，对于甘溪武术的山地特征进行了阐释，据他讲述：

我们"六家拳"的特点是在一米之内的圈里面练，这不是说我们保守，主要是和我们的地形、地势有关系，因为我们这里是山区，比不上平原，可以大开大合，要一个堂子可以几十米，我们这里如果短兵相见，不可能大开大合，所以就要根据地形地势来练，正因为这个，我们的"六家拳"都是矮桩和小堂子。

在侗族传统村落中，侗族武术的技术训练也遵从"道法自然"，不仅在动作名称上以自然界中的动物命名，还具有典型的山地特征。这种山地特征不仅表现在动作的小巧和马步的"矮桩"特征上，还表现在利用山地自然环境训练武术功力方面。据陶通信讲述，在甘溪的山坡上，在房前屋后一般都会种上竹子。在学习和训练棍术时，由于竹子取材方便，因此常常以竹子代替棍子。不仅如此，老一辈的侗族拳师还常常在竹子中灌入沙子，以增加棍术学习和训练的强度与难度。如今，陶通信家中还保留了当年训练棍术所用到的竹筒（见图6-2）。

在陶通信看来，在竹筒中灌满沙子主要用于练习手法，而从武术训练的角度来说，用比木棍粗的竹子训练棍法，不仅可以增强手对于棍子的感知能力与掌控能力，而且灌沙后的竹筒重量增加，长期练习对增强习练者的力量和灵活性也有帮助。

因此，侗族传统武术的训练方法与现代训练学中的适应性训练较为接近。此外，甘溪武术中所用的棍子木料取材于山中所种植的茶油树木，质地坚硬。所以，山地赋予侗寨武术以特色，有了侗寨武术的山地则更有灵性，山地与甘溪武术融为一体。

二 以快制胜

在狭小的山地环境中，甘溪武术技术上以矮桩为主，练习范围不超

图 6-2　陶通信训练所使用的沙筒

过一米。为了实现在狭小的地理空间内制胜的目的，就必须在动作速度上有所要求，甘溪武术即是"以快取胜"。据甘溪武术总教练陶通信讲述，甘溪武术没有气功，主要是靠快，通过"快打慢"达到制胜的目的。而对于甘溪武术中的"快"，则需要通过专门的手法和步法练习来达到要求。另据陶光涛讲述：

> 我们这里的武术就讲究一个"快"字，要求快、准、狠，出拳首先要快。我们实战的时候都是要用拳去打。

所以，甘溪侗族武术主要是依靠移动步法来闪躲对手的进攻，使得攻防发生快速转换，使己方由不利状态转变为有利状态。

不仅如此，对于甘溪侗寨武术的"快"还有一套行之有效的训练方法。陶通信训练经验丰富，对此深有感触。据他讲述：

> 武术讲究"快"，比如那个扫腿就需要快，扫腿时脚要贴地，退步和进攻都需要绕着移动步法，并且都是要求脚要贴地。

而陶光滔师傅对"快"也作了补充和解释：

> 老海村的月牙镋是有表演性质的，就像那个广场舞一样，和我们单打不一样。我们的单打单练强调快。

在甘溪侗族部分村民看来，甘溪武术有别于太极拳之类的古老拳法，有其自身的特点。在陈通信老人看来，甘溪武术的制胜秘诀就是"快"，据他讲述：

> 我们祖上也是爱好这个武术，河南、山东有很多人南下，这些地方练武术的人都很厉害，我们这边的人不爱好太极拳，就是爱好祖传的拳法。我们这个拳只要动作快一点，就很容易打人。

此外，甘溪武术的"快"还体现在眼睛的"快"，并且动作节奏与竞技武术比赛截然不同，据陈光涛讲述：

> 因为我们老一辈子练武术和他们比赛的规则不同，我们老一辈传下来的拳要求速度，现在的武术比赛，每打出一棍要求停顿三秒钟，我们则必须打快，不能停顿。我们练习快也没什么方法，就是经常练，越练越快。

不仅如此，在甘溪侗家拳的学习与训练中，要求练习者要有练武的兴趣和主动性，且在学习甘溪武术时，要遵循"快"的技术要求。杨倪兴老师从小跟着父亲学武术，对于甘溪武术的"快"有着深刻的理解，据他讲述：

> 我们都是在六四年学武的，就是因为搞运动，才主动要求父亲教我，父亲那手法很不一般，手法相当快，这个功夫有适合的人才能学，一般人学不来。

其实，"快"不仅是甘溪武术的要求，也是其他传统武术的技法要求，但针对甘溪武术而言，它的"快"除了速度上的"快"之外，更有练习之"快"、实战应变之"快"等含义。

三 独树一帜

甘溪侗家拳在技术上独树一帜，与临近侗族地区的侗家拳和个别苗区的苗族武术有所不同，更与汉族武术等风格相异，具有一定的独特性。近年来，随着甘溪人逐渐"走出去"，生于斯长于斯的甘溪人接触了包括现代武术在内的搏击术，对于甘溪武术与其他武术或搏击术之间的区别也深有感受，据陶光荣讲述：

> 我们的功夫广场建好之后，外面的人就可以来我们村学习武术。老海村的月牙镋主要是表演，就像那个从江的芭莎苗寨一样，人多了就好看了，我们的是单打单练。

与此同时，甘溪侗寨武术的独特性也是在与其他武术的对比中凸显出来。作为甘溪武术总教练的陶通信，对于甘溪武术与其他武术的区别也是深有体会。2017年在凯里湾水镇召开的第二届民族民间演武大会主要是来自贵州和湘西的苗族武术拳师和来自贵州的部分侗族拳师参加，在他看来，甘溪侗家拳风格独特。据他讲述：

> 在湾水比赛时，看他们打拳，脚都掂起来了，又蹦又跳是不行的。打架时要两脚抓地，脚要稳，他们比赛时那个脚都歪了，翻过来翻过去怎么打架，我不喜欢。我们的武术和别人的不一样，因为我们的脚不踩、不踮，所以他们说我们的武术没有力。我们甘溪的武术是不能亮手的，不管你用刀还是拿棍子，一旦把手亮出来就会被人家打。我们的武术都是可以解释的，湾水村的武术怎么解释？他们的武术解释不了。比如说我们甘溪的武术，上顾手，下顾阴和脚，对方踢你的话，就可以防守。当对方打你头部和脸庞的时候，你就可以用手去挡，对方用脚踢你的时候，你就可以上步打他的下阴，同时掀起他的脚。但是，他们说我们的拳没有力度，觉得跺脚才有力度。另外，我看他们的棍术也和我们的不一样，他们打的棍法很容易被别人打到手。

无独有偶，陶光荣支书对于甘溪侗寨武术和苗族武术中镋的区别也深有感触，据他讲述：

> 我们那一次去湾水一共有八个人，我打的是月牙镋，他们苗族打的武术我不太赞同，他们还问我这镋是哪样东西，他们苗族的镋有点小。

此外，在陶光涛看来，在湾水的武术比赛中，苗族武术动作较为简单，打法和甘溪侗寨武术不同，主要表现在侗寨武术没有踮脚。其实，苗族武术和侗族武术类似，均强调贴地，忌讳踮脚。陶光涛师傅所见的踮脚仅为个体表现差异。

不仅如此，由于技术上的独特性，在现代武术的比赛规则下，侗家拳在武术比赛中未能获得裁判员的认可，由此导致侗拳师与武术裁判员在评判认知上出现了偏差。其中，陶光涛认为：裁判员对他们不太公平，不能客观地评价他们甘溪的武术。其实，裁判员有一套武术比赛的评价标准，和民间武术的实战标准迥然不同。在当前的民族民间武术比赛中，裁判员的评分标准和民间武术家的评价标准之间存在偏差。这种偏差不是某一个裁判员的个人认识问题，而是当前整个武术比赛的评价体系所致，是用竞技武术评价标准来评价民族民间武术时所出现的偏差。而且陆承龙对于甘溪武术的实战性也有感受，据他讲述：

> 我们甘溪武术的观赏性稍微差一点，实战性比较强。我们村"走出去"是在今年的三月份，在凯里湾水镇举行的那个武术比赛，我们村组队参加了。有些专家还是要看我们甘溪功夫的实战性，但有些武术规则还是照顾当地人的。

为了生存，甘溪先祖从江西等地迁徙至此，在近似原始森林的山林中垦荒种地，繁衍生存。面对虎狼的威胁和盗匪的袭扰，甘溪民世代习武。在崎岖不平的山地环境中，强调下盘的稳固，功架低矮，步法以三角步或者梅花步为主，并在实战中强调以快制胜，以防为主，也由此造就了甘溪侗家拳在技术上的独特性。

第二节 文化特征

甘溪侗家拳曾经是甘溪人的生存"利器",还巧妙地与舞龙这一民俗融合在一起,成为甘溪民俗生活的组成部分。长期以来,受封建思想的束缚,甘溪侗家拳虽然秉持"传男不传女,传内不传外"的伦理原则,但与其他武术也存在一定程度的关联。

一　舞龙与花架

甘溪分为上甘溪和下甘溪,上甘溪主要住着陈家、袁家、宋家,下甘溪则居住者陶家、陆家、杨家,民俗成为不同家族之间关系和谐的"润滑剂"。除了常见的国家法定节日外,甘溪侗寨还有二月二、三月三、四月八、五月五、六月六、七月半等民族节日,而"踩歌场"是最大的节日,一般在每年的五月初举行。在这些民俗节日中,要举行很多活动。如在元宵节中要举行舞龙活动,舞龙时就要表演侗寨武术。而但凡农闲时节都要举行教武、练武活动,侗族武术的学习和训练一般集中在冬天,但天气太冷也不利于练武活动。因此,甘溪一直保持着良好的习武传统,可以说是"全村皆武",而陶光荣擅长镋和棍,人称"功夫书记"。随着时间的推移,人们的娱乐文化生活日渐丰富,电视、电脑已进入普通百姓家庭,武术也逐渐"退居二线"。另据村民陶师傅讲述:

> 现在这个年代,大家吃过饭后,谁还练武,都不练了。现在不比旧社会那个年代,不管你是做生意,还是走夜路,都需要会两下子,要不然就会被人家抢。现在大家都不是太担心这个了。

长期以来,甘溪武术和舞龙结合在一起,作为一种民风民俗而存在。另据陶光标讲述,在甘溪及周边地区有一种风俗,每隔三十年就要举行一次舞龙表演。具体来说,以舞龙为载体,表演侗寨武术。陈光涛对于甘溪武术的民俗性进行了阐释,据他讲述:

> 在我们甘溪,像我这年龄的百分之九十都会武术。我们小时候看他们玩龙,玩龙之后要打拳,要打整套,打拳、打铁尺、打棍,

铁尺对打、棍对打，还要打锒，铜太重了，所以那个时候我们小，就没打。我们这里有小锒，大人打的是大锒。我们有两条龙，这些兵器都是共享的，是集体的。

而另据杨倪兴老师讲述，1949年后，甘溪一直保持着玩龙的传统。刚开始只有一条龙，随着村寨人数的增多，就变为两条龙，在玩龙后，要打拳。

在我懂事的时候只有一条龙，他们都是互相学习，1952年搞一次，就是我参加的那次，是一条龙去乡政府去村寨，到1982年因为人多就分成了两条龙去，陶家、宋家有一条龙，杨家、秦家、袁家有一条龙，当时我们一条龙就要30个人。玩龙过后就是以打拳为主，打拳结束了就去打扫寨子。玩龙就是为了赶走瘟病，那时候我还没有多大，我是在龙尾。拿龙头的人必须要身体健壮、高大。龙尾需要灵活机动的人，玩龙过后有打拳、棍、月牙镗。玩龙的程序就是打拳，铁尺，单棍，铜，镗，然后综合起来。规矩就是搞三年可以停几年，到后来如果需要搞就再搞。

而甘溪经过三年自然灾害、"大跃进"、文化大革命之后，社会经济遭到极大的破坏。在改革开放以后，甘溪又逐渐恢复了玩龙的习俗，甘溪武术得以公开展演。时至今日，在甘溪的飞天庙里，仍摆放着当年玩龙时所用过的道具（见图6-3）。

民俗曾是甘溪文化生活的重要组成部分，更是甘溪武术在场展演的重要载体。在较长的一段历史时期内，甘溪武术通过舞龙这一民俗得到传承与发展。如今，这一民俗传承的模式已逐渐让位于文化旅游传承。

二　时间与空间

甘溪侗家拳的传承通过具体的社会活动来实现，而这些武术活动的开展又具有自己的时空特征，与当今的武术课和武术活动有所不同。甘溪侗家拳的开展因循着旧有的"道法自然"的时空观念。首先，甘溪侗寨武术长期以来与民俗生活紧密结合，开展大多集中在早晚和民俗节日等闲暇时间。而拜师学习武术及教徒、收徒也大都集中在冬天。姚登屏

图6-3 甘溪飞天庙中的舞龙道具

老师对此深有感触，据他讲述：

  请师傅教武术一般是在冬天，具体要教多久事先要和师傅说明，一般是教两个月，过完年师傅就回去了。如果还要师傅来教的话，寨子里就要集体凑点钱，让师傅过完年后再过来教，直到教会为止，教拳、教棍、教刀，各种都有。到了三月份农忙的时候，师傅就要回去忙农活了。一般来讲，在很多徒弟中，如果有比较优秀的徒弟，师傅还要把药功教给他。药功就是那些跌打损伤之类的药怎么种、怎么吃。在师傅所带的徒弟中，也有一些是师傅比较喜欢的，一般都是那些寨子里功夫比较出名的、又听话、涵养又比较高的那些徒弟，师傅就要着重教他。教完之后，这个徒弟就可以去教寨子上的其他人。而且在师傅临走时，也会送给自己最中意的徒弟一把兵器，以作纪念。比如说，师傅对徒弟说："这把刀是我师傅传给我的，我现在把这把刀传给你。你以后要当师傅了，也要传给下一代。"

对于具体的武术学习和训练时间，侗拳师有自己的阐释。在陈光涛看来，早上练武较好，据他讲述：

> 我在空闲的时候，精神好的时候练一下，干农活累的时候就不想搞了。练武对身体还是有好处的，特别是早上练武对身体好，要凉快一点。因为上午还要干活，所以早上练武还要起得早一点。

对于开堂子习武的具体时间，陆承龙有自己的说法，据他讲述：

> 我们寨子每年的正月和腊月，基本上都要在家开堂子教武术。我们本寨子的人就是随时去随时学，比较随意。我们主要是下午和晚上学武术，选在下午的时候更多一点，大概在五点左右。

对于甘溪武术具体的传授时机，除了利用农闲时间以外，更有着深层次的人类学含义，陈光涛给出了自己的解释，据他讲述：

> 我们老师傅一般都是晚上教一点武术，一般在我们出去打完架回来他就教一点。还有就是以前，在外面有人打架伤人了，他听到了就会来教我们一点武功，主要教一些防身的和实战的，怎么进攻，怎么躲闪。在平时，就教我们一些套路。

甘溪侗寨武术的习练遵从"道法自然"，根据侗寨的生产生活来灵活安排时间。与此同时，集体跟着师傅开堂子习武又与个人习武的时间有所不同。

三 伦理与道德

在甘溪，长期以来，受封建思想的影响和束缚，"传男不传女，传内不传外"是侗族武术传承的不二法则，但随着时代的发展，女子也开始逐渐接触武术。对此，陶光荣深有感触，据他讲述：

> 以前，女的一般不能练武，连看都不能看，但也有一些女的在学武。比如说我的这个熟爷就曾经教他的妹子武功。他的妹妹曾经

在山东卖肉，在路上碰到一个回家的劳改犯，这个人想欺负她，然后我熟爷的那个妹妹就对那个人说："说到打，我倒是不怕你。"

在甘溪，旧时人们因循着"传男不传女"的旧习，女子不能看男子练习拳术，更不能学习拳术。因此，在旧时，练习武术都要"闭门修炼"。但随着时代的发展，甘溪的妇女也逐渐开始学习武术。

此外，外出教武收徒一直是甘溪侗拳师重要的生计方式。在外出收徒时，不仅要面对徒弟们的"过堂"，还要应对教武场中的"破场"，为此，甘溪侗拳师在教徒弟时常常要"留一手"，以应对教武结束之时徒弟们的"过堂"。与此同时，甘溪侗拳师除了要有过硬的武术技术之外，更是采取"以德服人""以武会友"等方式来化解来自武术活动中的各类矛盾。这些都体现了甘溪武术中的伦理文化，关于这一点，将在后文进行详细论述。

四 融合与交流

甘溪武术从产生到发展，经历了一个演变过程。自甘溪先祖先后从江西随军征调而迁徙至甘溪，各家均有自己的武术体系，迁入甘溪后，在独特的山地人文化环境下，逐渐形成了具有民族和地域特色的甘溪武术。2014年，甘溪六姓人家将六家拳术融为一体，又形成了"六家拳"。因此，甘溪武术既与甘溪先祖迁徙之前的武术存在着渊源关系；同时又具有浓郁的民族特色和鲜明的地方特色。

与此同时，甘溪侗寨武术也与周边村寨武术存在着交流和融合。在甘溪众多侗拳师中，要数陶通信的技术最为全面和成熟，也最为优秀。而陈光涛作为甘溪年轻侗族拳师的佼佼者，是甘溪武术队的副教练，他对于甘溪武术与苗族武术之间的交流也深有感触，据他讲述：

> 我也去过姚家溪，那边的苗拳和我们的动作是不一样的。在姚家溪，我一个伙计在那里，叫杨登高，已经去世了。他的功夫是可以的，之前我们有交流。之前，我们都是亲戚，那里有姑娘嫁到我们寨子里，我太婆的婆家就是在姚家溪，所以在一起去看歌场的时候就认识了，所以相互交流、切磋过。

甘溪在地理位置上与白市镇的双河村（旧称姚家溪）相距不远，在以前时常进行武术交流。另据杨仪鑫回忆：

> 以前，我们寨子的人去姚家溪赶场，到他们屋里，他们还打着口哨，看着有点欺负人的样子，还拿起棍子（准备要打人），那棍子外面还包着铜皮。我们屋里人一喊，他们就把棍子都丢了，后来到了道歉的时候，他们才把棍子拿走。在新中国成立前，姚家溪有一个人想学玩龙，就跟着我们学，一跟就是三年，他们来我们这里玩龙实际上是想偷学我们甘溪的功夫。他们姚家溪那边的人是苗族，也比较爱好武术。我们甘溪舞龙一般是三年，三年之后要送龙。送完龙之后要等上一二十年才能再玩龙。

由于甘溪武术的民俗性，甘溪侗寨与其他村寨也存在着一定的武术交流，而陈光涛也有着自己的理解：

> 我们村的武术也出去交流过，我们陈家没有出去过，主要是陶通信他们出去的比较多，肯定和别的地方交流过。他和别人打得多，比如说，有一个人会武术，他就会给他讲："我们较量一下吧！"因为他们那个年代大家对武术比较爱好，所以喜欢交流。但是我父亲不太愿意讲，所以很少和别人交流。别人问他会武功不，他都说自己不会武术。因为你要是说会武术，他就要和你较量，你要是把他打倒了，他不服气，下次还会再来。所以，我父亲就是这样的，宁可说自己不会武术。但是，有时候遇到了可以交的朋友的话，也可以交流一下，这里三头五寨的也有不少和我父亲玩得比较好的。

另据陶通信讲述，邻近的双河村苗族武术中的"七十二梅花枪"也来自甘溪，是双河村杨家师从甘溪。因此，两个村寨的武术存在着交流和融合。无独有偶，据袁毓权讲述，就区域来讲，甘溪的侗族棍术与双河村的苗族棍术基本相同，都是由单头棍和套棍组成，这主要是由于在以前，双河村的苗族棍术和甘溪的侗族武术经常有交流，二者相互贯通，最终形成类似的风格。此外，在 2017 年凯里湾水镇的民族民间武术演武大会上，袁毓权也观看了苗族的武术表演。袁毓权认为：苗族武术经过发展和"包装",已经有表演化的趋势,而甘溪侗族武术则依然保持着古朴的技术风格。当然,甘溪的侗拳师也曾经和双河村的苗拳师打过架,有过恩怨。尽管如此,在很长的时间内,两个村庄都倡导武术,和平相处、相互交流和借鉴是发展的主流。除此之外,在历史的发展中,少数民族武术早已形成了"你中有我,我中有我"的多元一体的文化格局,苗族武术与侗族武术有一些是相通的,是苗侗在历史的进程中相互交流的结果。而这也正如英国人类学家雷蒙德·弗思所说的那样:"不同的民族相互接触,不论是在和平的或战争的状态中,他们的习俗可以相互不受多大影响。但是在更多情况下是互相发生影响的。"① 结合历史上的苗侗农民起义来看,苗族武术与侗族武术之间的交流更为频繁。尤其是在清代乾嘉时期,张秀眉领导的苗民起义和姜应芳领导的侗族起义遥相呼应,给清廷造成了沉重的打击。张秀眉和姜应芳都是民族武术高手,对苗族武术和侗族武术的发展起到了一定的推动作用。

第三节 功能价值

甘溪武术自产生之日起,就与甘溪侗族的生产生活、民风民俗紧密地结合在一起,在甘溪侗族的生产生活中扮演着重要的角色,是甘溪侗族的防身利器,也是强身健体的手段,更是甘溪侗族休闲娱乐生活的组成部分。

一 防身自卫

武术与其他体育项目的最本质不同在于武术具有技击价值,在社会生活中能够防身自卫。在旧时,甘溪还是山林,常有虎狼出没,甘溪村民练武以自保。陈通逊的爷爷、父亲和哥哥都爱好武术,这种爱好都是基于现实安全的考虑。陶通逊的父亲曾碰到老虎,和老虎搏斗,另据他讲述:

在我们后面这一辈只有我哥喜欢武术,而我父亲叫作陈再铭,爷爷叫作陈年祯,太公叫作陈万清,他们都喜欢武术。新中国成立

---

① [英]雷蒙德·弗思:《人文类型》,费孝通译,商务印书馆2017年版,第143页。

前夕，这里都是大山，我父亲就练练棍之类的锻炼身体，还打过老虎，我们学武的都只是为了防卫。

此外，1949年以后，曾有一段时间，社会治安环境较差，甘溪时常有盗贼"光顾"，而甘溪村民习武以自保，使得盗贼落网。据陈通逊师傅回忆：

> 1980年代，有的爱干偷鸡摸狗的事，来到我们这里都被抓到了。当时我们把路一堵，鸡偷不去，人还被抓到。还有一次，我哥有十多只鸡都被拉到远口去了，最后又被我们追回来了。

与此同时，甘溪侗拳师长期以来秉持着"人不犯我，我不犯人，人若犯我，我必犯人"的原则，与人为善，只有受到外来的侵害时才被迫给予还击。据陶光荣师傅讲述：

> 在国民党统治时期，真的需要真功夫。当时，国民党的军队准备到我们甘溪，但是我们功夫太厉害了，他们就不敢抢。所以，我们这个就是用来防身的。

无独有偶，陈通信曾外出务工，因为工厂老板拖欠工资而与其发生争执，凭借着扎实的武术功底，陈通信师傅顺利拿回了自己的血汗钱，据他回忆：

> 我是专业搞木工的，有三十多年了，学这个武术主要是用来防身的。但是，这是我们的"家拳"，不公开的。以前我在外面打工，街上的赖皮我就不怕，老板欠我的工钱，我也不怕，你要是打我，我就把你打个半死。之前，我在福建打工，那个老板很凶，人高马大的，但是和我交手，打不过我，说："功夫不错嘛！"我说："你欠我的工钱必须给我。"后来，那个老板就把工钱给了我。

防身自卫虽然是所有搏击项目共同的社会价值功能，是甘溪武术一直延续不断的重要社会动因，但甘溪武术也有着自己的故事和传说。

二 强身健体

甘溪武术不仅是防身自卫的利器，更是强身健体的重要手段，尤其是在和平年代，强盗、劫匪、村寨械斗较之以前大为减少，社会治安逐渐变好的今天，强身健体的社会价值功能尤为重要和突出。笔者在甘溪采访到了九十三岁高龄的陈通球老人，陈通球老人自小习武，如今虽然年事已高，且有一定的听力障碍，但身体依然硬朗。笔者随即访谈了他的儿子陈光涛，据他讲述：

> 我父亲已经九十三岁了，以前我也经常看到他练武。那时候，天还没亮，他就起床练武。他现在的身体还可以，九十多岁了还能干点拔草之类的活。

无独有偶，陶光荣对于陈通信老人的身体康健也是赞赏有加，据他讲述：

> 我们的武术原来是用来防身的，现在是既要防身又要健身。练武对身体好是比较好的，我们村就有一个九十三岁的老师傅，身体还很好，只是耳朵有点聋，眼睛也不太好使了。

杨倪兴老师对侗族武术也很感兴趣，他自身是一名教师，喜欢看别人打拳，自己也跟着爷爷学习了一些，对于练武的健身效果也深有体会，据他讲述：

> 这个对身体还是有好处的，练武之后能精心读书，虽然练了之后是有点疲惫，但是年轻嘛！要不了多久就好了，上了年纪之后就不行了，累了就很难恢复。

尽管如此，在陶通信和陶光荣看来，练武要适度，训练过度就会伤身体，据陶通信讲述：

> 到了我们卜洞老爷的下一班，我们下甘溪有一个陶聋子，上甘

溪有一个姓陈的，功夫练得很好，太投入了，练得太过度了，所以到最后就没能有后代。

此外，训练不得当也容易伤神，造成不必要的悲剧，陶光荣对此深有感触：

在我们甘溪，以前也有一个功夫练得好的，他抱着孙子看见别人打架，结果越看越用力，越抱越紧，最后把孙子都抱死了。

因此，练习武术可以强身健体，但与此同时，也要把握训练的"度"，过度训练就会影响人的身体健康和心理健康。

三 休闲娱乐

甘溪武术也是旧时甘溪侗族休闲娱乐生活的重要组成部分。笔者于 2018 年 1 月 13 日再次来到甘溪，对已有 76 岁高龄的陆显文老人进行了访谈。据他讲述，甘溪功夫村庄历史悠久，武术从祖辈那里代代相传，是甘溪侗族重要的休闲娱乐生活，自己在小的时候见到父辈们经常习拳弄棒，据他讲述：

练功夫都是练着玩，以前村里也没有电视，大家没事的时候就练一练。我还记得我爷爷和父亲以前都是在练武术，所以这里以前的武术氛围还是很好的。

不仅如此，在很长的历史时期内，甘溪武术与舞龙融合在一起，在休闲娱乐手段单一化的年代是人们娱乐生活的一部分。

甘溪侗家拳的开展具有明显的季节性和休闲性，主要是根据甘溪的农业产生生活来决定，形式灵活多样，既可以在自己的堂屋内练习，也可以在公开场合表演。虽则如此，甘溪侗家拳不同的练习场域反映了不同的社会生产关系，在乡村传承秩序下，具有相应的社会价值与功能。

规训与竞争：甘溪侗家拳中的伦理文化

  它（纪律）规定了人们如何控制其他人的肉体，通过所选择的技术，按照预定的速度和效果，使后者不仅在"做什么"方面，而且在"怎么做"方面都符合前者的愿望。这样，纪律就制造出驯服的、训练有素的肉体，"驯顺的"肉体。纪律既增强了人体的力量（从功利的经济角度看），又减弱了这些力量（从服从的政治角度看）。

——［法］米歇尔·福柯《规训与惩罚》

  中国文化是一种伦理型文化，武术文化表现得尤为突出。对于少数民族武术而言，虽然整体上受到儒家文化影响并不深远，但天柱县古称"凤城"，与湖南接壤，被称为"黔东的门户"，受到儒家文化影响较为深远。受此影响，甘溪侗家拳崇尚武德，讲究师徒礼仪。与此同时，在旧时，甘溪侗拳师迫于生计，外出教武收徒，为了应对徒弟"过堂"，侗拳师必须要"留一手"。而在应对外来"破场"的情况下，甘溪侗拳师又本着"以德服人"和"以武会友"的武德要求，巧妙化解各种危机。在此过程中，也诉说了甘溪侗拳师们的个人心酸。

第一节 尚武崇德

  和汉族武术类似，在侗族武术学习中，不仅要求徒弟尊师重道，还要求徒弟必须有较好的人文涵养。而姚登屏老师曾作为天柱县文化局的工作人员，长期关注包括侗族武术在内的侗族文化的发展，对于武德有着自己的真知灼见。据他讲述：

> 学武术的人很讲究涵养，他们的涵养很高，做事都很谦和，武德很高。因为学武的人自身练功要有一定的道德，徒弟的脾气要好，你不能会一点武功就去欺负别人，即使别人欺负你，你还要让人家一下。我爷爷和我父亲、伯伯他们练武就是这样的，师傅也是这样教的。

和其他传统武术一样，甘溪武术在传承过程中，对于择徒有一套严格的考核标准，一般来讲，脾气暴躁的不教，另据陶通信讲述：

> 动不动就打人，就去杀人，那是不能教的。头几年，我教了一个徒弟，那个徒弟杀了一个人，结果坐了二十年牢，当时幸亏没有追究他在哪里学的武功，也没有我电话。我那个徒弟打架很厉害，他的姊妹在远口被人家欺负了，他就找到人家家里理论，打起来了，结果把人家给杀了，在人家的胸口上扎了一刀。在渡马乡，很多人都知道他比较坏，不讲道理，所以我就不再教他了。

与此同时，武术学习非常注重尊师重道，因为只有如此，师傅才能将武技之精华传于徒弟。据陶通信讲述：

> 我们的武术也有对练，是两个人对打，全部是策手，但是我不想教他们。我去村寨教了他们三年，一分钱都没有，都是义务教，加上他们都不尊重我，所以我就没有教他们策手。

侗家拳的武德不仅体现在收徒教武上，更表现在具体的实战格斗中。由于刀为利器，出于安全考虑，陶通信在收徒教武时，将刀术内容排除在所教内容之外。但是，在遇到强盗或劫匪时，又可以使用刀术。陶通信对此深有体会，据他讲述：

> 强盗过来时，就可以用刀子打。在过去，他们去和别人打架，打不过就回来喊我去，我一去就打赢了。以前我们这里有几家地主，那些强盗都想过来抢。结果，寨子里的全部"教师"拿起棍子来防卫，那些强盗都打不过我们。

而对于甘溪武术的伦理道德，除了秉持防守、忍让的理念之外，还讲究反击。据陶通信讲述：

> 所以，在外打工，你要是不会武功，别人就会欺负你。你会了武功，如果别人抢你钱，你就尽量打。

除此之外，甘溪侗拳师更是在他人遇到危难时能够"拔刀相助"，体现了习武之人的侠义精神，陈光涛对此深有感触，据他讲述：

> 我们也是怕惹事，出去怕被别人打，不过也抓过小偷。那是在1990年代初期的时候，我们这边有一个金矿，那个时候我脚上生了一个疮，就到县城去包扎。在天柱县城扒手比较多，我坐在车上，有一个卖东西的，拿着秤砣，在下车的时候，有一个小偷伸手进他口袋里准备偷钱，被我一把抓住了。他也没有反抗，我抓住他的两只手，抬高起来，他就不敢动了。不过那一次，我放过了他。

崇尚武德是包括侗家拳在内的所有传统武术的内在要求，是身体的"纪律"，规训着习武者的身体，规范着习武之人的个人行为，有利于人际关系的和谐与社会的整体稳定。

第二节　拜师仪式

在中国传统武德伦理文化下，侗拳师选择自己认可的、优秀的徒弟作为传承人，并通过拜师仪式来得到进一步确认，在形式上对师徒关系进行了肯定。更为重要的是，这还给师徒二人在心理上产生了一定的安慰和约束。姚登屏老师作为长期生活在侗族村寨的文化工作者，对此深有体会，据他讲述：

> 在儿子向老爹学武的时候也要举行一个拜师仪式。还有就是我们寨子请武术师傅来了，要包吃包住，要照顾好。另外，徒弟也要给寨子上的寨佬说这件事。拜师的时候，要烧香，给师傅磕头，要尊重他。还要杀公鸡，一是要敬祖宗，敬他老人家；二是在吃饭的

时候，敬师傅，在师傅教完武功后还要欢送师傅。寨子里还要给师傅盘缠和生活费，有时候师傅虽然不说，但每个寨子都会给钱的。在拜师的时候，只杀鸡，不用把手指扎破，喝血酒。但是如果寨子里的年轻人要在一起发盟誓，就要扎手指，也要喝血酒。

此外，姚登屏老师对于在拜师仪式中杀鸡、喝血酒，有着自己比较"接地气"的解释。在他看来，杀鸡是一种祖宗崇拜和鬼神崇拜，据他讲述：

> 因为公鸡可以辟邪，可以提醒人三更、五更地叫，所以我们侗家和苗家对公鸡是很尊重的，所以拜师要杀公鸡。杀了公鸡之后，要拿鸡头和鸡屁股敬老人，拿鸡头敬最年长的老人，里面的肠子和肝也要给老人吃，这些东西年轻人是不能吃的，这是以前我爷爷和我伯伯在湖南新晃县时给我讲的。另外，在过年的时候，我们侗族也要杀鸡，鸡不要煮熟，要敬祖宗和老人。还有就是去了新屋，木匠师傅要买公鸡，杀鸡敬大门，还要拎着公鸡绕整个房子走一圈，还要拿鸡血去淋，也就是说不让那些"不干净"的东西进到房间里。

姚登屏老师对于拜师仪式中杀鸡、喝鸡血的解释蕴含了侗族村寨的地方性知识，也是以往学界在研究侗族武术的过程中容易忽视的问题。

在甘溪，侗族武术的传承遵从一定的道德伦理规范，"传内不传外""传男不传女"，而这又要在一定的礼治规范下有序进行。首先，徒弟拜师要有仪式，并有专门的拜师帖，要有象征性地赠物，陶通信对此深有感触，据他讲述：

> 在我们这里，拜师需要有拜师帖子，要杀鸡，喝血酒。拜师帖写得很规范，也很美观。此外，徒弟还要为师傅准备一套新衣服，一双鞋子，一把伞。给师傅的一套新衣服，颜色也没有什么讲究。之后，徒弟还要准备一桌菜，给师傅准备一个红包，红包里面以前老班那一辈装的是大洋；到新中国成立后，我教他们的时候，红包里面装的都是一百二十块。此外还要准备一瓶酒。一般来讲，徒弟

在外面把菜买好后，再买一只公鸡，把酒摆起来之后就把公鸡杀了，然后把鸡血放在酒里面，师傅告诫徒弟：以后传武术只能子子孙孙地传，不能传到别处；在外教武的时候，只能教一些花架和表皮，重要的不能教，重要的只能教给自己的后代。说完之后就喝酒吃饭。

另据陶通信讲述，拜师时红包里要装一百二十块，这是祖辈传下来的规矩。但并非所有的学武者都要举行拜师仪式，陈光涛就是一个例外。据他讲述，他自己跟着亲戚练武，就没有举行拜师仪式。不仅如此，在家族内、村寨内收徒和外出收徒所举行的拜师仪式稍有区别，据陆承龙讲述：

在开堂子收徒弟的时候，要搞一些拜师的仪式，主要是歃血为盟。但并不是每个堂子都歃血为盟，主要是教到最后，最出色的徒弟可能会和师傅结兄弟，就要歃血为盟。拜师的时候肯定也有程序的，在哪家开堂子就在哪家举行拜师仪式，但自己人学武术就不用举行什么拜师仪式了。

甘溪侗家拳通过举行拜师仪式传承给下一代，且针对不同类型的徒弟，举行的仪式也不尽相同，有的甚至不用举行拜师仪式。究其原因，主要是因为在侗拳师们看来，拜师仪式比较神圣，在心理和身体上对徒弟进行规训，这正如米歇尔·福柯所说，"纪律的目标不是增加人体的技能，也不是强化对人体的征服，而是要建立一种关系，要通过这种机制本身使人体变得更有用时也变得更顺从，或者因更顺从而变得更有用"①。通过拜师仪式建立一种师徒间的约束关系，通过仪式过程强化对徒弟行为与心理的监控，使其朝着有利于师徒关系和社会和谐的方向发展。

第三节 个人心酸

侗拳师作为甘溪侗家拳的主要传承人，在侗家拳传承过程中，要面

---

① 米歇尔·福柯：《规训与惩罚》，刘北成、杨远婴译，生活·读书·新知三联书店1999年版，第156页。

临"过堂""破场"等社会风险,折射出侗拳师的个人心酸。

一 "过堂"和"留一手"

甘溪侗拳师外出收徒教武的过程并非一帆风顺。徒弟在学完侗家拳后,为了考验师傅所教功夫的有效性,要让师傅"过堂",而侗拳师为了应对徒弟们的"过堂",在传授武艺的过程中,往往都要"留一手"。

(一)"过堂"

在侗族拳师收徒的过程中,要收取一定的费用,用于生活生计,但也充满了侗族拳师个人生活的心酸。陶通信年轻时外出教过很多徒弟,去过很多地方,对此深有感触。据他讲述:

> 那个时候是1980年代,我在靖县教过,在白市也教过,在渡马教了四堂,一个人才二十块钱,太低了,后来我就不教了。还有一些徒弟来我这里学,一个人也是二十块钱,一共教一个月,要吃住在我这里,所以不划算。
>
> 在教拳结束的时候,还要"过堂",就是师傅教完之后,徒弟在门口等着师傅,那师傅怎么出去呢?比如说你教了六个徒弟,那这六个徒弟最后就是拿着棍子等你,如果你出不去,那么你的钱就得不着,你就白白教了一个月。所以师傅要想拿到自己的教武费,就必须打过这些徒弟。我教过很多堂子,都能过堂。也就是这样,师傅才必须要"留一手"。这留下来的"那一手",要看哪个徒弟好,才教他。

此外,在陶通信所教的徒弟中,虽然也有一些基础比较好、头脑灵活的,但是和陶师傅感情比较深的不算多,据陶师傅讲述:

> 和我感情比较深的徒弟中,渡马有一个,他是一个老师,现在在贵阳住。他之前拜了两个师傅学武功,都不行,后来通过别人介绍又拜我为师。他学成之后,逢年过节还过来看我。一般的徒弟得了功夫之后,就不回来看望师傅了。有的徒弟就比较尊重我,时常来看我。

其实，甘溪侗拳师"过堂"是甘溪侗家拳社会功能价值的检验途径之一，作为接受侗家拳传承的徒弟们来说，他们是主体。而这也逼迫侗拳师本可以全部教完，但却要"留一手"，背后蕴藏着深厚的人类学背景。

(二)"留一手"

在旧时的中国，民间有"饱了徒弟，饿死师傅"的说法。为了应对徒弟们的过堂，侗拳师在武艺传承过程中，必须要"留一手"，这在其他武术传承中也较常见。陶通信走南闯北，到处传授武艺，历经生活的艰辛，对此深有感触，另据他讲述：

> 去年，我们去白市镇，在那里我听别人说有一个侗族师傅也是相当的"溜"，我就去试一下。那个师傅的功夫也是请我们这里的师傅过去教的。但是，那个师傅给他留了一手，没有全都教给他。他当时就坐在我左边，中间是酒杯子，他就用手搂住我脖子，我说这个不起作用的，他搂住我脖子，我就可以抓住他的手，趁机擒住他。他要是冲拳打我，我就可以用肘把他的手压下去，然后冲拳打过去。我那几年在外面教的时候，因为他们笨多了，所以就没有给他们解释。而且，棍法也有很多，一个动作可以有五十多种解释，也就有五十多种用法。没给他们解释，他们就不会用，这样我就可以很轻松地"过堂"，就像我们的棍法"铁牛造栏"，也都是有解释的。

甘溪侗家拳的传承要"留一手"，既是徒弟检验甘溪侗家拳实战价值的途径，更是师傅生计的需要，这与以往学界对于老拳师因保守而"留一手"的解释有所不同。然则，甘溪侗寨武术的传承也并非全部"留一手"，对内对外是有所区别的，对于其他村寨的徒弟来说就要"留一手"，但对于自己家族的人来说，一般都会全部教完。即使如此，甘溪武术的传承在家族内部也存在一定程度的"留一手"，对此，陶光涛深有感触，据他讲述：

> 我们寨子上会武术的人很多，个个都懂一点。出去的时候，别人一般也不知道你会武术。再说寨子上很多人都是偷学来的，所以

规训与竞争：甘溪侗家拳中的伦理文化

不说自己会武术，有点保守。包括我父亲，也不是把全部的功夫都教给我的，肯定有一些没有教完。

据陆承龙讲述，陶通信师傅外出收徒所教内容和在本村寨内所教内容差不多，但也不太一样，主要是留一些撒手锏。

在动乱年代，武术是"保命杀人的勾当"，需要小心谨慎。也正因为此，侗拳师在传承武艺的过程中，一方面基于历史传承的责任，严格要求徒弟，将大部分内容传承下去；另一方面，侗拳师又要基于现实的考虑，为了个人的生计或者安全，必须"留一手"。

二 "破场"与应对

侗拳师在外出收徒的过程中，不仅要面对徒弟的"过堂"，还要面临外部"破场"的威胁。所谓"破场"也叫"砸场"，是外来人员挑战侗拳师的通俗说法。陶通信早年外出收徒，阅历丰富，对于"破场"也深有感受，据他回忆：

> 我也遇到过"破场"，是别人要来破我的场，那是我在白市教徒的时候，遇到了一个本地人，他的弟弟跟着我学武功，他就过来对我说："你年纪大了还要来教？我要来试功夫。"后来，我就走过去，不怕他，我拿着一根棍，他拿着一把很长的柴刀。他拿着柴刀来是要试我的功夫，我就一棍子打到他的肘，柴刀一下子就掉了，后来他就走了。所以在那个年头，没有真功夫是做不起武师的。

此外，在侗拳师在外教武收徒中，当不同侗拳师在同一区域教武收徒时，二者就形成一种"竞争关系"。对于此种情形，侗拳师有自己的一套处理方法，陶通信早年在外教武收徒，对此深有感触，据他讲述：

> 我在湖南靖县教了六个徒弟，他们休息期间，去下河那边看，那边也有个本地师傅也在教武术，他对我的徒弟说："你是贵州教的徒弟，我来试一下。"那个师傅就拿那个火钳用力一扭，就把我徒弟的手夹起来了，我徒弟就倒地没有办法了。那个徒弟回来告诉我，说下河的那个师傅是用火钳把他扭起来的，他扭不动。我就对他说：

"你去，我教你一个法子。你吐一把口水，在鞋子底下拍三下，把那个火钳扭住。"结果那个下河的师傅真就扭不动我徒弟了。后来，那个师傅用棍打，也比不过我徒弟。因为那个师傅的工具怕脏，所以我让我徒弟在他脚底拍三下，人的脚底都比较脏，他拍了以后手就脏了，摸了他的工具，他就扭不起来了。这是我们老一辈传下来的秘诀。

教武收徒作为旧时甘溪侗拳师的一种生计方式，在今天看来也是一种市场行为，有市场就有竞争，有竞争就有"破场"。而根据布尔迪厄的场域理论，场域是一个独立的客观社会关系空间，存在着复杂的资本争夺。[①] 甘溪侗拳师与其他拳师等在传统的乡村社会秩序中，共存于同一场域，在教武收徒上存在竞争，虽然客观上促进了侗族武术的传承，但也折射出侗拳师的个人心酸。

第四节　遵规守旧

在甘溪，侗族武术的传承因循着"传内不传外"的陈规陋习。侗拳师出于生计，外出教武收徒，甘溪侗家拳开始逐渐向其他家族传播。而为了维护侗寨武术的价值，不让外人偷学，侗拳师在教拳时往往要"关起门练"，对此，陶通信深有体会，据他讲述：

我们教徒弟的时候，不允许别人进来，把门关起来教，窗户和墙缝都用纸糊起来，不让别人偷看。所以，在白天教的时候，屋子里也要点上灯。

陈光涛对于"关起门练"也深有体会。在陈光涛看来，之所以"关起门练"，主要是基于侗族武术作为一门生存技术，要有自我保护意识，据他讲述：

---

① ［法］皮埃尔·布尔迪厄、［美］华康德：《实践与反思》，李猛、李康译，中央编译出版社1998年版，第131—136页。

在晚上教武术的时候，一般都是关起门来练。在以前，都是有钱的人才能请得起师傅。在1980年代初期，大家都比较困难，很多人都吃不饱，哪有钱去请师傅。所以，没钱的想学就去偷看别人学。而人家师傅也是卖艺的，不能让你偷看，就把窗户糊得严严实实，甚至墙上有缝隙，也要用纸糊起来。

而杨倪兴老师早年参加过甘溪的舞龙，跟着父亲练习过武术。在他看来，侗家拳"关起门练"主要是出于社会原因，据他讲述：

　　那个时候，不敢公开练武，都是晚上，而且还要关起门来搞，就是最简单的"玩山"①也是要被批斗的。你要是敢公开练武，更会遭到批斗，人家会说："想造反吗？""文革"期间是比较封闭的，关起门练有几个意思，首要的就是消息不能透露，我父亲当时是陶家教的。

因此，在杨倪兴老师看来，甘溪武术之所以"关起门练"，一方面是为了技术保护；另一方面是局限于当时的政治环境，当然还有师承关系的保密。甘溪武术长期以来是"秘不外传"，陶通信是甘溪武术的总教练，学习的是祖传的武术，有拳谱，但是却"保密"，按照他的说法叫"家拳"，是不能公开的，另据他讲述：

　　像这个动作名称，我熟爷比较清楚，他每打一个动作，就知道是什么名称。对于你们采访来讲，是希望得到很多的动作细节，但实际上，我们甘溪武术是一种"秘拳"，不允许外传的。刚开始师傅只教弟子花架，不会教怎么去打人的。

笔者希望能够在甘溪拍摄到甘溪武术的动作，要求边做动作边讲，但在陶光涛看来，在拍摄动作时边做边讲是一件不太好的事情，因此就此作罢。据他讲述：

---

① "玩山"是天柱县侗族的一种民俗，是村寨男女青年到山上交朋友和谈情说爱。

> 说句实在话，我们的这个东西是不能说的，我把动作打出来之后，你懂不懂，我不管，如果我把全部东西讲出来了，你就全部都知道了。动作口诀就是动作的招数，每一个动作都有口诀，也就是有自己的用法，有一套解释。但是，我们的拳术是有所保留的，不能往外说，肯定是要保留的。

由此，时至今日，尽管甘溪武术的主要价值功能是强身健体，但是对于侗族武术的动作名称及具体内涵，大部分侗族拳师仍然秉持着保守的心态。

不仅如此，对于甘溪武术产生的文化语境，甘溪部分侗拳师也是守口如瓶。当笔者询问当时村寨子间矛盾纠纷的详细情况时，陶光荣和陶光滔均表示回避。在他们看来，往事是不能讲出的，按照他们的话说，叫"会记仇的，讲出来不好"。此外，陶光荣认为，询问这些矛盾纠纷的往事不利于甘溪的宣传。

在甘溪，长期以来，侗族武术秉持着"传内不传外"的原则，禁止向外部家族传播，但是，在现实生活中，迫于亲情关系，侗族拳师还是会将一部分武术内容传授给自己的外孙等。陆承龙对此深有感触，据他讲述：

> 我是跟着陶通信练武术，因为我爷爷的命比较苦，在20世纪三四十年代被国民党抓去当壮丁了。所以，我父亲一直在忙里忙外的，就没时间练武了。因为我母亲就是陶通信的姐姐，陶师傅家的功夫虽然不外传，但是对于自己的亲戚还是能传一点的，也没有那么保守，不过他的撒手锏还是保留了一些，真正的策手进攻方法没有教给我们。他教我们比较多的是防守方法，进攻的比较少。陶师傅是怕我们学会了之后出去惹是生非，这也说明他的功夫是真的，他在甘溪方圆百里都很有名气。

此外，袁毓权的爷爷袁凤太老人也是一位民间高手。袁毓权跟着他爷爷学习侗族武术，有拳、洪门棍、铁尺、锐等。袁凤太曾经指导过陶家、陈家、宋家，陈光涛就曾经让袁凤太指点过功夫。在甘溪，有六家姓，相互之间比较保守，不愿意透露本家族的武术，所以当带着同村的陶光涛拜访其他家时，其他师傅都不太愿意讲，甚至连自己的家族历史都有所保留。总体来说，甘溪侗家拳的传承长期以来沿袭着遵规守矩的传承秩序，曾在很长的历史时期内"传内不传外"，随后又为了生计和技术垄断，在对外授徒时"关起门练"。不仅如此，甘溪六姓人家之间长期以来也是相互保守，互不外传。实际上，如皮埃尔·布迪厄所指出的那样，"一种资本总是在既定的具体场域中灵验有效，既是斗争的武器，又是争夺的关键，使它的所有者能够在所考察的场域中对他人施加权力，运用影响，从而被视为实实在在的力量"[①]。侗寨武术正是一种文化资本，能够在侗寨的社会秩序中对他人施加影响，因此，各家之间才相互保守。

[①] ［法］皮埃尔·布尔迪厄、［美］华康德：《实践与反思》，李猛、李康译，中央编译出版社1998年版，第135—136页。

从评论到关注：甘溪侗家拳的社会影响

> 把人们所说和所想的事情之间的关系作为主体，把他们所说、所想和所做的事情作为科学探索的对象，任何一方面的研究策略都没有比这种方法更明确地表现它的特性了。
>
> ——［美］马文·哈里斯《文化唯物主义》

甘溪侗家拳历史悠久，技术风格独特，以低矮桩为主要特征，走"梅花步"或三角步，文化底蕴深厚，长期以来一直是辐射周边的"武术传承中心"，受到了社会各界的广泛好评。近年来，凭借着甘溪人的不懈努力与奋斗精神，随着甘溪寨门、功夫食堂等标志性建筑的兴建，已引起了包括政府在内的社会各界的广泛关注。打响"功夫村庄"这一文化品牌成为甘溪人的时代梦想，甘溪侗家拳也将会有深远的社会影响力。

第一节　政府的评判

甘溪村所在的天柱县渡马镇政府和县政府对于甘溪侗家拳都给予了较高的评价，尤其是甘溪"功夫村庄"的建设获得了当地政府的高度评价与支持。其中，天柱县文体广电旅游局的姚灯屏老师对侗族武术也深有感触。从整体上看，天柱县侗族武术传承较好的村寨主要有渡马镇的甘溪、高酿镇的界牌和老海。在姚灯屏老师看来，甘溪武术宣传得比较好，老海的月牙镋发展得较好，而高酿镇界牌的侗族武术更有特色。而对于侗寨武术的技术，天柱县政协文史委秦秀强有着自己的认知评价，据他讲述：

从评论到关注：甘溪侗家拳的社会影响

在以前，我爷爷还没有出世的时候，在正月初一时要办龙灯交接仪式，上一辈把武功交给下一辈。但是，我爷爷也没有教过我，我们寨子上也没有几个学到了武术。我以前也练过舞棍，但是没有继续练下去。

现在那个"勾林"已经搬上了舞台，在石洞那边曾经搞了一个演出。在以前，那个"勾林"的把儿比镰刀要长一点，但是没有镰刀那么弯，之所以称为"勾林"，就是对镰刀这种武器的提炼和升华，还有我们农村常见的用来舂米的槌棒也是一种兵器。再一个，寨子里以前用来把黄豆打出来的那个连枷也可以当作武器。

然则，在姚灯屏老师看来，天柱侗族武术中的"勾林"实际上就是镰刀。

不仅如此，渡马镇和天柱县政府对于甘溪"功夫村庄"建设也有真知灼见。2018年1月24日，课题组再次来到甘溪，针对镇政府对于甘溪功夫村庄建设的看法，对天柱县渡马镇的龙彦平进行了采访。据他讲述，甘溪"功夫村庄"是渡马镇政府重点打造的旅游景点，渡马镇准备以甘溪"功夫村庄"为旅游核心，逐步向周边村寨扩展，另据他讲述：

图8-1　笔者访谈渡马镇龙彦平副镇长

甘溪的文化底蕴深厚，主要是甘溪功夫；在文化旅游方面，我们组织了一支武术表演队，现在的主要问题是一些老师傅年纪大了，比较麻烦，过段时间我们还要动员在外面打工的年轻人回来，这样就会有活力了。

不仅如此，渡马镇政府为了打造甘溪"功夫村庄"，也有自己的计划，主要是修建"功夫广场"和"功夫体验园"，将旅游收入中的一部分用于扶贫，另据龙彦平镇长讲述：

我们在旅游打造方面的计划是，首先建一个功夫记忆馆，现在已经建好了，然后那边还要建一个"功夫广场"。另外，在村寨坝子上，还要建一个"功夫体验园"，有棍术的，有基本功的，还有铁尺、月牙镋的。然后，游客来到这里后，可以先在"功夫体验园"里体验一下，如果想学棍术或者拳术，我们就可以安排教练员来教，要收取一定的费用。到时，学一路拳，可能会定价在一百元左右。因为甘溪"功夫村庄"建设用的是扶贫资金，到时我们政府还要收回一部分旅游利润，将这部分利润返还给贫困户。此外，我们现在也是刚刚起步，将来这边的旅游经营模式和西江苗寨的还不太一样，需要边学边做。除此之外，我们准备加大投入，也将武术文化元素融入党建工作中。

而对于目前甘溪功夫客栈的经营管理，龙彦平也指出了存在的不足，提出了许多具体的规划，据他讲述：

截至目前，我们已经有一部分收益了，就是我们这里的功夫客栈。游客过来之后，想体验一下功夫文化，学一下功夫，可以吃住在功夫客栈，要收取住宿费。但现在经营这个功夫客栈有点麻烦，如果让我们村里的老百姓去经营，他没有文化，没有服务的理念和管理的经验。所以，我们现在就想办法请县城里一些有经商经验的人来暂时管理，每年三万块租给他们，他们就自负盈亏。这三万块钱就可以拿来发给贫困户了。贫困户有收入就高兴，也就更加支持我们的工作。我们甘溪这边的村民要去客栈打工的话，工资就另付。

在甘溪，农副产品主要是养鸡、养鸭，老百姓平时也可以烤点酒，这些都可以卖给客栈。这是我们的一些具体规划。

甘溪"功夫村庄"建设取得的成就与宣传工作密不可分，而陶光标为家乡服务的精神值得其他村寨学习，另据龙彦平讲述：

> 2015年，我们县委宣传部对甘溪进行宣传了之后，当时中央电视台七套节目组过来采访甘溪的时候，甘溪"功夫村"已经在打造了。最开始的时候，是陶光标有一些自己的想法，想发展自己的家乡，就和县委宣传部联系。陶光标确实为家乡发展做了很多事情，很多人都想出去发展，但陶光标外出工作了还不忘家乡，能想着为家乡做点事情，这一点很难得。

经过两年的打造，甘溪"功夫村庄"建设已初具规模，但仍然还存在一些问题和不足，如甘溪的基础设施建设和村民服务意识的培训等，对此，龙彦平深有感触，据他讲述：

> 目前甘溪"功夫村庄"的建设还有一些需要改进的地方。首先是甘溪的基础设施建设需要进一步推进，加强规划管理，加大资金投入。其次就是甘溪的管理，特别是甘溪管委会对将来游客的管理，对于我们老百姓的管理，特别是我们村寨的老百姓要有服务意识，还要有精神面貌，注意文明和卫生等等。最后就是，每个村民不仅要有服务意识，还有一定的经商意识。比如说前一段时间，有很多人过来，想喝一瓶水，在这里都买不到。所以将来还必须要有一个商店，将来游客过来了就可以购物。另外，我们甘溪家家户户都可以搞民族体验，就是每一户人家都可以拿出一两个房间出来装修一下，可以拿来接待游客，让游客体验民风民俗，比如说在家里吃饭，可以炒点腊肉，体验一下我们的农家菜。

与此同时，天柱县非遗中心对于甘溪"功夫村庄"建设也给予了大力支持。在结束了对袁毓权的访谈之后，笔者来到了天柱县非遗中心，见到了龙集富主任，并对其进行了访谈，对于甘溪打造"功夫村庄"，龙集富也有自己的评价。他首先肯定了甘溪功夫村庄建设所取得的成就。

图8-2　笔者访谈天柱县非遗中心龙集富

在宣传方面，甘溪"功夫村庄"的建设一直得到了县委宣传部的重视，在政策方面得到了政府的支持。另外，在打造旅游项目方面，渡马镇政府在政策上也给予了一定程度的倾斜。尽管如此，甘溪"功夫村庄"的建设依然存在着一些不足，主要表现为县委文化部门对甘溪"功夫村庄"的重视不足，支持稍欠缺。因此，建议在以下几方面作出努力和改进：第一，在宣传方面，要进一步加强宣传力度，扩大宣传面；第二，在甘溪交通建设方面，要拓展旅游公路；第三，村寨的附属设施少，要提高旅游的商品化程度。

总体来说，不管是渡马镇政府，还是县文化部门，对甘溪"功夫村庄"建设都给予了肯定和一定的支持，从甘溪"功夫村庄"建设整体规划和具体的运营管理上都提出了建议。这些都充分说明：天柱县政府层面对于甘溪"功夫村庄"建设的正面评价较高，而这也得益于甘溪村民的实干精神和牺牲精神，更有陶光标、陆承龙等驻村干部和文化精英的全力协作与智力支持，是政府、甘溪文化精英、村民三者协同配合的结果。

第二节　社会的认可

甘溪武术注重实战的特色吸引了国内外许多专家学者和民间人士前来拜访。其中，有民间拳师闻讯陶通信大名，前来切磋武艺，据陶通信讲述：

> 重庆有一个练武的，他练太极拳，过来找我切磋，死活打不过我。后来，他要我教他，临走时我送了他一根棍。

陶通信德艺双全，一生收徒无数，远近闻名，赢得了良好的社会评价。据陶通信讲述，重庆也有一个人闻听陶通信的功夫，远道而来找到陶通信学武术。据他回忆：

> 重庆有一个人要学武术，他没有我电话，就自己来到渡马镇，在路人的指引下到了甘溪，被村里的人带到我家。我问他为什么要来学武，他告诉我，他被人家欺负了，钱被人家抢了。后来我就问他会不会武术，他说会太极拳，然后就试了一下功夫，他打不赢我。第二天，他又来了，让我教他武功，说："师傅，教我武功吧，我给你一包烟抽。"然后就给了我一包烟，并送了一个红包，我解开一看，有一万块钱。之后，我就教他武功，把全部东西都教给他，并告诉他："你要打伤或者打死了人，不要怪我！也不要说是我教的。"我考虑到这个红包有点大，所以就让他把全部动作拍下来看，包括动作怎么学，怎么打，全部都拍了下来，并告诉他："如果以后你要是忘记了，你可以打开手机来看。"后来，他过年的时候又来到我家，是带着他的儿子一起来的。我看他的儿子泡泡岁①，还不能学武，就给他讲："年龄太小了，要到十五六岁以后才能学这个。并且要两个一起来才好，一个人学不起。"

---

① 甘溪当地的土话，"泡泡岁"的意思是年龄小。

他在我这里一共学了七天，全部学完。他给我讲："我不要你的花棍，我只要你的策棍。"所以，我就教他怎么打，怎么防，学习一个，拍一个。我让我的一个儿子来配合演示，他就在一旁拍。

而社会各界对于甘溪功夫村庄的建设也倍加关注。2018年1月13日，笔者在结束了对陈通辉老人的访谈之后，与前来参观的杨通海老师进行了简单的交谈。在杨通海老师看来，甘溪功夫村庄建设前期做出了一些成绩，但还没有体现出自己的特色，尤其是民族特色不太明显，比如说寨子里的人没有穿民族特色的服装，这些都是需要改进的地方。

图8-3　笔者访谈杨通海老师

此外，得益于甘溪强大的宣传手段，甘溪功夫村庄得到了新闻媒体的广泛关注。在2017年7月，贵州省电视台制作《我在贵州等你》栏目，其中就在天柱县渡马镇共和村甘溪取景拍摄了功夫片，宣传了甘溪侗寨武术。此外，重庆文理学院的徐泉森老师曾于2016年冬季带领学生一起到甘溪做武术影像志的调研。与此同时，在新浪网、黔东南新闻网、金色天柱等新闻媒体上都对甘溪武术进行了报道，尤其是"金色天柱"以"深山藏武魂"为主题，对甘溪武术、界牌侗族花架进行了报道。

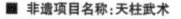

图 8-4 "金色天柱"对甘溪武术的报道

甘溪侗家拳在社会各界所引起的较大反响和较高评价，主要源于长期以来甘溪作为周边村寨民族民间武术中心地位的保持，以及甘溪人对侗家拳的情感及有效传承。具体来说，主要是以陶通信为代表的一批侗拳师的坚持不懈和执着。按照陶通信的说法，甘溪侗家拳对他们来说，就是"一种爱好"。正是这种爱好，延续了甘溪侗家拳，也正是这种对于民族文化精神的执着和坚持，维系着甘溪侗寨武术的传承。

第三节　村民的认同

甘溪侗家拳历史悠久，文化底蕴深厚，是甘溪村民的历史与集体记忆，不仅包含丰富的内容，更蕴含着丰富多彩的训练方法。甘溪村民对于侗家拳有自己的评价。在陈通逊老人看来，甘溪武术是"锻炼出来的"，据他讲述：

> 功夫都是锻炼出来的，现在到了我们的下一代，既没有锻炼，也没有操练过，更没有学功式（花架）；怎么打，对方来怎么防，就是这种功夫现在的人都没有练了。我们老一辈也有功式传下来。但是我们没有锻炼，（动作）也就慢了。比如说这个脚步，你上步慢了，只有半步就打不到他。假如是行家打行家，我会功式的话，我的动作快一点，就能打到你。

此外，本村的陆显文老人对于甘溪侗家拳有深厚的民族情感，从他对甘溪功夫村庄建设的看法中可见一斑，在他看来，甘溪利用侗族武术打造成"功夫村庄"是一条正确的道路，他对此持支持的态度。在他看来，甘溪武术是传承民族文化的重要载体，需要传承下去。

而陶光标作为甘溪功夫村庄建设的发起人之一，对于甘溪武术有自己的理解。在他看来，甘溪武术属于民间传统武术，是打拳和使用器械的一项技术，其内容是把踢、打、挑、压、摔、拿、跌、击、劈、刺等动作按照一定规律组成徒手的和器械的各种攻防格斗功夫。与此同时，甘溪武术具有极其广泛的群众基础，是广大劳动人民在长期的社会生活中不断积累和丰富起来的一项宝贵的文化遗产。

近年来，在强大的宣传攻势下，甘溪功夫村庄的建设受到社会各界的广泛关注,而这也进一步增强了甘溪人的文化自信和民族自豪感。其中,在中央电视台等各级电视新闻媒体先后对甘溪武术进行了采访和报道之后,甘溪开始竭力打造"功夫村庄"。为此,陶光荣深感自豪,据他讲述:

> 以前,由中央电视台来采访我们这里的武术,我们几个教练都没有时间去参加。当时,我们州和县里面都想把我们的寨子打造成"功夫村庄"。在黔东南州甚至整个贵州,只有我们甘溪是"功夫村庄"。

甘溪的陈通辉老人对"功夫村庄"建设也比较赞赏,并向笔者讲述了当时筹建合约食堂的情况,据他讲述:

> 打虎不过亲兄弟。以前我们几个都是联合一起打虎,任何事情都会一起商量。我们村有很多乡规民约和寨规,就想一心一意地打造自己的村寨,这个合约食堂从材料到漆料都是我们自己慢慢弄的。

与此同时,甘溪为了打造"功夫村庄",找专业人士设计了具有甘溪武术特色的太阳能路灯。且在陶光荣看来,在其他地方,还尚未见到具有武术特色的路灯设计。其实,在贵州的其他民族村寨,也能看到类似的路灯,但从陶光荣支书的言语中能够看到甘溪人的自豪。

杨倪兴老师自身爱好武术,也比较支持甘溪功夫村庄建设。他认为,甘溪功夫村庄建设具有一定的旅游价值,另据他讲述:

> 搞这个功夫村庄,可以吸引外面的人到我们这里来旅游,来到这里可以学一些功夫,游客回去之后练习也可以增加他们的体质。

因此,在杨倪兴老师看来,甘溪功夫村庄建设还担负着向外输出甘溪功夫的使命,可以让外来游客从甘溪功夫中受益,体质得到增强。

实际上,在未来的甘溪功夫文化旅游中,游客除了可以观赏民族风情之外,还可以亲身体验甘溪功夫,获得一种锻炼的习惯和身体的技艺。更为重要的是,游客还可以从甘溪功夫文化旅游中倾听到有关历史文化故事。因此,笔者以为,甘溪功夫村庄建设应着重加强在历史人文故事

图 8-5　笔者访谈陈通辉老人

方面的挖掘和整理。所以，站在本土人的立场思考问题，让侗拳师说话，倾听他们的心声，是功夫村庄建设中的一大重点。而这正如马文·哈里斯所说："把人们所说和所想的事情之间的关系作为主体，把他们所说、所想和所做的事情作为科学探索的对象，任何一方面的研究策略都没有比这种方法更明确地表现它的特性了。"[1]

第四节　境外的关注

近年来，随着侗族地区经济社会的快速发展，民族文化自强意识逐步得到强化。甘溪武术在国内外媒体中得到了大力宣传，并成功吸引了一批外国游客前来甘溪一探究竟。为此，陶通信深有体会，据他讲述：

老外也来我们甘溪看热闹，2016年春节期间来了两个男的，具体哪个国家我记不得了，他们是来这里访问的，老外个子高大，要

---

[1]　[美] 马文·哈里斯：《文化唯物主义》，张海洋、王曼萍译，陈来胜校，华夏出版社1989年版，第34页。

和我比试一下，结果没赢我。他告诉我："你们的棍太厉害了！"那个老外说怕我，棍子一来就被打着了。所以，这个还是要靠脚步的，假如他要拿棍子打我，我只需要退半步就可以了，撤步之后就可以进攻对方。

因此，从陶通信的口述中，外国友人怕他，也从侧面折射出甘溪侗家拳的实战价值。在与外国友人的切磋中，甘溪侗拳师主要是依靠步法来制胜，通过灵巧的步法可以弥补在身高上的缺陷。洪门棍作为甘溪侗家拳的主打技术，极具典型性。

图8-6　外国友人来到甘溪学武1

2015年春节期间，甘溪迎来了两位特殊的游客——来自美国和瑞典的武术爱好者，他们在看到甘溪功夫村庄在网络上的宣传和介绍以后，慕名前来，一探究竟。

甘溪获得境外关注得益于有效的宣传手段。一方面，天柱县政府高度重视甘溪功夫村庄的宣传工作；另一方面，在甘溪，有不少有志青年善于通过网络和境外媒体加强宣传。并且，这一宣传手段取得了一定的效果，在美国和瑞典武术爱好者来到甘溪一探"甘溪功夫村庄"究竟之后，2018年3月，"甘溪功夫村庄"迎来了日本富士电视台的客人。据

图8-7　外国友人来到甘溪学武2

陆承龙讲述，日本富士电视台之前通过澎湃新闻、电视台、报刊等国内媒体了解到甘溪"功夫村庄"，并做了详细的资料准备，足足有二十多页，有图片和文字介绍。日本富士电视台此次一共来了四人，在甘溪调查历时一周，调查内容涉及甘溪的生产生活、民风民俗、侗拳等。

图8-8　日本富士电视台人员与陶通信合影留念

从评论到关注：甘溪侗家拳的社会影响

图8-9　日本富士电视台工作人员在甘溪采风1

图8-10　日本富士电视台工作人员在甘溪采风2

日本富士电视台来甘溪采访，并在山上栽种了一棵友谊之树。功夫食堂的罗安乐老板对于日本富士电视台的来访深有感触，据他讲述，日本富士电视台一共来了五六个人，带着一个中国翻译，在甘溪停留八天。在此期间，他们一直在甘溪四处拍摄，工作热情很高，有时根本顾不上

115

吃饭，可以说达到了废寝忘食的地步。由于时间有限，迫于外事部门的催促，他们才依依不舍地离开甘溪。在功夫食堂罗安乐老板看来，日本人的这种敬业精神很值得我们中国人学习。

在打造"功夫村庄"文化品牌、发展乡村经济这一外在的动力之下，在甘溪人文化自信与文化自强得到不断增强的内在需求下，甘溪侗家拳通过新闻网络媒体逐渐被外界所认知，并成功吸引欧美、日本等国家的海外朋友来到甘溪一探究竟，探寻甘溪侗家拳的奥秘，这是在新时代条件下，甘溪侗家拳扩大知名度和影响力的重要一步，为甘溪侗家拳的复兴奠定了基础。

从传统走向复兴：甘溪侗家拳的传承与发展

> "习俗"并不是永恒不变的，因为即使在"传统"社会，生活也并非永恒不变。习惯法仍然体现出将事实上的灵活性与谨遵先例相结合。
>
> ——［英］霍布斯鲍姆·兰格《传统的发明》

甘溪侗家拳悠久的历史和丰富的文化内涵是代代相传的文化遗产，更是新时期下甘溪乡村经济发展的文化生产力，具有较大的产业价值，亟待做进一步的开发和利用。而无论是依靠传统的师徒传承，还是让甘溪武术走入校园课堂，抑或是将侗家拳打造成"功夫村庄"建设的主要文化品牌，都诉说了甘溪侗家拳从传统走向复兴之路。

第一节 持守与传统：甘溪侗家拳传承情况及困境

长期以来，甘溪侗家拳主要依靠传统的师徒传承，秉持"传男不传女，传内不传外"的传承理念，相互保守情况较为严重。在此背景下，甘溪侗家拳出现了部分内容失传现象，且有愈演愈烈之势，陷入了传承危机。

一 师承概况

长期以来，甘溪武术因循着旧有的传承方式，主要在陶家、陈家、杨家、陆家、袁家、刘家六大家族内部传承，存在着相互保守的情况。在此情况下，许多家传武术出现个别内容失传甚至全部失传的现象，这对甘溪侗寨武术来说是一个比较大的损失，但也是众多民族民间武术"人亡拳消"的真实写照和缩影。

尽管如此，在甘溪，仍有部分侗拳师视武术传承为己任，有民族自尊心和历史责任感，杨仪鑫就是典型的一位。他在1964年开始主动要求父亲教他武术，这种执着与热爱值得今天的侗族青年学习。但限于当时侗族武术传承的封闭性，武术传授一直处于秘密状态，用当地人的话讲，叫"关起门教"。

与此同时，甘溪侗家拳承载在舞龙的民俗中得到了代代相传。在舞龙过程中，甘溪六大家族展示自家的侗族武术，存在相互借鉴的现象。而自改革开放以来，随着村民思想的逐步解放，甘溪侗拳师在本村及附近村寨教徒的现象比比皆是。其中，侗拳师愿意将家传武术传授给本村其他家族，除了"生计"这一经济因素之外，维护村寨内部的相对稳定和团结，应对共同的外来威胁是重要的现实原因。基于此，在甘溪，六大家族之间相互结拜为异姓兄弟的情况也不少见，如陶家和陈家就结为异性兄弟，陶家将家传功夫教给陈家。而作为异姓兄弟的象征，陈陶两家多有同名现象。如陈家有陈光涛，陶家则有陶光涛；陶家有陶通信，陈家则有陈通信。

此外，20世纪80年代，以陶通信为代表的侗拳师在天柱、剑河、凯里等地收徒教武，尽管在外出教武收徒中存在"留一手"的现象，但总体而言，客观上促进了甘溪侗家拳的对外传播。随着改革开放的进一步深入，为了生计，外出务工成为众多青年人的选择，甘溪武术曾一度出现青黄不接和断崖式"失传"现象。近年来，随着文化大繁荣、大发展的深入实施，包括武术在内的侗族传统文化先后进入各级非物质文化遗产名录。在此背景下，甘溪侗拳师逐渐意识到武术濒危的严重性。为了传承甘溪武术，带动当地经济社会的发展，在村寨文化精英们的倡导下，将六姓人家的侗拳精华融合在一起，并命名为"六家拳"。不仅如此，为了打造"功夫村庄"，甘溪还成立武术队，陶通信任武术总教练，凸显了新时期下甘溪侗家拳的地方治理。

甘溪侗家拳从传统的师徒传承，到外出教武收徒；从传统的乡村秩序，到政府干预下的体育治理，都彰显了甘溪侗家拳的文化复兴。期间，拳师作为甘溪侗家拳传承的主体，在传承过程中，扮演着重要的社会角色。

二 传承方式

在甘溪传统村落社会中，侗家拳主要依赖于家族在村寨内部的传承，后扩展至其他村寨和周边地区，传承方式呈现多元化趋势。

（一）家族式传承

和其他民族民间武术一样，甘溪武术秉持"传内不传外"的传承思想，在很长的历史时期内主要依赖家族式传承。对此，陶通信也深有感触。在他看来，只有经历磨难才能理解学武的必要性，据他讲述：

> 我也把全部武功都教给了我的两个儿子，我的儿子在广东打工，老板发工资，被别人敲了①。然后就回来给我讲了这件事，让我教他功夫。我也很高兴，就教了他武功，但是告诉他："你学武功，要吃得起苦。怎么吃呢，你们两兄弟把饭吃了之后，天天到我这堂屋里来学功夫，要坚持一个月。"他们天天来我的堂屋练武，早上四点钟就过来，一直练到早上七点钟，结果他们真坚持了一个月，我就把全部的东西都教给了他们，手法、步法全都教了，棍法也是，最后教了他们点棍和刀法，学完后他们就又去打工了。

在家族传承中，长辈也并非把全部武功都传给下一代，而是要根据下一代的兴趣爱好，更要有主动学习的意识，对此，陈通信老人深有感触，据他讲述：

> 那个时候，因为我没这个爱好，所以我父亲就没教我武术，再有一种情况就是，父亲想教儿子，但如果儿子不问父亲，父亲就不会教他了。

家族式传承是传统村落社会中侗家拳的重要传承方式，有其历史必然性与合理性。在历史上，中国古代社会整体上是农耕社会，"日出而作，日落而息"的农耕方式孕育了以血缘关系为基础的基层社会结构，而自周代始开始确立了宗法制度，包括嫡长子继承制、封邦建国制和

---

① "敲"是当地土话，"被敲"也即被抢。

宗庙祭祀制度等。① 宗法制度的本质就是家族制度的政治化②，之后又发展为家国同构。因此，从整个中国社会的发展历史来看，家族内传承是基于祖宗崇拜的结果，是将侗家拳传承使命化，尤其在旧时，侗家拳是保护家族的重要利器，而家族兴即意味着村寨兴和国家兴。故此，家族内传承是保证整个村寨社会稳定的条件之一。

（二）村寨内传承

在甘溪，侗家拳在家族内传承虽然能够保证家族乃至整个村寨的兴旺，但甘溪有六姓人家，各家族分属不同的血缘关系。在甘溪的历史长河中，六姓人家先后迁徙至此，共同创造了甘溪美好的未来，使这里一度成为富饶之地，也因此招致强盗和劫匪的"光顾"。为了保村护寨，甘溪人养成了人人练武的民族习惯。为了面对强盗和劫匪这一共同的威胁，甘溪武术除了在家族内部传承之外，也在已结为异性兄弟的其他家族内得到了传承，如陶家和陈家结为异性兄弟，陶家就将家传武功传给陈家。这种以结拜异性兄弟而建立起一种类血缘关系的情况在西南山地民族中比比皆是，较为普遍。究其原因，主要源于西南山地民族的迁徙性，与之相比，中原各民族虽然在历史上也有迁徙，但迁徙频率和程度均没有西南山地民族强烈。实际上，甘溪侗家拳从陶姓传至陈姓等家族内，既是甘溪六姓人家相互通婚结为姻亲的结果，也是甘溪社会宗法关系扩大化的结果，也即将六姓人家结为一个命运共同体，以应对来自外部的共同威胁。也正因为此，甘溪在舞龙和其他民俗活动中，六姓人家能够组成习武共同体。

（三）社会传承

在甘溪武术的历史传承过程中，虽然秉持"传内不传外，传男不传女"的传承原则，但1949年后，为了生存，部分侗拳师外出教武收徒，将甘溪武术传授给附近村寨及天柱、剑河、凯里等地的徒弟。在甘溪众多老拳师中，陶通信外出教武收徒最多。而陈通逊师傅也曾外出教徒，据他讲述，他出去教武，有拳、棍、刀，还有空手夺棍、空手夺刀等。而诚如汤立许所说："面对现代化强力冲击，以传承人为主的单兵作战传承形式或者'小作坊''师傅带徒弟'传承形式已经失去文化传承空

---

① 张岱年、方克立：《中国文化概论》，北京师范大学出版社1994年版，第57页。
② 同上书，第60页。

间的基础。"① 随着社会的发展，尤其是随着村寨社会结构的调整，包括侗拳师在内的甘溪人思想与价值观念的变迁，甘溪侗家拳走出村寨，通过武术辅导班、武术培训班或者武术馆等来扩大传承范围将是一大趋势之一。

三 传承困境

甘溪武术传承至今已有几百年历史，但时至今日，在甘溪，大多数年轻人选择外出务工，侗族武术已没有了往日的繁荣，陷入了传承的困境之中。

（一）甘溪武术的传承困境

1. 习武群体的减少

甘溪武术长期以来一直因循着古老的传承方式，口传身授，代代相传，但随着时代的变迁，外出务工成为诸多年轻人的首选，侗族武术逐渐淡出人们的视野。陶光标对此深有感触，据他讲述：

> 现在甘溪里会武术的老人还比较多，但年轻人会武术的特别少。倒是武术传承还没有出现断层，我们这一代就没有断层，我就会一些。但是因为隔得时间比较久，没太多时间去练习，所以很多都忘记了。

在旧时的几百年时间里，对于甘溪人而言，学习武术，只是用来防御野兽和抵御外来威胁的一种自身防护方式。但随着时代文明的发展，村寨社会治安环境逐步得到改善，防御野兽和抵抗外族已逐步让位于经济建设，老拳师已逐渐老去，甚至多年未练而逐渐出现遗忘的情况。广大侗族青年在接触外来文化后，逐渐产生了文化落后与文化自卑感。在强烈的文化对比下，部分中青年开始放弃侗家拳的传承规训。尽管如此，甘溪仍有部分拳师还在继续传授武术。总体来讲，习武人数在不断减少。

2. 人亡拳消的加剧

由于舞龙习俗得到甘溪人们的延续，使得甘溪侗家拳以舞龙等民俗

---

① 汤立许：《岳家拳传承治理的特征、问题与路径》，《体育学刊》2017年第1期。

为载体得到了发展，村寨中习武成风，曾有一段时间，家家都能听见器械对练的声音，户户油灯亮到深夜。甘溪人在白天农忙时也要忙中偷闲习练武艺，如村民在山上放牛、砍柴，都要抽空在坡上练上一路棍法或者一路拳法，在田间地头宽敞的地方进行练习更是常见。在农闲休息之时，村民们也坐下来互相切磋和交流，针对各自和对方的拳法提出意见与建议，并及时修改，使得各路套路和拆手（绝招）越来越丰富，越来越完善。而如今，为了生计，外出打工的人逐渐增多，平时留守在村寨内的多为老人和小孩，只有在春节期间村民们才有机会聚在一起，因此互相讨论、研修武术的机会也自然就减少了，情感也逐渐淡漠，拥有侗家拳技艺的拳师很少传给下一代，随着时间的推移，一些武术套路也将会因老拳师年事过高而出现遗忘等情况，甚至老拳师因故去世而造成人亡拳消的局面，且这种趋势有愈演愈烈之势。

3. 传承人之争

对于甘溪武术传承人，陶家、陈家、杨家、袁家等对此存在着一定的争议，而一旦确定甘溪武术传承人之后，是有利于促进甘溪武术的发展的，但也存在诸如因传承人之争引起的积极性不高的问题，对此，杨仪鑫深有体会，据他讲述：

> 陆承龙的舅舅是陶通信，陈光涛的功夫也是不错的，他也曾经拜过很多师傅，但是一旦确定陶通信是师傅，陈光涛也不干了。对于传承人的认定，应该是公开地竞争。我觉得定这个传承人有点偏心，原来大家都一起捐钱搞武术村庄，我一个人就捐了一千八，他们都是只捐一两百的。甘溪武术传承人是他们自己报上去的，后来，我就看淡了，觉得他们搞什么都是拉自己的亲戚，私心太重了，不公平，也没意思。

其实，随着非遗运动的开展，武术传承人制度成为激励民间拳师继续传承武术的重要制度保障。由于武术传承人选拔制度也存在一定的缺陷，不免会存在着各种问题，引起传承人之争。

（二）原因分析

甘溪侗家拳作为民族文化的一部分，随着社会文化语境的变迁，防身自卫的价值功能已退居二线，让位于经济建设，而其强身健体和文化产业价值则在新时代条件下逐渐凸显出来。与此同时，经济与文化的全球化影响着年轻一代的价值观念，传承优秀民族文化已不再是他们的首要历史任务。甘溪侗家拳曾有一段时间未能引起政府的足够重视，使得甘溪侗家拳的传承几乎处于自生自灭的状态。

1. 社会文化语境的变迁

对于甘溪武术传承中出现的困境，陶光标深有感触。在他看来，之所以出现传承困境，存在多种因素，其中最主要的原因是侗族武术失去了存在的社会价值。据他讲述：

> 甘溪的侗族武术很令人担忧，有很多影响因素，影响最大的因素，我觉得是侗族武术没有用武之地。以前，学武术都可以防身，防野兽的袭扰，换一种方式来讲，你在和别人争执或争斗的过程中，就是打架斗殴占一点优势。那个时候，也没讲什么强身健体或者是表演，根本没有这种观念，它（侗族武术）就是用来对付野兽、和其他人打架，所以现在这个方面已经完全消除了。

其实，甘溪武术之所以陷入传承的困境之中，主要是因为社会文化语境的变迁。在旧时，武术作为人与自然、人与人斗争的主要利器，伴随部族战争和械斗发展。而随着社会的变迁，人们的社会价值需求发生了变化，防身自卫不再是人们的第一价值需求。相反，在新的时代条件下，和平与发展已成为时代发展的主题。在此背景下，追求个人发展、实现个人价值已成为众多年轻人的不二选择，侗族传统武术陷入传承的困境也在情理之中。另据陶光标讲述：

> 相对现在来讲，我们练这个武术没有经济收入，人们需要去找钱，来养家糊口，所以去外面打工的人比较多，他去打工，哪有时间练习武术，也没有场地，所以也就荒废了，这是第二个最大的原因。

甘溪的陶光标任教于天柱民族中学，任教之余还关心家乡的民族文化发展，力推侗族武术。对于甘溪侗家拳濒临失传，陶光标认为原因有以下几点：第一，甘溪武术无用武之地，社会生态环境发生了变化；第二,在市场经济影响下,很多年轻人选择外出打工,挣钱养家糊口;第三,甘溪武术重实战而轻表演,不太符合大众口味,不能吸引人。

对于甘溪武术的传承,陈光涛也深有感触,在他看来,兴趣是练武的重要前提。然则,老一辈喜爱武术却蕴含着耐人寻味的人类学背景。据他讲述:

> 以前练武都是个人爱好,大家都比较爱好这个,因为在那个年代,出去要挨打,所以要练武,都下决心学一点。八九十年代的时候,出门打架的比较多。那个时候小偷比较多,玩山的也比较多。到了晚上,在农村许多人出门都要带上柴刀,都是怕被别人欺负。但现如今是太平年代,年轻人都不重视这个了。

因此,在陈光涛看来,甘溪侗家拳在旧时之所以比较兴盛,一个很重要的原因是社会动乱,社会治安整体不好。也即是说,在动乱年代,社会需要武术,甘溪侗家拳得到传承和发展在情理之中。然则,时至今日,社会治安良好,整体上以经济建设为中心,外出创业挣钱才是甘溪年轻人的现实落脚点,侗家拳的传承和发展对于文化自觉意识还不是很强烈的甘溪人来说已显得不那么重要了。

2. 社会价值观念的变迁

随着改革开放的进一步深入,社会文化语境发生了变迁,这直接导致人们的思想观念发生变化,社会整体的价值观念发生了变迁。针对甘溪侗寨武术而言,在因循旧有的技术传承体系下,已不能适应社会大众对于武术价值的需求,甘溪武术旧有的价值观念与新时期下人们的价值观念发生了冲突,价值观念的冲突直接导致甘溪武术的社会评价出现了偏差。对此陶光标深有体会,据他讲述:

> 现在的社会,外面的一些武术表演无论是健身的,还是其他纯粹娱乐的,这种表演形式特别多,别人做起来很好看,哪个还去关注你这种老老实实、一招一式的侗族武术,侗族武术表演起来的确不好看,外面那些武术都要求会蹦会跳,会翻跟头的。但我们侗族武术没有这些,因为这些不实用,我们甘溪侗族武术没有任何花哨的东西,一上来就招招致命,所以看起来没有任何表演的观赏性的

从传统走向复兴：甘溪侗家拳的传承与发展

图 9-1　笔者访谈陶光标

成分。就在 2017 年元宵节的时候，我们村组队去凯里湾水镇参加演武大会，所有的裁判都认为我们村的侗族武术没有外在形式的表演，所以我们只得了两个三等奖，得了一个第五名。后来打完了以后，有几个裁判还告诉我们，要有一些形式在里面，比如说脚上动作，要有很有力的、类似于跺脚的动作，没有响声，就不算"好看"。

显然，在甘溪武术旧有的技术体系中的实战标准，和当代武术比赛所使用的评价标准出现了偏差，导致甘溪武术在现代的武术比赛评价中处于劣势，这降低了老拳师参加武术比赛的积极性，也不利于甘溪武术的进一步发展。

此外，甘溪侗家拳的濒危也与村民自身因素不无关系。对于甘溪侗族武术的传承，陶通信希望将全部内容传授给下一代，按照当地人的说法叫"传给下一班"。但是年轻一代的吃苦能力没有老一辈好，致使部分内容没能传承下去，据陶通信讲述：

> 我们这里的武术都是一代传一代，至于能传多少，就要看下一班了，他们只愿意学一些花棍，实战的点棍他们不愿意学。我爸爸

他们那一班的"教师"比较多，太多了，全部是"教师"，三四十个全都"溜"①，他们去大沥山打架全都能扛起很长、很粗的棍子，那是相当的"溜"。

而陶通信对于自己的亲人练武不勤奋也很无奈，据他讲述：

你去洗澡的那一家是我大侄子，他有点懒，我天天喊他练棍，他都说累。

与此同时，甘溪武术的传承也与个人爱好密切相关。以前，陶通信非常热爱武术，学习武术的主动性比较强。据他讲述：

我有三个兄弟，我哥哥已经去世了，我是老二，还有一个老弟在天柱县城。我哥他爱好医术和木匠，也练武，但是搞不赢我，因为我打得比他快一点。我是从小就爱好打拳，看见哪一个在打拳，我就要去看，不管是什么拳，我都要去搞一下。

随着时代的变迁，妇女也开始习练武术，然则，妇女习练武术是建立在兴趣爱好的基础之上的。陈光涛很想将自己的功夫传给自己的女儿，但自己的女儿没有兴趣学武，他也很无奈。

与此同时，在以"和平与发展"为主题的今天，武术一直作为一种精神文化符号而存在，也成为诸多武侠游戏、武侠影视中的重要文化元素。然则，在具有艺术性的武术影视作品中，武术的实战效果往往被夸大，这也影响了人们对民族民间武术的评价，真实战斗力受到质疑。这也是导致目前包括甘溪武术在内的民族民间武术失传的原因之一，对此，陶光标深有感触，据他讲述：

相对来讲，很多人对武术还是有很多误解，就像很多作家写的那样神奇，会飞檐走壁，其实不是这样的。但人们都是这样理解的，这只是片面性的理解，认为武术大师或者说武术宗师会飞檐走壁，

---

① 甘溪当地方言，"溜"的意思是动作麻利。

其实倒没有这样神奇，但论起打架，他们是真的厉害。

社会文化语境的变迁影响着人们的思想观念，甘溪人习武以强身自保的价值观念已成为历史，取而代之的是文化的多元化。且在新时代条件下，甘溪侗家拳几乎没有任何文化竞争力，由此导致大部分年轻人对甘溪侗家拳并无兴趣和动力。从根本上来说，年轻一代缺乏民族文化自觉。

3. 政府重视不足

此外，甘溪侗家拳的濒危也与政府长期以来对于民族文化的重视程度不够有关。对于目前甘溪"功夫村庄"建设的情况和存在的问题，陈光涛认为主要问题是缺少资金和场地。按照他的说法：

> 你没有钱，没有场地，怎么统一习练？还有，武术教练这两年都是免费教，不是长久之计。但是有些人不爱好这个，整个村子现在爱好武术的已经很少了，武术已经荒废很久了，在2014年的时候，陶光标和陆承龙才组织大家又开始练武。

因此，在陈光涛看来，甘溪功夫村庄所面临的主要问题，一方面是缺资金和场地；另一方面是由于村民对功夫村庄建设的积极性不高，缺乏文化自觉意识。其实，政府作为管理机构，对包括侗族武术在内的所有大小事务都存在着直接或间接的管理关系。但是，政府的人力、物力和财力毕竟有限，各方面工作都做得令所有人满意也并非易事。因此，甘溪武术要想实现传承，就必须充分发挥包括侗拳师在内的村民们的文化自觉意识。而甘溪村委会作为政府的基层管理单位，对于甘溪侗族武术传承的思想宣传工作有着不可推卸的责任。

对于侗族武术传承这一问题，在当前的社会文化语境下，村委会要做好村民们的思想工作，倡导一种奉献精神。甘溪武术作为一种公共文化产品，包括侗拳师在内的甘溪人既是武术文化产品的生产者，又是文化产品的消费者。与此同时，作为甘溪共同的历史记忆和集体记忆，甘溪武术是增进甘溪族群认同的重要的身体文化符号，需要全体村民自觉继承，这份责任责无旁贷。

第二节　复苏与转型：甘溪侗家拳的传承与发展之道

甘溪侗家拳是一份宝贵的文化遗产，在代代相传的过程中，尽管已出现了部分失传现象，但仍将作为甘溪功夫记忆而存在。时至今日，在经济与文化全球化的时代背景下，为了甘溪的发展，甘溪侗家拳成为当地文化旅游的重要支撑点。尤其是自2014年以来，在以陶光标、陆承龙为代表的甘溪侗族文化精英的带领下，在天柱县宣传部及渡马镇镇政府的支持与帮助下，甘溪在侗族武术的发展道路中边走边摸索，通过"功夫村庄"建设、参加各类武术比赛，正探寻一条可持续发展的道路。"功夫村庄"建设开展得如火如荼，也暴露出了一些问题和不足。与此同时，在"功夫村庄"吸引社会各界广泛关注的情况下，也引起了笔者对甘溪侗家拳传承与发展之道的思考。

一　众志成城："功夫村庄"建设之路

在甘溪民族文化精英文化自觉与自强意识觉醒的背景下，通过村寨民族文化精英、村民、政府三方的合力作用下，将甘溪侗家拳打造成文化品牌。

（一）复兴的萌芽：建设缘起

甘溪"功夫村庄"建设并不是自发形成的，而是在以陶光标、陆承龙为核心的文化精英的推动下逐步形成的。"功夫村庄"建设最根本的原因在于社会文化语境的变迁，导致村寨人口大量迁出，激发了民族文化精英的文化自觉和文化自强意识。对此，陆承龙深有体会，据他讲述：

> 最开始我们打造甘溪的时候，也没有想到会引起县政府这么高的重视。我们当初的起因是这样的，甘溪总共才一百多户人家，在以前不通路，信息不通，各方面条件都很落后，所以那些有能力的人都搬出了甘溪，到渡马镇或者县城住，而大部分留下来的都是家庭经济和创业能力都比较弱的人家。我们看到这个地方如果不努力的话，再经过二三十年，甘溪可能就没有人住了。

而陶光标倡导甘溪"功夫村庄"建设，最主要的目的就是发扬和传承甘溪侗寨武术文化。据他讲述：

> 在我们村，我和我表哥陆成龙及其他几个人在牵头做这件事。我们是想把村寨做成一个原生态的、不被破坏的民族村寨，希望将来能让老百姓得到一些实惠。尽管这样，我们还是得依靠政府，因为政府可以支持一些项目，比如说村寨武术旅游体验项目，主要是想通过这个项目让更多人去了解我们侗族有这个武术传承，这是我们最大的理想。

因此，甘溪"功夫村庄"的出现有一定的偶然性，也是甘溪侗寨发展的内在需求。与此同时，甘溪"功夫村庄"是文化大繁荣、大发展时代背景和贵州文化旅游建设大环境下的产物，体现了国家在场。

(二) 行动的起点：修建寨门

为了打造甘溪"功夫村庄"，在陶光标和陆承龙的倡导下，在陶光荣和寨佬们的大力支持下，召开了全体村民动员大会，动员全村捐工、捐木，修建寨门。如此，双管齐下，确保了全体村民思想的一致性。据陆承龙讲述：

图9-2 甘溪寨门

就拿建寨门来说，老百姓的积极性非常高。当时，建寨门需要一二十根大木头，后来老百姓捐来的木头围长超过一米的就有三十八根，那时候一根木头就值两千多，所以，老百姓捐来的木头就有七八万，加上其他木料，老百姓一共捐木料230多个立方。在捐木之后，又要动员大家捐工。当时，不管你是在家里住，还是在外面住；不管是在家种田，还是在外务工，全部按照甘溪人来算，只要是二十岁到六十岁之间的正常劳动力都算上，一个劳动力必须出五个劳动日。如果这段时间某一个人是在上学，或者是因为其他原因不能出工，也要想办法出三个工作日。就这样，我们招到了一千一百多个义务工（工作量）。之后就开始筹备捐资的事情，当时，我们动员了自己家里人捐，但毕竟村里的人捐钱还是弱了一点。

而陈光涛作为"功夫村庄"的教练和建设者，也深有体会，据他讲述：

那个寨门是陶光标和陆承龙牵头搞起的，因为我们每家每户都在山上承包有私人山林，所以我们就捐工、捐木，自己在山上把木头砍下来，然后扛下来，一家一般要捐四根左右的木头，把寨门和合约食堂建好。

甘溪人集资修建寨门，自愿捐工、捐木、捐钱，彰显了甘溪人希望发展、实现脱贫的内在需求，也是村民、村寨文化精英协同配合发展的结果。

（三）转型的征程：修建旅游配套设施

为了打造甘溪"功夫村庄"，甘溪人修建了诸如合约食堂、太阳能路灯、功夫客栈、神雕客栈、功夫磨盘等一批村寨文化旅游景点和设施。

1. 合约食堂

合约食堂于2016年动工建设，陆承龙、陶光标等地方精英会同寨佬、村长等，依靠甘溪百姓自己捐工、捐木、捐钱，动员政府部门和社会人士筹款，众志成城，最终修建好了合约食堂。陆承龙作为发起人之一，亲身经历了这一过程，据他讲述：

总的来说，我们建那个庙，靠捐；建那个广场，也是靠捐；过大年又捐，连续捐了好几次之后，我们再建这个寨门和合约食堂，已经相对弱了一点，所以建寨门时收到村里的捐款五万多。我们还发动外嫁女捐了一部分，有四万多。还有就是因为我在天柱县工商联工作，联系的都是社会经济人士，他们又捐了几万元。看到我们有这样建设家乡的激情，县里的民宗局、残联、妇联、文广局等单位也都相应地捐了一万、五千、两万等等。后来，我们甘溪搞建设的事情就渐渐地引起了政府的重视。

甘溪人民齐心协力修建合约食堂，这一群策群力的精神成为甘溪人的历史与集体记忆。作为一种精神力量，当时的修建场景也被放置在宣传栏中，供游客参观（见图9-3）。

图9-3　修建合约食堂

另据陶光标讲述，合约食堂所用的木料也都是村里的老百姓自己砍树、搬运、加工、修建起来的。因此，合约食堂的修建是集体劳动与智慧的结晶，是民族自强的表现。整个合约食堂以甘溪武术为主题，在门口摆放着两个木人桩（见图9-4）。

图9-4 合约食堂大门及门前的木人桩

走进合约食堂里面，映入眼帘的是墙上挂着的月牙镗和铁尺，让课题组感受到了功夫村庄的文化魅力。而在合约食堂的侧面，能清晰地看到"功夫食堂"四个大字，在下面则摆放着功夫造型的稻草人。其中，一

图9-5 合约食堂内景

图 9-6 合约食堂外的"功夫稻草人"

个稻草人在冲拳,另一个稻草人则拿着棍,栩栩如生,充分体现了功夫村庄的特点。不仅如此,为了吸引游客,突出甘溪武术文化主题,"合约食堂"的罗安乐老板在菜谱上别出心裁,将甘溪武术中的"黑虎掏心""铁脚金钢""大鹏展翅""古树盘根""横扫千军""怀中抱月"等动作名称作为菜名,还有一部分菜名取自武术影视和武侠小说中,如"十面埋伏""天罗地网""红白双煞"等,并且每天推出不同的菜品,并制作牌子,挂在"合约食堂"门下,以供游客观赏(见图9-7)。

图 9-7 合约食堂菜谱名

另据罗安乐老板讲述，他自己也比较喜爱武术，将甘溪武术中的动作名称和各类武侠作品中的名称用在菜谱上，不仅能突出"功夫村庄"的旅游主题，更能引起游客的极大兴趣。其中，"古树盘根"的用料是折耳根，"铁面无私"是一道凉菜，"蜻蜓点水"是"葱花鸡蛋汤"，"黑虎掏心"是鸡爪子，"侠客行"是狗肉。可以说，甘溪功夫食堂的设计细致而周密。

图 9-8　访谈合约食堂罗安乐老板

2. 太阳能路灯

在功夫村庄里外，竖立着很多经过精心设计并融入了甘溪武术元素的路灯。路灯的最上方是侗族月牙镋，下面是一个"武"字，侧面则是铁尺。据陶光标讲述，这些路灯重点突出了"功夫"主题。其中，最上面的是太阳能电池板，下面则是灯和月牙镋、铁尺等造型。而另据渡马镇政府龙彦平镇长讲述，甘溪的路灯是由镇政府的一名干部设计的。

而如罗辑所说："少数民族武术中'物'的在场是其民间保留和家

族传承的历史存在，承载着族群文化与族群记忆。"① 月牙镋和铁尺是甘溪的族群记忆，已深深扎根于甘溪人的心底，外化在路灯的设计中，并在节庆展演和旅游展览中"出场"。

图 9-9　甘溪"功夫村庄"太阳能路灯

3. 功夫客栈和神雕客栈

不仅如此，甘溪还积极利用政府的支持资金修建"功夫客栈"和"神雕客栈"等配套设施，这些均为天柱县政府扶贫开发项目。

---

① 罗辑：《少数民族武术中"物"的在场、脱域与出场：以贵州少数民族武术为例》，《体育科学》2014 年第 3 期。

图 9-10　笔者访谈龙彦平

图 9-11　功夫客栈外景

图9-12 功夫客栈门牌

图9-13 功夫客栈扶贫项目牌图

图9-14　甘溪神雕客栈

"功夫客栈"和"神雕客栈"都是甘溪"功夫村庄"中的基础设施建设，不仅为游客提供了住宿，更成为宣传甘溪功夫的重要阵地。在"功夫客栈"和"神雕客栈"的内部装修中，充分融入了武术元素，如在"功夫客栈"的外门，竖立着一根棍；在服务台前，对放着两把铁尺。

图9-15　"功夫客栈"门外和前台

与之不同,"神雕客栈"的设计则体现了武侠特色,充分将金庸小说《神雕侠侣》中的武侠元素融入其中。进入客栈,映入眼帘的是一个大大的"武"字,客房则被分别命名为"古墓派""重阳宫""桃花岛"等。

图9-16 神雕客栈大厅

图9-17 以武侠为主题的客房

金庸武侠小说和影视剧中的各种武侠元素都在甘溪"功夫村庄"中得到了很好的体现，实现了"在地化"。这既是"功夫村庄"建构出来的结果，也是以文化旅游带动甘溪扶贫工作的现实需要，彰显了在新时代条件下甘溪侗家拳的传承之道。而所有这一切，都是党带领甘溪人民谋求发展之路的重要举措，体现了国家在场化。

图 9-18 功夫客栈内的宣传标语

4. 其他

在"功夫村庄"建设中，甘溪人民不放过每一个细节，在村口外竖起了"甘溪侗寨"指示牌，在指示牌上有功夫图样。而在甘溪寨门旁，竖立着一块圆盘状石头，上面刻着"功夫在心中，工夫在坊外"字样，是甘溪侗家拳的真实写照。

在甘溪功夫村庄的建设中，还有一些旅游景点正在有条不紊地准备和规划中，据陶光标讲述，甘溪下一步准备开发利用村寨周围的几座小山，在山上建亭子，并修建观光道路，将这几座小山打造成观摩武术表演的旅游景点。此外，在甘溪还有千年古树，其中一棵已经朽掉，而另一棵还伫立在山上（见图9-21）。为了打造甘溪"功夫村庄"，村委会也准备将这棵千年古树打造成一个旅游景点。

图9-19 刻有"功夫"的指示牌

图9-20 功夫磨盘

图 9-21 甘溪古树

（四）品牌的建构和在地化：打造"功夫菊"

此外，甘溪还在山上种植了万余亩的菊花，将菊花作为喝茶饮品，并专门注册了"功夫黄菊"商标。另据陶光荣讲述，甘溪准备在 2017 年的农历九月将山上的荒地全部开发，用于种植功夫菊，而且"功夫黄菊"目前在市场上也是供不应求。

图 9-22 陶光涛陪同笔者考察"功夫菊"

2018 年 1 月 14 日，课题组针对甘溪功夫菊再次访谈了陶光涛。据陶光涛讲述，最开始的时候，甘溪种植的是皇菊，是从江西引进来的，后来陈光标将皇菊改为功夫菊，并申请了商标和专利，目的就是要打造"功夫村庄"。为了做好"功夫菊"项目，甘溪各家各户都种植了功夫菊。

图 9-23　甘溪"功夫菊"种植项目牌

图 9-24　甘溪"功夫菊"扶贫项目

图 9-25 陶光涛家的"功夫菊"

图 9-26 甘溪"功夫菊"宣传栏

"功夫菊"项目缘起于村寨扶贫,不仅体现了国家在场,也是"江西皇菊"与甘溪"在地化"后的产物。

（五）历史记忆的延续：修建甘溪功夫记忆馆和训练馆等

为了打造"功夫村庄"，甘溪还在合约食堂旁修建了功夫记忆馆，以加强甘溪侗家拳的文化宣传和历史文化的保存。据悉，甘溪"功夫记忆馆"是甘溪乡村产业旅游基地基础设施建设项目，得到了当地政府的认可和支持。

图 9-27　甘溪"功夫记忆馆"

图 9-28　渡马镇甘溪乡村产业旅游基础设施项目建设牌

此外，甘溪除了建立甘溪功夫记忆馆外，还要筹建三座建筑，两座位于山上，分别是甘溪功夫训练馆和甘溪功夫体验馆，在山下的广场旁还要筹建一座甘溪功夫展示馆。

图 9-29 建设中的功夫训练馆和功夫体验馆

其中，甘溪功夫训练馆主要是用于侗拳师的日常训练与教徒。而游客在到达广场之后，即可以先参观甘溪功夫展示馆，观看武术表演，有兴趣的游客还可以去甘溪功夫体验馆，在拳师的指导下体验甘溪武术。这些都是甘溪功夫村庄建设的重要组成部分。

（六）全球化中的文化生存：加强文化宣传

1. 合作中求发展

甘溪人在"功夫村庄"建设中，也极为重视对外宣传与合作，积极利用贵州本土文化优势，邀请贵州苗人"小龙"王飞鸿、拳王张美萱等贵州体育明星来到甘溪助阵，通过在甘溪设立影视文化基地、训练基地等扩大甘溪"功夫村庄"的影响力和知名度。

在村寨外面摆放的这些牌子中，要数"中国功夫村庄""拳王张美萱搏击训练基地""飞鸿影视拍摄基地""贵州卫视《我在贵州等你》拍摄地"最为显眼。而每一块牌子都诉说着甘溪侗家拳宣传的故事，其中，"中国功夫村庄"是 2015 年美国人和瑞典人来到甘溪进行探访后所给予的评价。

从传统走向复兴：甘溪侗家拳的传承与发展

图9-30　甘溪对外合作宣传牌

2015年，英国《每日邮报》将甘溪评价为"世界最神奇的九个村庄之一"，"拳王张美煊搏击训练基地""飞鸿影视拍摄基地"则是贵州体育明星张美煊和王飞鸿对甘溪"功夫村庄"建设的支持。

图9-31　世界拳王张美煊来到甘溪"功夫村庄"

2. 重视电视新闻媒体宣传

甘溪"功夫村庄"建设还获得了包括"贵州卫视"在内的多家电视新闻媒体的支持，通过制作宣传片加强文化宣传。而"我在贵州等你"栏目则叙说了甘溪"功夫村庄"的故事。在 2017 年 8 月 17 日，贵州卫视"我在贵州等你（第二季）"在甘溪进行了实地拍摄。在这部纪录片中明确指出，甘溪侗族武术源远流长，距今已有六百余年。

图 9-32　"我在贵州等你（第二季）"中甘溪功夫

图 9-33　陶光荣演练月牙镋

图9-34 棍术对练

图9-35 甘溪少年表演猴拳

在"我在贵州等你(第二季)"中,两名外国友人在一名中国向导的带领下刚到甘溪寨门前,甘溪众多着武术表演服的村民就已经在村寨门口"严阵以待",等待远方朋友的到访。而外国友人也被眼前的景象所震撼,对甘溪的武术竖起了大拇指。

图 9-36　外国友人评价甘溪功夫村庄

图 9-37　陆承龙迎接"访客"

从传统走向复兴：甘溪侗家拳的传承与发展

图9-38 甘溪"功夫村庄"寨门

图9-39 陈光涛演练甘溪武术

图 9-40　对棍

图 9-41　陶光涛演练"六家拳"

图 9-42　甘溪总教练陶通信演练洪门棍

甘溪侗寨武术目前以"六家拳"和洪门棍最为典型，此外还有铁尺和月牙镋。

图 9-43　演练铁尺

在介绍完甘溪武术之后，"三人组"跟随陆承龙及众人来到甘溪合约食堂前,并准备与甘溪侗拳师"一决高低",亲身体验甘溪功夫。

图9-44　合约食堂前约阵

首先,第一场是孟熙的泰拳与侗家拳进行比试。在比试中,侗拳师始终以矮桩站位,经过一番试探后,侗拳师突然出击,靠近孟熙,将其击败。

图9-45　泰拳对阵侗家拳

第二场为甘溪杨德品的侗家功夫对阵一名外国友人的散打,经过一番周旋后,这名外国友人被杨德品师傅瞬间击倒。

第三场是柯国庆(美国)用拳击对阵甘溪侗家拳,经过一番较量,柯国庆被侗拳师踩脚趾击败。这体现了甘溪侗家拳注重下盘功夫的特点。

在经过武功比试之后,"三人组"都一致认为:甘溪侗家拳的重要特点之一就是步法,按照他们的说法叫"蹲",实际上就是甘溪侗家拳的桩功,以低矮为显著特点,既可以攻,又可以守,动作快速敏捷,体现了矮桩在甘溪功夫中的功效。随后,"三人组"在陆承龙的带领下,来到山上,找到了陶光标。陶光标向他们展示了甘溪功夫中的桩功。

从传统走向复兴：甘溪侗家拳的传承与发展

图 9-46　外国友人与甘溪杨德品比试武功

图 9-47　柯国庆（美国）与甘溪侗拳师比试武功

在旧时，甘溪侗拳师训练桩功时，就站在光滑的泥巴地中练习。随后，"三人组"在陶光标的指导下在光滑的泥巴坪上练习"扎马步"，并学习了甘溪侗家拳的敬拳礼。

155

图9-48 "三人组"练习桩功

除此之外，自2014年以来，在当地政府的关心与支持下，甘溪人民上下一心，"撸起袖子一起干"，所取得的努力和成绩逐渐被外界所认可，也引起了省内外新闻媒体的关注，对此，陆承龙作为甘溪"功夫村庄"建设的发起人之一，见证了这一历史过程，据他讲述：

> 我们寨子得到了县委宣传部杨俊和陈光昌的帮助，他们把我们寨子过大年这个事情在《民族报》等省级主流媒体进行了宣传。在2015年3月14日，把贵州日报社的记者罗思祥带了过来。当时，那个寨门还没有建起来，村寨里面的房子都还很烂。最后他也写了一个《激情在燃烧》的新闻报道，在《贵州日报》刊登出来，从它一刊登出来，加上我们过大年的时候还有一个专门搞微电影的主流媒体"皇朝影视"在朋友圈子里给我们做宣传，因此就把我们的武术给宣传了出去，之后就引起了"腾讯新闻"的注意。2015年5月，"腾讯新闻"的记者来了，之后就在"腾讯新闻"里给我们甘溪武术做了宣传。之后，就引起了央视的关注，央视记者关注我们甘溪武术，但不能亲自来，就委托给"皇朝影视"。"皇朝影视"就把我们甘溪功夫的元素拍摄了一些动作和景点发给央视，之后，在2015年的9月17日，在央视七台播出了。过后，我们就沿用了央视七台给我们村庄的称呼——"功夫村庄"，并把这几个字刻在寨

门上。

近年来，甘溪通过新闻媒体的大力宣传，不仅获得了国内新闻媒体的宣传，更是借助于国内新闻媒体吸引了海外媒体和武术爱好者的广泛关注。

图9-49　甘溪功夫宣传栏

3. 村寨内的文化宣传

而为了宣传甘溪传统文化，甘溪村委会在合约食堂旁专门设立了宣传栏。在宣传栏中，就有关于甘溪侗族武术的介绍，并有武术队名单及相关的习武照片。

值得一提的是，合约食堂得到了甘溪全体村民的大力支持，是甘溪进行村寨武术文化旅游的产物，其齐心协力的创业精神得到了天柱县及渡马镇政府的肯定，其先进事迹被制作成宣传栏，置于通往甘溪"合约食堂"

图9-50　甘溪武术队员名单

的道路旁,以供游客参观学习。

图9-51 "'合约食堂'·缘起"宣传栏

图9-52 "'合约食堂'·探索"宣传栏

图9-53 "'合约食堂'·改革"宣传栏

图9-54 "'合约食堂+'·升华"宣传栏

图9-55　"'合约食堂'·成效"宣传栏

图9-56　"'合约食堂'·推广"宣传栏

从这些宣传栏内容来看，甘溪合约食堂大致经历了缘起、探索、改革、升华、成效、推广六个历史阶段，是在甘溪功夫村庄建设中的一个创举，因社会效果较好而得到了大力推广，目前已经在周边的桥坪村、杨柳村、龙盘村、新民村等村寨推广。值得注意的是，这些宣传栏极具乡村旅游特色，上面的斗笠切合甘溪"功夫村庄"的建设主题。

图 9-57 甘溪"功夫村庄"建设标语

无论是功夫食堂还是"功夫记忆馆"，抑或是"功夫客栈"和训练场以及相关新闻报道，都是当地政府和地方文化精英共同协商的结果，彰显了国家在场及国家与村民们的协同治理。

二 不同声音："功夫村庄"建设之憾

对于甘溪武术的传承和"功夫村庄"建设，村民们在支持声中也夹杂着一些批评的声音。其中，有的村民对工程项目对于水源的影响提出了批评，认为甘溪"功夫村庄"建设影响了村里的水源。其实，诸如此类工程项目影响村寨水源之类的问题只是冰山一角，"功夫村庄"建设中所遇到的问题远不止这些。按照甘溪"功夫村庄"的规划，要在村寨下面的空场地上建一座功夫展示馆。建成以后，外来游客就可以观摩甘溪武术表演。然则，甘溪侗家拳的传承目前面临着青黄不接的局面，多数年轻人外出打工，不愿意学习侗族武术。而陶通信作为甘溪的武术总

教练,年事已高,精力有限,加之种种因素,导致目前的甘溪"功夫村庄"建设隐藏着种种问题,亟待解决。另据陶通信讲述:

> 年轻的不想学,我这把年纪,身体不太好,又没有什么钱,所以我也不想去管这个事情。我之前已经在村里教武术三年了。在这三年里,连续给村里的年轻人做培训,就是为了搞这个武术旅游村建设。因为我们甘溪的特色就是武术,所以如果不搞武术,人家上面就不会批这个武术旅游村项目。我们"老班"从2014年的冬天开始几乎每天都要训练,当时是陶光标和陆承龙两个牵头搞的这个事情,然后是村里开会,发动老百姓积极参与,还先后到过天柱、渡马乡表演。所以,我在合约食堂里住了三年,每天晚上在外面的广场上教他们武术,一般从晚上八点教到十点,村里的男女老少都来学,主要教他们一些花架套路,没有解释。刚开始的时候,学的人还比较多,后来慢慢人就少了,特别是过了年后,不少年轻的都去打工赚钱去了。

因此,在甘溪"功夫村庄"的建设中,仍然存在着诸如学习积极性不高、缺少经费投入等不足。首先,对于甘溪侗族老拳师来说,外出收徒教武并收取适当学费看似是件合情合理的事情,并且这一行为实践模式已成为老拳师的固定思维模式。因此,在"功夫村庄"的建设中,给予侗族老拳师以适当的补贴既是对老拳师个人行为习惯的尊重和因循,也是对甘溪侗族老拳师个人教武收徒的个人生涯的延续。另外,对于甘溪人来说,在旅游设施和管理还没有完善的情况下,追求经济效益依然是众多村民的最终归宿。因此,美好的甘溪文化旅游设想与残酷的现实需求之间逐渐有了较大的差距,"即兴参加武术训练"成为一种行为表现模式,村民在经过一段时间的学习后,并不能长久维持,外出务工再次成为不二选择。

不仅如此,在可预见的将来,甘溪"功夫村庄"建设会取得更大的成就,而对于眼下亟待解决的资金短缺问题,陆承龙深有体会,也有自己的一些感想和设想。在他看来,目前甘溪的发展依然需要依靠政府在资金上给予一定的支持。据他讲述:

我们正在申报国家级村落，如果申报到了，国家会每年给我们一些资金，用来撑起我们现在的建设。而且我们甘溪武术也正在申报非物质文化遗产，如果申报到了，每年也有几万块钱来支撑我们现在的建设。这些资金虽然不能让老百姓富裕起来，但是最起码可以让我们甘溪有一些资金来源，多少有一些补助。我们甘溪的老百姓也很现实，一天也不需要多少钱，五十块就可以。我们寨上的老百姓还有其他钱，比如说现在我们甘溪招商都是要签协议的，有一部分利润要留在集体，这一部分可以拿出20%用于公共支出，剩余的可以分给大家。

为了促进甘溪"功夫村庄"建设，"合约食堂"改为"功夫食堂"，原本让本村村民经营管理，但由于缺乏管理和服务意识，"功夫食堂"现在承包给县城里有经验的老板，罗安乐老板对此深有体会，据他讲述：

我觉得"功夫村庄"整体上搞得还可以，就是外围的这些基础设施还没有搞起来。以前，老百姓捐工、捐木，建起了寨门，还捐款修这个"合约食堂"，后来老百姓都"垮"了，已经没有钱了。前两年，这里的老百姓搞这个"功夫村庄"的积极性还比较高，现在都已经疲倦了。因为到现在为止，老百姓一直看不到效益，也不是游客少的问题。这个不比景区，可以收门票。现在甘溪没有收门票，老百姓就没有收入。

由此可见，在甘溪"功夫村庄"的建设过程中，村民学武的自觉意识不强和建设资金短缺依然是不可回避的两大难题。此外，在未来的"功夫村庄"的具体运营过程中，如何经营管理也是不得不面临的困难之一。其实，类似的问题还有很多，如在"功夫村庄"建设的后续工作中，利益分配的均衡的问题等。对此，杨仪鑫有自己的想法和看法，据他讲述：

最开始的时候，我个人觉得搞这个"功夫村庄"，特别是那个"合约食堂"以前在全国是没有的，那个时候"合约食堂"还没有建起来，全寨子的人在草场上摆起桌子一起吃饭。我认为那个时候的工作做得很好，他们写的倡议书也很好，整个寨子里的人都要团结起来，不分张姓李姓。但后来所发生的事情又不一样了，喜欢你的话就给你机会，不喜欢你的话就不理你。

其实，对于未来村寨旅游利益分配问题，国内学界已做出了一些探索。其中，马鑫认为："对于社区公共管理下公共旅游的利益分配，可制定详细的管理办法：全部村民有权参与公共旅游项目，机会均等。每户每天可出一个劳动力，由队长分配任务，不能出工者可由社区内其他人家来顶替。收入管理不设会计、出纳，所得收入当日记账当地均分。在这样的社区管理和社区分配模式下，公共旅游项目收入已经成为村中每户村民的基本旅游收入保障。"① 这为甘溪功夫文化旅游中的管理提供了借鉴和参考。

在"功夫村庄"建设中，不仅需要大量的人力、物力和财力，更需要政府与甘溪、甘溪人之间的密切配合，只有在各方利益都能实现最大化的情况下，才能实现某种共谋。然则，在此过程中，也出现了一些不和谐的情况。其中，较为突出的是甘溪村干部与村民之间的信任问题。在杨仪鑫看来，部分村干部在工作上有一定程度的偏见，存在倾向亲属的问题，由此导致"功夫村庄"的建设并不太顺利，据他讲述：

村干部对老百姓有一定的偏见，在处理问题上不太公平，比如说有什么好处都给自己的亲戚朋友，没有考虑到真实情况，所以我今年不再参加村里的活动，比如说搞舞龙和武术表演，日本人来我们甘溪，我就没有参与。

此外，在甘溪"功夫村庄"的对外宣传过程中，也存在一定程度的偏差。对此，据杨仪鑫讲述，在"功夫村庄"有关的宣传材料中，称陶光荣三岁练武，这并非事实。而最为重要的是宣传材料并不能完全反映甘溪侗家拳的历史全貌。基于此，甘溪"功夫村庄"的建设仍然任重而道远。

---

① 马鑫：《边界与利益：少数民族文化旅游资源产权研究》，云南大学出版社 2016 年版，第 55 页。

三 转型发展：传承模式与发展路径

在新时代条件下，应当如何传承和发展侗族武术，是甘溪领导和村民们所共同关心的问题。对于甘溪武术的传承与发展，包括村支书在内的众多村内人士和村外人士都有自己的见解和建议，众说纷纭。总体来说，甘溪武术的传承属于旅游传承型，通过文化旅游实现甘溪侗家拳的传承，是现阶段甘溪侗家拳的主要传承之道。

（一）文化旅游促传承

2009年8月31日，文化部、国家旅游局联合发布了《关于促进文化与旅游结合发展的指导意见》（以下简称《意见》），《意见》指出："文化是旅游的灵魂，旅游是文化的重要载体。加强文化和旅游的深度结合，有助于推进文化体制改革，加快文化产业发展，促进旅游产业转型升级，满足人民群众的消费需求；有助于推动中华文化遗产的传承保护，扩大中华文化的影响，提升国家软实力，促进社会和谐发展。"[①] 与此同时，国家旅游局又于2016年9月14日发布了《国家旅游局关于对十二届全国人大四次会议第6649号建议的答复》（以下简称《答复》），在《答复》中明确指出："发展旅游新业态，新辟旅游消费新空间。针对当前旅游消费存在的结构性矛盾，国家旅游局将积极引导发展休闲度假旅游，大力发展邮轮旅游、体育旅游、海洋旅游，积极推进研学旅游、老年旅游和中医药健康旅游。"[②] 在国家政策在场下，陶光标深受启发。在他看来，将甘溪武术传承下去并发扬光大，让甘溪侗家拳被外界所认知是他一生中最大的梦想。因此，在传承侗家拳的内在动力下，陶光标利用业余时间，全身心投入到"功夫村庄"的建设中。据陶光标讲述：

> 我其实很想把家乡的侗族武术搞好，但我很忙，没有太多的时间去处理家乡的侗族武术传承的问题。我现在是学校的教务主任，说实在话，我不想做领导。我还真想多点时间，回去把甘溪的侗族

[①] 中华人民共和国文化与旅游部官网："文化部、国家旅游局关于促进文化与旅游结合发展的指导意见"，http://zwgk.mct.gov.cn/auto255/200909/t20090915_466108.html?keywords=。

[②] 中华人民共和国文化与旅游部官网："国家旅游局关于对十二届全国人大四次会议第6649号建议的答复"，http://zwgk.mct.gov.cn/auto255/201612/t20161221_832207.html?keywords=。

武术发展起来，把这个侗族武术丢了真的太可惜了。

与此同时，在陶光标看来，甘溪武术要实现传承和发展，就必须走文化旅游传承道路。如此，甘溪侗家拳就要在保持甘溪侗家拳技术内核的基础上，从演练形式上进行创新。据他讲述：

> 我就给他们讲，应该一分为二来看，我们的侗族武术既要有传承，也得有改变，为什么这样讲呢？有些东西它该保留的一定要保留，要有自己的特色，如果没有以前的特色，那么我们的武术就不是那个味道了。那么，它只会有形，而没有神。另外，如果完完全全按照以前的套路去做，哪有那么多的实战机会？我们把甘溪的侗族武术拿出来有三个目的，一是传承，二是强身健体，三是确实得表演表演。强身健体和表演可能和传承有所差别，但是传承可以按照原来的那个模式去做。如果你要想强身健体，就可能需要改变一下形式了，做一些让大家都能接受的一些动作；如果是要表演，就要让大家看清楚，至少多多少少加一点花架给别人看，这样别人才有兴趣去看。所以我说这都需要做一些改变。

此外，陶光标认为，侗族武术的传承要实现创新就必须注重表演，注重创新发展，开发甘溪武术的表演价值。从某种程度上讲，陶光标更多的是将侗族武术视为一种精神文化，他认为：需要根据游客的心理感受和不同的需求来对甘溪武术进行创新设计。另据他讲述：

> 对于不注重对抗的游客来讲，他们不需要实战效果，他们关心的是能否强身健体，这就需要用实验的方法去测量更多的指标来证明民间传统武术强身健体的作用，把它们变成能看见、能感受得到的指标，这样才能让他人更容易接受，才能更好地向外面推广甘溪民间传统武术。

与此同时，陶光标还主张挖掘甘溪武术中的搏击精华，找到制胜的招式，增强甘溪武术的打击表演效果，进而利于吸引游客和观众，便于甘溪武术向外推广。在对外文化交流上，也要将甘溪武术的丰富内涵和技击精华通过外在的表演表现出来。

无独有偶，陆承龙认为：甘溪武术的传承应坚持在核心技术元素的基础上，在表现形式上给予一定的文化包装，进一步增强甘溪武术的观赏性和健身价值。与此同时，要让甘溪武术产生一定的经济价值，据他讲述：

> 还是要教育我们下一代能够代代传承武术，这才是最关键的，但是要想把这个东西传承下去必须让它产生经济价值，这样我们甘溪武术才能走得更远。实际上，我不提倡对武术进行过分的包装，要本着基本的甘溪武术元素来做，核心的东西还是要我们甘溪人自己的。比如说，我们的桩功或者梅花步，这些必须要保留，还有我们的"六家拳"、洪门棍、铁尺、铜这些都是我们特有的东西。

如马鑫所说："人文景观的社会属性决定了该类资源除了具有自然景观资源的观赏价值之外，还具有较强的体验价值、参与价值、科研价值。"[①] 陶光标所提出的建立甘溪功夫体验基地具有很好的体验价值和参与价值，具有较强的文化时代性。与陶光标不同，在陈光涛看来，甘溪"功夫村庄"的旅游开发还需要很长的路要走，更多的是需要政府的支持。据他讲述：

> 要搞旅游开发，说是这么说，但是很难搞。今年的游客量还算比较多，每天基本上都有一二十个，过来玩、吃饭、参观。说实在话，搞这个"功夫村庄"是个好事，但是如果没有政府支持，那可能就搞不好了。

作为乡村基层管理单位，对于甘溪侗族武术的传承和发展，在陶光荣看来，"功夫村庄"的建设也需要国家的政策与资金在场。另据他讲述：

[①] 马鑫：《边界与利益：少数民族文化旅游资源产权研究》，云南大学出版社2016年版，第13页。

> 我们甘溪现在就是要以"功夫村庄"来打造我们的旅游,这个规划已经上报到县里和州里了,我们准备让中央台把我们的"功夫村庄"拍下来,来直接帮我们打造,所以搞这个旅游还是主要依靠国家来帮扶。我们甘溪作为传统村落已经得到了省里的验收,他们批下来之后,每年就有几百万的资金投入来打造我们的"功夫村庄",目前还没有资金。这个资金不是分给村民,而是用来做基础设施项目的,要把甘溪打造成全国的一个亮点。

对于甘溪武术的发展,社会各界纷纷献计献策,结合甘溪功夫文化和优良的山地自然环境,走文化旅游道路是不错的选择。

(二)民族文化进校园

随着时代的发展,民族民间武术进校园已成为不可阻挡的趋势,老海村的月牙镋已经进入校园。因此,甘溪侗族武术也应当走进校园。陈光涛目前已在天柱县渡马镇中心小学做代课教师,主要教授武术,是甘溪侗家拳校园传承的开端。另据陈光涛讲述:

> 在渡马镇中心小学我教了七百多名学生,从 2017 年开始,学校一周给我安排一节课,下半年准备给我再多安排一些课,课时费暂时还没有说怎么结算。我的工资由政府来处理,一周一次课的话,一年就有一万元。

甘溪侗家拳成功进校园,不仅一改以往"传内不传外,传男不传女"的陈规陋习,而且也改变了甘溪侗拳师的职业规划。但就校园传承来讲,其教学方法和内容与村寨内完全不同。在甘溪,场地和器械就地取材,但在学校,就没有相对完善而齐备的器材设施,影响了侗家拳的校园传承。对此,陶光涛深有体会,据他讲述:

> 今年我就教拳法,棍法我没教。上个学期我也教拳法,因为学校没有设备(器材),什么都没有。

与此同时,甘溪侗族拳师外出参加比赛的经历及所获得的奖励和名次,都可以作为日后到学校教学的重要资本。比赛成绩和荣誉是学校认可侗拳师专业技术水平的重要参考，这是与侗寨武术教学与训练体系及其评价体系有所不同。另据陶光涛讲述：

> 说实话，当时去渡马镇中心小学教学也是县里让我去的，我没有文化，又是一个庄稼人，写字都写不好，但就是搞点武术还算马马虎虎。今年我参加凯里湾水的演武大会，拿了名次，就可以凭这个去学校教武术了。

不仅如此，学校武术与侗寨武术在教学训练方法上也有所不同。在侗寨武术的学习与训练体系中，刻苦训练、从严出发、从难出发、从实战出发始终是不二法则。相比之下，在学校的武术教学中，要遵从学生的身体发育规律和心理特点，在教学方法和内容上都与传统的训练方法迥异。据陈光涛讲述，他所教的那个小学里的学生都不愿意学武术，也是"被逼"的。与之不同，侗寨武术所传弟子必须要有浓厚的兴趣才行。

而在陆承龙看来，甘溪武术进校园必须从教学方法和方式上加以改进。据他讲述：

> 我们甘溪功夫也进入了课堂，陶光涛就在渡马镇中心小学教武术，但毕竟他的文化水平有限，在教学过程中，在教学的方式、方法以及和学生的交流上，可能还存在一些障碍。比如说，教侗族武术，要调动起学生学习的兴趣和积极性。再比如说，蹲马步有什么好处要给学生讲一讲，还要有鼓励性的东西和学生商量，比如谁能扎马步到最后，就给一个小小的奖励之类的。

此外，渡马镇政府龙彦平也比较支持武术文化进校园，在他看来，甘溪武术具有教育功能，据他讲述：

> 在甘溪武术传承方面，我们请村里的两个武术教练轮流到中小学的大课间去教武术，大课间以前安排的是体操，现在就安排民间武术，这样，小孩子就可以从小学习侗族武术，传承侗族武术，这就是甘溪武术的教育功能。

因此，甘溪侗家拳进校园是一种政府主导下的武术教育传承行为，是甘溪侗家拳传承国家在场的表现。与此同时，甘溪侗家拳的校园传承要做到"在地化"，即遵循教育规律。为此，需要对侗拳师进行适当的培训。

（三）侗拳师参赛

近年来，随着非遗运动的开展，侗族武术逐渐"浮出水面"，揭开了神秘的面纱。在包括政府文体部门和知识分子在内的地方精英的协助下，甘溪武术也得以频频展演于各类民间武术比赛中。甘溪武术队曾于2017年2月参加了凯里湾水镇举行的第二届民族民间演武大会，对此，陈光涛深有感触，据他讲述：

> 我自2017年元宵节期间也参加了在凯里湾水镇召开的民族民间演武大会，我打的是铁尺。当时的情况是我们甘溪有一个学拳击的，他在凯里学，听说湾水镇要召开演武大会，就让那边给我们发了邀请函，我们就报名过去参加了演武大会。

对于此次演武大会，陈光涛视之为甘溪武术走出去的第一步，据他讲述：

> 像我们这里的农村，以前从来没有出去参加过什么比赛，村里面也没有搞过什么比赛，2017年2月在凯里的这次武术比赛是我们第一次参加比赛。

随后，笔者实地访谈了组织人马参加比赛的袁毓权。据他讲述，当时是黔东南州武术协会的文国林老师打电话让他带一支队伍参加，他就召集了甘溪的武师，组建一支队伍参加了凯里湾水演武大会，并在那场比赛中获得了名次。

尽管如此，虽说甘溪破天荒地第一次外出参加比赛并取得名次，但比赛结束后，部分侗拳师对于结果并不满意，在他们看来，武术比赛的结果更为重要。然则，这与当代体育比赛所倡导的"友谊第一，比赛第二"的精神有所偏差。但甘溪人能够外出参加比赛，既是袁毓权作为甘溪人自我认同与族群认同的结果，也是文化大繁荣、大发展时代背景下

图 9-58　笔者访谈袁毓权

国家政策在场化的结果。

（四）协同发展

时至今日，甘溪已走出了一条旅游传承型道路，即以甘溪武术为文化支点，以文化旅游带动村寨的经济社会发展。截至目前，在国家在场下，在当地政府部门领导的支持下，以陶光标、陆承龙等一大批文化精英和有识之士为主干，在甘溪民的大力配合下，甘溪目前修建了"功夫村庄"寨门、"合约食堂""功夫记忆馆"、太阳能路灯等，乡村武术文化旅游基础建设初具规模。甘溪"功夫村庄"建设项目从提出设想到逐步实施，是当地政府、甘溪人、地方文化精英及社会各界人士协同配合相互协商的结果。

首先，甘溪民与村委会的协商是执行力的最基层，也最有难度。在甘溪"功夫村庄"建设这一问题上，多数村民表示了支持，但大多也仅停留在言语上，真正落实到具体行动当中仍需要一个相互协商的过程。为此，以陶光标和陆承龙为核心的行动者，在村委会和寨管委的双重管理下，甘溪逐渐形成了"上下一心真抓实干"的局面。因此，甘溪侗寨武术的旅游传承要想取得实质性突破，就必须首先要有倡导者，所有参与者在思想上要统一。只有这样，才能保证在行动上有强大的凝聚力，进而保证基层行动者的执行力。陆承龙对此感受颇深，据他讲述：

> 我们做的第一件事就是动员我们甘溪的年轻人捐钱、捐工，把庙修好。但仅仅靠修这个庙还是达不到凝聚人心的目的，所以就在2014年的11月动员大家回家过年，不分姓氏，不分男女，也不分是不是亲戚，都欢迎介绍自己嫁出去的姑娘和姑爷回家过年。当时，甘溪没有那么多场地安置五百多人同时过年，后来我看到现在合约食堂的水泥坪那边，原来是荒山，大家开了一个会议，决定把那个荒山整平，再用挖机把那个荒山铲平。那个时候从外面陆陆续续回来了一些年轻的打工人员。就这样，一百多人不计酬劳，自愿来到荒山做义务工。随后，大家又集资买水泥、买沙、请挖机、买钢筋，每天出工一百多人，经过一个星期，就把那个操场给做好了。
>
> 我们又想着能不能利用正月初一全村年轻人都回来之际，把全村人集中起来开一个大会。后来，除夕一过，就从正月初一的早上九点开会，一直开到晚上的七点，开了一整天，没有任何官方人员，都是我们寨子上的老百姓。开会的时候，把我们甘溪目前面临的情况和今后要发展的方向、今后的打算，都拿出来研究一下。到了2015年，是我们甘溪做大动作的一年，这一年我们建寨门、建合约食堂、河道整治，这一系列工作都是靠我们老百姓自己捐工、捐木、捐资、捐地弄出来的，一切都是捐出来的。

其次，甘溪与渡马镇政府之间的协商在甘溪"功夫村庄"的建设中也是重要的一环。渡马镇政府是县政府财力、物力和人力下放落实到甘溪的重要政策贯彻者和行动执行者，更是县政府监督甘溪"功夫村庄"建设的重要代理人。因此，渡马镇政府在"功夫村庄"建设中不遗余力。值得关注的是，陶光标作为甘溪的文化精英，积极与渡马镇政府进行沟通和协商，将甘溪的建设项目进展情况及实际存在的问题和困难一并向渡马镇政府做汇报。渡马镇政府再将情况上报给天柱县政府的相关部门。如此，渡马镇政府的"中间人"角色发挥了不可替代的作用。在甘溪功夫村庄建设中所存在的诸如场地、资金、设计等问题，渡马镇政府都想办法解决，实在解决不了的才向县政府汇报。与此同时，渡马镇近年来加强了对甘溪"功夫村庄"建设的投入，与甘溪人的先期投入密不可分。甘溪人奋发向上、不甘落后的拼搏精神感动了渡马镇政府，进而获得政府的大力支持，对此，陆承龙深有感触，据他讲述：

> 就这样，通过央视的宣传，加上我们老百姓顶着烈日、冒着大雨都在搬运木料，搞家乡建设，这感动了我们渡马镇的党委书记杨德昭。他看到我们甘溪在央视的宣传之后，也很想做这个事情，2015 年，他就把镇里仅有的项目都安排在了甘溪，有几个值得一提的。第一，是我们渡马镇当年的项目比较少，唯一的一个就是浙江余姚市对口帮扶我们天柱县，有三十多万的帮扶资金，然后，渡马镇政府就拿了这三十多万修了从甘溪桥上到山坳上的这一段路，这是把全乡仅有的帮扶资金用到了修路上，我们甘溪人民都很感动，他看到我们的积极性那么高，就想着帮一把。第二，因为镇上没有多余的资金来建设，就动用危房改造的资金来对我们甘溪的房子进行危房改造。正是因为有了那一次改造，才有了现在甘溪的面貌。乡镇党委的重视，又加上我们的媒体宣传，还有我们当地老百姓的干活激情，相互结合，就引起了县委县政府的重视。在 2016 年，天柱县委把我们甘溪作为"美丽乡村"的示范点进行打造，就这样，我们的"功夫村庄"建设才逐步展开。

正是渡马镇政府通过电视网络媒体加强了甘溪功夫村庄宣传，才有了"我在贵州等你（第二季）"对于甘溪功夫村庄的实景拍摄；而也正是得益于全球化背景下天柱县委宣传部的大力宣传，甘溪"功夫村庄"才迎来了首批外国游客。另据陆承龙讲述：

> 2015 年，有一个瑞典人来我们甘溪学武，还有一个叫"吉峰"的，他们到了这里住了半个月，和我们一起过了 2016 年的大年。到了 2016 年 4 月，就引来了美国、加拿大、菲律宾、新加坡、中国香港的主流媒体到了甘溪。之后，才有 2016 年 8 月 11 日英国的《每日邮报》，它把我们甘溪评价为"世界最奇异的九个村庄之一"。

在此过程中，陶光标和陆承龙都发挥了重要的桥梁作用，甘溪、渡马镇政府、天柱县政府三者相互协商，在村寨扶贫、文化复兴上，三者实现了一定程度的"共谋"。而对于陆承龙来说，甘溪、渡马镇及天柱县政府之间的"共谋"也存在一定的偶然性，他们之间的"共谋"需要建立在一定的基础和条件之上，也即甘溪内在的奋发向上、积极进取、不怕困难、敢于拼搏和勇于奉献的精神。这种精神是包括甘溪侗寨脱贫实现发展的需要，是近年来贵州省经济社会发展"后发赶超"的"贵州龙"精神，是一笔宝贵的精神财富，值得其他少数民族村寨学习。

小结

甘溪侗寨最早形成于明代，是由陶家、陆家、陈家等相继迁入后形成的自然村寨。而陆家和陶家先祖前均为明代随军征调的军士，熟悉军事武艺，在随军征剿贵州之后，就近在甘溪定居。因此，甘溪侗家拳最早可追溯到明代，其前身为军事武艺。后经过历史的发展和演化，在军事武艺的基础上，不断吸收侗族传统文化，并在舞龙等民俗的影响下，与周围的汉族、苗族等逐渐形成"你中有我，我中有你"的多元一体武术文化格局，这与觅洞武术有类似之处。

长期以来，甘溪侗家拳秉持"传内不传外"的宗旨，依靠口传身授进行传承，没有文字记载。因此，甘溪人能够记起的最早的侗拳师为清末民初年间的陶幸昌。与此同时，在旧时，甘溪同周边村寨一样，均有自己的武术体系，但至今只有甘溪相对完整地继承了下来，其根本原因在于古老的家族传承方式。尤其是在1949年后，以陶通信为代表的一批侗拳师对甘溪侗家拳的传承起到了关键性的作用。陶通信自幼喜爱武术，刻苦训练，加之胆识过人，在甘溪的艰难时期仍然坚持练武，成为远近闻名的侗拳师。此外，在甘溪，玩龙就要打拳，舞龙习俗成为甘溪武术传承的重要载体，这与觅洞武术稍有不同。

然则，社会需求始终是武术发展的内在动力，时代不同，社会需求不同，武术的传承方式亦会不同。尤其是在经济与文化全球化的双重影响下，突出侗家拳的表演和娱乐功能将是时代之需。与此同时，甘溪人的价值观念正在发生变迁，纷纷外出务工成为众多年轻人的选择。在此背景下，甘溪侗家拳的传承出现青黄不接的现象，濒危消亡。但幸运的是，在文化大繁荣、大发展的时代背景下，在村寨地方文化精英的倡导下，甘溪武术得到了政府有关部门的重视。在陶光标和陆承龙的大力推动下，在寨佬和村支书的主持下，甘溪召开村民大会，动员全体村民修建寨门和合约食堂；在县政府扶贫项目的支持下，又在山上开垦千亩地，种植"功夫黄菊"，并修造"功夫客栈"和"神雕客栈"，筹建甘溪功夫体验场和训练场，打造"功夫村庄"，把甘溪武术发扬光大。令人振奋的是，甘溪人在修建寨门的过程中自动捐木、捐工、捐款，体现出了前所未有的族群凝聚力和向心力，也为日后修建"合约食堂""功夫记忆馆"奠定了基础。如此，在当地政府和地方文化精英的动员下，包括侗拳师在内的甘溪人的利益被转化为建设"功夫村庄"。

此外，在甘溪"功夫村庄"的建设过程中，极为重视甘溪"功夫村庄"的宣传工作。从政府层面讲，各级政府不仅顺应全球化的时代趋势，在各大新闻媒体及时宣传甘溪"功夫村庄"的情况，还积极配合外国友人探访甘溪功夫。而从甘溪人自身来讲，积极与贵州境内的张美萱、黄飞鸿等"功夫名人"合作，积极借助社会力量，借助已有的平台宣传甘溪"功夫村庄"。与此同时，甘溪还积极引进菊花这一经济作物，打造"功夫黄菊"文化品牌，实现文化与经济的双重效应。

而且甘溪"功夫村庄"建设得到了政府的大力支持。政府由最初的"幕后"支持到直接参与，体现了甘溪"功夫村庄"建设的国家在场。发展始终是包括甘溪在内的众多村寨的第一要务。而甘溪有内在发展的需求，从村民自发修建寨门开始，所采取的一系列实干行动激发了当地政府的参与热情，引起了渡马镇和天柱县的逐步重视。无论从资金方面来讲，还是从政策方面来说，政府都给予了甘溪"功夫村庄"建设大力的支持。目前，甘溪侗寨武术正沿着一条文化旅游的传承道路前进。"功夫村庄"建设项目以侗寨武术文化为支点，带动乡村旅游发展，通过向游客展示武术、让游客体验和学习侗家拳，带动甘溪侗家拳的发展。甘溪侗家拳目前的传承类型为旅游传承型，这是与觅洞侗家拳传承之道所不同的地方，也是甘溪侗家拳传承的独特之处，值得其他少数民族村寨借鉴。

因此，总体来看，在甘溪侗寨武术的历史传承过程中，家族先祖的从军背景是重要的基础，严酷的生存环境是甘溪武术发展的外在动力，家族的延续和兴旺是甘溪武术重要的内在动力。与此同时，在新时代条件下，通过旅游型"功夫村庄"的建设带动侗族武术的传承，以实现侗族武术文化与经济的双重社会效益，是侗族武术传承的重要外在动力。而甘溪内在的族群凝聚力和向心力是甘溪武术传承的内在动力。不仅如此，陶通信、陶光标、陆承龙等人物在甘溪武术传承过程中起到了关键性作用。然则，在历史上，甘溪武术的传承也受到社会政治环境的影响，文化大革命期间的停滞不前和改革开放时期的大发展形成了鲜明的对比。甘溪侗寨武术的传承给觅洞村的武术传承提供了重要的借鉴和参考，并启示我们：要实现侗寨武术的传承，必须在国家建设的大背景下，依靠地方精英，做思想上的动员工作，将相关社会群体的利益统一起来，进而整合社会各阶层的资源和力量，增强族群的凝聚力和向心力。与此同时，在全球化背景下，要善于利用新闻媒体的宣传，扩大"功夫村庄"的社会影响力；在民族文化精英的带领下，群策群力，付出实际行动，彰显村寨武术内在的发展需求，如此才能得到包括政府在内的外在社会各界力量的支持。更为重要的是，在侗寨武术实现旅游式传承的过程中，甘溪百姓、寨佬、村支书、地方文化精英、当地政府等社会各个阶层要相互协商。实现旅游型传承是甘溪侗家拳当前的传承之道，也是社会各方力量相互协商的结果。

觅洞篇

引　言

觅洞村隶属黎平县双江镇，一共有上寨、中寨、下寨、己寨四个自然村寨。据当地老人讲述，觅洞村最早形成于唐末宋初，距今已有一千余年历史。唐代中末期，受安史之乱的影响，战争频繁，局势动荡，百姓民不聊生。为了逃难，觅洞吴家先祖从江西吉安府迁徙到觅洞村，开垦荒地，人口得到进一步繁衍。在觅洞武术的历史传承中，传说中的"闵将"和"靠将"迁徙至觅洞村后，为了保村护寨而苦练武功，成功阻止外敌入侵和强盗劫匪，是觅洞武术的始祖。与此同时，觅洞先祖刚迁徙至觅洞村时，这里还是一片原始大森林，山路崎岖不平，容易迷路，因此，觅洞旧时又被称为"迷洞"。而且在旧时，山林中常有虎狼出没，为了生存，觅洞先民需要练武以自保。而觅洞先民在生产生活中向大自然学习，将老虎捕猎的动作加以模仿和改造，融入觅洞武术体系中，也正因为此，在觅洞武术内容体系中，有一种拳被称为"黑虎拳"。时至今日，觅洞武术中的许多动作名称均有"黑虎"的印记，如"黑虎掏心""顺手牵羊"等。

由于觅洞侗族长期以来没有文字记载，包括侗族武术在内的侗族传统文化的传承主要依靠口传身授。因此，传承下来的历史记忆并不多。据吴德林讲述，能够记起的觅洞武术拳师要从明末清初算起，第一代传人为吴德尚，第二代为吴仆埂（奶名），第三代为吴仆妹（奶名），之后的清代传人按照时间先后依次为吴秉周、吴家清，中华民国至当代的武术传人为吴光荣和吴光基，吴德林是当代觅洞武术传人。从中华民国到新中国成立初期，吴光荣和吴光基在觅洞村担任起传承觅洞武术的重任，培养了以吴德林和吴学新为代表的一大批年轻一代传承人。

新中国成立初期，经过三年自然灾害和"大跃进"运动，觅洞村的社会生产遭到了不同程度的破坏，习武不再公开化。但是，觅洞武术在基层民兵连中得到了有效传承。当时，觅洞村的嬴正雄为基层民兵连的连长。嬴正雄酷爱觅洞武术，在嬴家自身武术的基础上学习觅洞武术，并组织三十人在觅洞村大会场（如今的觅洞小学）训练武术，将觅洞武术作为基层民兵连的主要训练内容之一，吴光荣和吴老军则为基层民兵连觅洞武术教练。到了文化大革命期间，习武属于"违禁"，传承受到了影响，也曾一度受阻。此时，基层民兵连依然是觅洞武术传承的重要载体，培养了一大批觅洞武术传承人。到了改革开放以后，村寨鼓励习练觅洞武术，不习练武术还要受到惩罚，由此觅洞武术得到了很好的传承。在此背景下，觅洞侗族拳师还曾大量外出教武收徒，影响范围辐射到周边村寨和临近的从江、榕江地区，觅洞武术在社会上得到了一定程度的传承。随着改革开放的进一步深入，受文化和经济全球化的双重影响，觅洞村出现外出务工潮，觅洞武术的传承出现"青黄不接"现象。尽管如此，觅洞村仍有不少侗拳师以觅洞武术传承为己任，担当起传承觅洞武术的重任，吴学新就是典型的代表。他年轻时在觅洞小学当一名代课教师，平时利用业余时间在学校向学生传授觅洞武术，寒暑假则外出收徒。近年来，吴学新还组织觅洞小学生进行武术业余学习与训练，并参加黎平县和黔东南州的运动会和各类比赛。在文化大繁荣、大发展的时代背景下，从2013年开始，政府开始重视包括武术在内的侗族传统文化的发展。而更值得一提的是，在2014年，在贵州省第八届民运会中，省民委要求觅洞村组队参加武术表演，其表演的节目"拳猛"获得了包括裁判员在内的场内外人士的一致好评。随后，觅洞武术队参加了2015年的全国少数民族传统体育运动会，获得"金奖"。从此，觅洞武术逐渐被外界所熟知，吸引了国内诸多专家学者的关注。目前，在觅洞村干部的领导下，在"鼓楼文化"的影响下，在以吴志先为代表的民族文化精英的带领下，在以吴学新、吴德林为代表的侗拳师的相互协商下，觅洞武术得到了原生性传承，这是觅洞武术的传承之道。

沧桑觅洞：都柳江流域上游的古侗寨

> 记忆制造意义，意义巩固记忆。意义始终是一个构建的东西，一个事后补充的意思。
> ——［德］阿莱达·阿斯曼《回忆空间：文化记忆的形式和变迁》

第一节 古老村寨

黎平双江境内的双江河位于都柳江流域上游水系，河的两岸散布着古老的侗寨，觅洞村即是其中较为典型的一个。觅洞村一共有上寨、中寨、下寨、己寨四个自然村寨。根据觅洞村老人们讲述，在唐末宋初，为了躲避战乱，吴家最早逃荒来到觅洞。当时，觅洞还是一片原始森林，吴家就在觅洞开垦荒地，最初只有三十多户人家。后来，杨家、禹家、陈家、嬴家等家族先后迁徙至觅洞。当初人们辨别不清方向，称这里为"迷洞"，之后改称为"觅洞"。

一 地形

从地理位置来看，在旧时，觅洞村只有崎岖不平的山路与外界相连，这条山路是通往县城的交通要道。另据村里的老人们讲，在乾隆年间，寨子后面通往西北方向的那条古道被封掉，觅洞村也因此在中华民国时期遭遇保安团的洗劫。整个村寨的地形很讲究风水，由于四面环山，从山上的一侧鸟瞰，整个村寨宛如一只卧虎，环绕村寨的几座山，也如卧虎形状。

图10-1　觅洞村周围山的"卧虎"形

图10-2　通往己寨的小路

而关于村寨地形，老一辈有自己的解释。据吴永贤老人讲述，下寨以前叫寨母。从地形上来看，整个觅洞村是"人形坐地"，像一个人的两只脚坐在地上一样，脚的一头叫"泥鳅下海"。己寨的地形被称作"上山虎"，上寨的地形被称为"五鬼下海"，而下寨的地形叫"鸡窝形"。此外，己寨中的"己"在南部侗话中为"山岭"之意。己寨的位置也非常讲究，主要是出于己寨易守难攻的地理位置的考虑，有着重要的战略考量。

从地形上看，己寨两边陡峭，中间较高，只有一条路可以通往己寨，因此易守难攻。另据中寨寨佬陈家良讲述，己寨是觅洞最古老和地势最高的寨子。

图10-3 从己寨鸟瞰上、中、下寨

村寨老人们关于觅洞"黑虎"形状的说法在某种程度上有一定的附会成分，但也反映了觅洞村民避凶趋吉的心理倾向。因为觅洞村寨及周边山岭的"卧虎"形状这一说法，才有"黑虎拳"的称谓。黑虎拳既是觅洞武术中的一个拳种，也是觅洞村民对整个觅洞武术的总称。

二 寨门

觅洞村原有东、南、北三个寨门，是防御外敌入侵的门户。据吴学新讲述，在寨门旁的高坎上，均有荆棘和刺，旧时由经过武术训练的村民把守。他说：

> 在寨门两边都有火枪和火药，而寨门左边是山坡，按照现在的说法就是一个高坎，人爬不上去，右边则是深沟。所以人必须通过寨门才能走进来。而在高坎上的平地上，则是村寨里的人拿着棍棒

等着"来犯之敌"。

图 10-4 北门旧址

图 10-5 东门旧址

与此同时，据吴光贤老人讲述，寨门与鼓楼组成了一个防卫功能体系。寨门定时关门，在寨门侧旁有亭子，亭子里放着刀和棍以及火枪等，是旧时的哨所。

距离寨门不远处就是鼓楼，主要用于发现敌情，一旦来敌侵犯，守寨村民就会在鼓楼上以击鼓为号，告知村民，与寨门遥相呼应。此外，鼓楼也是觅洞村举行大型活动的重要集散地。

此外，从亭子往上走，有一座小山，当地人称它为"岭西顶"（侗话）。在山顶还有一个哨台，是一座房子，用于旧时站岗放哨，目前已不复存在。总体来说，觅洞村寨只有东、南、北三个寨门，由于村寨的西边均为高山，故没有西门。

图10-6　寨子东门旁的哨所及亭子

三　简史

为了获得更为详尽的村寨历史信息，2018年1月26日傍晚时分，笔者在中寨寨佬陈家良的陪同下，访谈了81岁的吴秀光老人。据他讲述，觅洞吴家先祖的迁徙路线为江西吉安府→榕江→兴侗→高求→己寨。吴家迁徙到觅洞应该是在明朝左右。在距今几百年以前，觅洞村及周围方圆几百公里的地方总称为"十三寨"，是清代乾隆年间为管理地方村寨而设立的一个单位。在"十三寨"中，既有侗族，也有苗族和汉族。之后，为了应对旧时猖獗的强盗土匪，促进民族大团结，在"十三寨"建造"仟伍"鼓楼。相比之下，"十三寨"在前，有基层习武组织及相关训练活动；"仟伍"在后，仅是一个社会组织，而没有民兵组织。由此，在清代"十三寨"和"仟伍"中，觅洞武术与苗族武术及汉族武术不免存在着各种形式的交流，早已形成了"你中有我，我中有你"的多元一体武术文化格局。

对于觅洞村1949年后的历史，吴村长向笔者做了简要的介绍。据他讲述，1949年后，觅洞村一度被称为"觅洞公社"，之后因为村寨面积太小而被高桥社合并。至1974年，觅洞村又归为四寨公社管理（归双江工区管辖）。

图10-7　访谈吴村长

值得一提的是，在觅洞村，历史上也出现了一些文化精英，较为出名的要数清代己寨的吴世德。他的文化水平比较高，七岁时就考取了功名，在黎平县参加考试，得了两届第一。与此同时，吴世德还参加了觅洞村民规约的起草，并将乡民规约刻在石碑上，己寨下面那块"万事不易"的石碑上刻着的乡规民约正是当年吴世德参与起草的。而另据吴永贤讲述，由于年代久远，觅洞村在唐末年间的归属尚无明确记载，有明确历史遗迹的是己寨山坡下的几座清代墓碑，上刻有碑文，由吴世德撰写。

另据吴志先讲述，觅洞村早在元明时期就已有石板路。在那时，比较缺少石匠，人们没有在石板上刻字的意识。而到了清代，吴世德有才华，才在墓碑和石碑上刻文字。此后，觅洞侗族与苗族、汉族等在文化上相互借鉴，一起形成了独特的山地文明。而历史上的觅洞也发生了许多可歌可泣的历史故事，留下了许多历史遗迹。

第二节　历史遗迹

作为历史悠久的觅洞村，有许多历史遗迹，如具有传奇色彩的磨刀石和挂头石,据说是唐代"闵将"所留。此外,还有清代的古墓和古碑。

一 古石

在觅洞村的山上,有一块磨刀石,据传是唐朝年间"闵将"留下来的,被当地人奉为"神物"。而关于"磨刀石",还有一些传说和故事。据觅洞村的老人们讲,"磨刀石"是当年"靠将"打仗时磨刀用的,有灵气,不能碰,更不可用金属去碰,凡是拿着带金属的农具或者刀具等碰到了"磨刀石",就会遭遇灾祸。据吴学新讲述:

> 在我们村后山上有一个磨刀石,比较古老,据说是唐朝年间闵将和靠将磨刀用的,现在还有磨刀的痕迹。关于磨刀,老人们传下来说,用这块磨刀石磨刀时,只能将刀往前磨,而不能往后磨,如果往后磨,就是有拿刀对内之意。所以刀口只能朝外磨,就是要团结一致对外。

另据吴文金师傅补充讲述,在磨刀的时候,只能磨三次。为了考察"磨刀石",笔者于 2018 年 1 月 25 日,随同吴文金、吴光贤师傅一起到村寨对面的山上做实地考察。

图 10-8 传说中的"磨刀石"

据笔者一行的现场考察,整块磨刀石是一个长条状大石板,有两米多长,石板上有几道很明显的"磨刀"痕迹。而就在"磨刀石"不远处,在地面上还斜斜地插着一根长条石板,也是唐末年间留下来的,据吴学新介绍，当年"闵将"和"靠将"在打仗时，把敌人的脑袋挂在这块石头上，所以又被称为"挂头石"。

对于挂头石，也有许多故事和传说，据吴文金讲述，在旧时，当时的社会都是"以大欺小"，"闵将"和"靠将"为了维护觅洞村的安全，和别人打仗，如果打赢了，就把对方大将的脑袋砍下，然后挂在这块挂头石上。"闵将"拿着敌人将领的脑袋告诉敌人说："你们不要看不起我们这个小地方，你看你们大将的脑袋就挂在这里，如果不服，可以再来。"然则，"挂头石"在村里的老人看来，是不吉利的象征，应避免去谈论它的故事。

尽管如此，磨刀石和挂头石的传说却折射了南部侗族的万物有灵观，这正如杨秀芝所说："侗人认为万物有灵，人们无不听命于神灵。生活中的不幸和苦难都归因于鬼神意志。"

图 10-9 "挂头石"

但在王明珂看来，"相对于服膺'英雄祖先历史'之人群而言，主张这些'历史'的族群多半是居于边缘的弱势群体，因而在'英雄'成为'历史'叙事中的主角后，他们宣称的历史被认为是传说、神话"[①]。磨刀石和挂头石的故事更多的是一种传说。

二 古碑

值得一提的是，在觅洞村，笔者一行于 2018 年 1 月 24 日在己寨山下考察了吴家的古墓。据墓主人家讲述，那是吴家老祖的墓，距今已有

---

① 王明珂：《英雄祖先与弟兄民族：根基历史的文本与情景》，中华书局 2009 年版，第 2 页。

十多代了，应当是清代古墓。

后经笔者实地查看并仔细辨认，这座古墓修建于清光绪三年（1877）丁丑二月，距今已有141年，墓主人是吴起林。

图 10 - 10　古墓一

图 10 - 11　古墓二

而距离己寨这座古墓不远处，还有另一座古墓，经仔细查看碑文，墓主人是光绪年间所生，因此，该古墓应是宣统年间所建。

由此，笔者心中不免有疑问：既然觅洞建寨于唐末宋初，各朝代去世的先人不计其数，为何目前仅能见到清代古墓，而未能见到宋元明时代的古墓？带着这些疑问，笔者访谈了村中的寨佬和老人，比较有说服力的说法是清代觅洞经济发展较好，许多大户人家在老人去世后立碑。吴永贤老人对此进行了解释，据他讲述，虽说吴家最早在唐末年间搬迁到觅洞村，但自唐代始，民间就要"上粮"（交税）。在刚搬来之时，经济还不宽裕，而立碑又需要花费一大笔费用。及至清代，有了立碑的习俗，有钱人就为先人立碑。因此，首先，从当时的经济状况来讲，觅洞村民在唐宋年间没有条件立碑；其次，据吴志先讲述，在封建时代，等级制度森严，非贵族一般不能立碑，如果立碑，不仅破坏了当时的规矩，还侧面说明了亡者的身份非同一般，很容易遭到盗墓贼的光顾；最后，从当时的等级制度和保护墓主人的角度来看，在清以前，由于社会环境比较恶劣，在觅洞村不适宜立碑。这些清代古碑诠释了觅洞旧时的社会生产状况，而古墓主人均为吴姓的事实也见证了吴家在觅洞的显赫地位。

此外，在己寨的山脚下还有一块清代的石碑，上面刻有"万古不易"四个字，内容大致是清代的乡规民约。2018年1月24日，笔者在村委会陆德安支书和吴村长的带领下对古碑进行了考察。对于这块古碑的来历及碑文的内容，吴永贤老人进行了解释，据他讲述：

> 在己寨下面的石碑，上面刻着"万古不易"，是村里的乡规民约，是吴世德撰写的，意思是"不能更改"，是为了告诫群众做任何事不要超过当时的礼节和规定，因为当时送礼和做事都超过了传统的规定，在送姑娘时，之前都是扛一些糍粑，而到了后来就扛了很多，大大超过了当时礼俗里规定的数量。所以，村里为了整治民俗，就立碑告诫村民不要做与民俗相违背的事情。

根据笔者实地辨认，这块古碑修建于清代咸丰九年（1859）十二月，内容是关于觅洞民风的训诫，部分碑文如下：

> 盖闻中庸云："经礼三百，曲礼三千，礼最尊矣。……千古之节

图 10-12　考察古碑

长矣，故礼有厚薄，人有富贫，难于一道……我寺共乡隅同心公以臻于……"

从碑文内容来看，在清咸丰年间，觅洞村有送礼相互攀比、跟风之嫌，故此制定出乡规民约，以正民风，倡导节俭。此外，从送礼相互攀比之风能够看得出，在清咸丰年间觅洞村经济发展状况相对较好。

综上，觅洞村几百年的磨刀石、挂头石和古墓等诉说了觅洞村的悠久历史，而至今流传在村寨中的那些民间故事和传说则诠释了觅洞的历史记忆与集体记忆。与此同时，如德国人类学家阿斯曼在阐述功能记忆时所说："记忆制造意义，意义巩固记忆。意义始终是一个构建的东西，一个事后补充的意思。"① 挂头石和磨刀石以及前文所说的觅洞村地形为"卧虎"的说法均为觅洞人的功能记忆，组成了觅洞武术的历史文化内涵，这对于建构觅洞武术历史具有重要意义。

---

① ［德］阿莱达·阿斯曼：《回忆空间：文化记忆的形式与变迁》，潘璐译，北京大学出版社 2016 年版，第 149 页。

图 10-13 "万古不易"古碑

第三节 族群历史

在觅洞村,居住着吴、陈、嬴、杨、禹等几姓人家。这几姓人家大都从江西、江苏迁徙至此,历经坎坷。其中,吴姓为觅洞第一大姓,在觅洞村的历史发展中扮演着重要的角色,影响着觅洞的社会生产与伦理关系,与陈姓、嬴姓、杨姓、禹姓等几姓人家共同创造了觅洞的历史与文化。

对于吴家的迁徙,吴志先指出,在唐代末期,由于战争频繁,为了逃难,吴家从江西吉安迁徙至觅洞村。而吴村长则讲述了吴家迁徙的大致路线：江西吉安府→榕江→高桥→觅洞村。另据已是91岁高龄的吴永贤老人讲述，觅洞吴家的另一支的迁徙路线是：江西吉安府→黎平关洞→兴洞（清代）。

图 10 - 14　夜访吴永贤师傅

吴家从唐末宋初迁徙至贵州，这与侗族的形成历史比较吻合。目前，学界普遍认为：侗族是中国古代百越的后裔，约在唐宋以来就一直世居于湘、黔、桂地区，发展成为一个独立的民族实体。① 因此，在唐宋时期的黎平地区，可能早已存在部分侗族。吴家从唐末宋初迁徙至贵州，与侗族历史基本吻合。

与此同时，吴姓家族的组成也较为复杂。据吴志刚讲述，有部分其他姓氏迁徙至觅洞之后，都先后改为吴姓，和吴家称兄道弟，结拜为兄弟，目的是为了增进与吴姓家族的和谐。在这一部分吴姓中，既有逃难来到这里的苗族，也有一部分汉族。因此，觅洞吴氏家族组成的复杂性有其历史合理性，是人类生存本性的表现之一。

嬴家大致在清代迁徙至觅洞，世代习武。2018年1月28日，笔者

---

① 廖君湘：《南部侗族传统文化特点研究》，民族出版社2007年版，第36—39页。

在吴志先的带领下访谈了嬴正雄。据嬴正雄讲述,嬴家先从江西吉安府迁徙到黎平六侗,在黎平六侗,一部分改为梁姓,一部分继续迁徙到觅洞村,至今已有五代人。在嬴家迁徙到觅洞之时,觅洞人口已很旺盛。正当嬴家的三兄弟(嬴老少、嬴包银、嬴少华)要准备迁至他处时,被吴老桥劝阻,并买房置地,留在了觅洞。

图 10-15 在村委会访谈嬴正雄

陈家在觅洞村的历史也较为久远。2018 年 1 月 24 日晚,笔者随同吴志先在中寨寨佬陈家良家访谈了他的父亲陈玉奇老人。据他讲述,陈家的迁徙路线为:江苏→上海→贵阳(春秋战国)→黎平觅洞(清代光绪以前)。迁徙到觅洞的老祖是陈金狗(奶名),系陈家的太太公,以种田为生。陈家练武的主要有陈家良、陈育奇、陈文等。至今,陈家在觅洞已有七代人,有二百余年历史。

除此之外,据彭先文老人补充讲述,觅洞彭家的迁徙路线为:江西吉安府→湖南保靖县府(火灾)→贵州黎平觅洞村,在觅洞村已有四五十代人,而在彭家己字辈中也有很多练武的。

图 10-16　笔者访谈陈家

图 10-17　笔者访谈彭家

文化语境：觅洞武术的社会文化生态

> 人类文化的世界并不是杂乱分离的事实之单纯集结。它试图把这些事实理解为一种体系，理解为一个有机的整体。……在这里我们感兴趣的是人类生活的广度。我们全神贯注于对种种特殊现象的丰富性和多样性的研究，欣赏着人类的千姿百态。
>
> ——［德］卡西尔《人论》

文化整体观一直是人类学重要的方法论。觅洞武术文化的形成受到诸如生产生活、风俗习惯、祭祀、社会制度、侗戏等社会文化生态的影响，与南侗其他文化一道，相互吸收和借鉴，共同构成了觅洞侗族文化。

第一节　生产与民俗

侗族是典型的山地民族。在多山的自然环境下，侗族同胞不仅要根据地理环境和气候条件安排生产生活，更是创造性地建立起稻鱼鸭共生的稻作农业，这是侗族同胞的生计方式，诚如罗康智等所说："一个民族的生计方式并不是对自然环境和社会环境的被动应对，而是该民族针对其特定的生存环境经由文化创造和作用的结果。"[①] 由于历代封建王朝对侗族地区采取"其故俗治"政策，南侗地区一直保持着古老的自给自足的生产生活和娱乐方式，至今仍保留了打铁、打侗布等传统手工艺，以及武术、赛芦笙等文娱活动。

[①] 罗康智、罗康隆：《传统文化中的生计策略：以侗族为例案》，民族出版社2009年版，第8页。

一 铁匠

觅洞还有很多能工巧匠,木匠较多,有传承人;铁匠较少,没有传承人。其中,铁匠与侗族武术息息相关。据吴志先讲述,在旧时,在觅洞村上寨有铁匠,也是世代相传,曾打制各类农具和土枪、土炮以及长矛、大刀。据吴永贤老人讲述:

> 在中华民国时期,觅洞村只在上寨有一个铁匠,叫吴老令,铁匠已经传了两代人,到第三代就没有传了。平时打农具,也有打大刀、长矛和鸟枪的。所以那个时候上寨只有一个打铁的,下寨练武的人的兵器一般都要去上寨找他打。

2018年1月26日傍晚,笔者随同陈家良寨佬访谈了吴廷忠师傅,他父亲吴老林是觅洞村最后一位铁匠传人。据吴廷忠老人讲述,吴家老祖迁徙到觅洞就是铁匠,吴家铁匠传承至今也已有五六十代。在旧时,黎平县、从江县的很多村寨里的武师都要找吴老林前辈打制大刀、长矛、流星锤、铁尺、锏等兵器,吴老九前辈所用的流星锤也由吴老林打制。当时,打制一把大刀需要五毛钱,一个流星锤则需要八到十块钱。其中,流星锤单个重量在1斤左右,是将绳子从一个铁球中间穿过,用手握住绳子,就可以把流星锤丢出去,击打敌人或对手,有"放长击远"之说。此外,吴德林在以前曾经找铁匠打制过流星锤,当时怕忘记,就将重量数字画在了墙上。据吴德林讲述:

> 我爷爷还留下了一个流星锤,足足有2斤2两重,在"文革"期间,由于练武被禁止,我爷爷就把那个流星锤拿给村里的铁匠打成钉耙了。

另据吴廷忠老人讲述:

> 我那个公打的兵器质量非常好,是最标准的,四寨、寨高、黎平很多地方的人以前都过来找我公打农具和兵器。但他自己也要种田,所以就在田埂和山坡上开炉子。旁边还有一个吹风的。打完之

后,就把兵器放进火里,在兵器达到一定热度的时候,再拿出来淬水,否则会影响兵器的质量。

吴廷忠老人已有八十余岁,据他回忆,自己年轻时帮过父亲打铁,曾经打过很多大刀、长矛和流星锤等冷兵器。在打铁时,吴老林前辈拿小锤敲打,而吴廷忠则拿着大锤敲打。吴廷忠老人随后带领笔者参观了存放在家里的风箱。据他讲述,这个风箱是当年他父亲打铁时专用的,距今已有一百多年历史。据笔者实地测量,这个风箱整体为一圆柱形,长118.2公分,切面直径为21.4公分。

图11-1 笔者实地考察觅洞村铁匠所用风箱

打铁技艺构成了觅洞武术发展的物质基础。但遗憾的是，铁匠职业及其工艺也随着时代的发展而成为觅洞的历史记忆，亟待作进一步的挖掘整理与保护。而在觅洞村自给自足的生产生活中，人们逐步形成了自己的民族崇拜与信仰，并在赛芦笙、春节等民俗节日中表现出来，是觅洞村民精神文化生活的重要组成部分。

二 芦笙

在南侗地区，几乎每年都要举行"赛芦笙"。按照当地老人们的说法，每五年就要举行一次大型的芦笙会是老祖宗定下的一个规矩。赛芦笙全部由村民自发组织，是重要的民俗节日和文化活动，一般在春节期间举行，而在春节前夕还要举行"模拟练习"，对活动的组织进行排练和预演。更为重要的是，在旧时，觅洞村与周围的苗族、汉族村寨杂居在一起，曾共同组成了"十三寨"和"仟伍"等基层社会组织，在文化上相互影响，存在一定程度的交流。在赛芦笙中，就有来自南侗地区生活的部分苗族和汉族同胞前来观摩，并参与其中。赛芦笙和武术就成为觅洞侗族与周边汉族、苗族同胞交流的重要文化载体。通过赛芦笙，加强了不同地区族群之间的联系，巩固已有的友谊，维持着南部侗族的团结和稳定，成为加强侗族与其他兄弟民族之间关系的重要文化纽带。

图 11-2 马路上赛芦笙

在赛芦笙过程中，人们边吹边扭着身子，并且在步调上也相当一致。另外，赛芦笙比的是声音，不同年龄段的人所发出的声音不同，位置也各异。吴文金师傅对此进行了解释，据他讲述：

在吹芦笙时，人们要左右摇摆，那是在换气。吹芦笙比的不是气力，而是声音。一般来讲，在吹芦笙时，中年人站在最里面，声音最大，年轻人在外围，最外层的是小孩。并且在吹芦笙的时候，内层与外层的芦笙步调必须一致，否则就会被人取笑。

由此可见，赛芦笙看似简单，实则蕴含着丰富的文化内涵。在赛芦笙中，要求内外层芦笙的步调必须一致，这被视为侗族社会内部的一种"约定"，也是侗族认可的行为规范，不仅是出于芦笙声音总体效果的考虑，更在无形之中促使芦笙成员之间必须配合默契，在一定程度上有利于增强侗族社会的内部凝聚力和向心力，延续了文化传承精神。

赛芦笙作为侗族的一项重要民俗活动，是侗族生活中的一件大事，有庆祝丰收五谷丰登之意。与此同时，在赛芦笙中虽然没有武术表演，但却加

图 11-3 觅洞小学内赛芦笙

强了觅洞与其他村寨之间的文化交流，形成了一种文化交流机制，有利于觅洞武术与其他村寨武术之间的交流。而从觅洞村民的口述访谈中，也能感受到觅洞村作为远近闻名的武术村，是区域武术文化的主要输出地和武术文化的交流中心。此外，春节也是比较大的节日，是一年的开始，是分享自己成功和喜悦的最佳时机。在春节期间，觅洞村要举办包括打拳、吹芦笙、唱侗歌在内的各类活动。据吴志先讲述：

我们觅洞村从正月初一到初五有很多活动，唱侗歌、吹芦笙、打拳、跳舞，都有的。村里面所有妇女这几年的积累，包括绣花，都要穿戴上。到时，附近的几个村寨都要来凑热闹，不仅有我们侗

族，还有附近的苗族和汉族也都过来吹芦笙、打拳、唱歌、跳舞。

由此可见，觅洞不仅是武术的重要文化输出地和交流中心，更是整个民俗文化的重要汇集点。尤其是在旧时，日常娱乐活动较少，打拳、吹芦笙就成为觅洞村民日常消遣的重要方式。而民俗节日作为侗族传统文化传承的重要载体，有利于觅洞武术与其他武术的交流和融合，在民族文化传承和发展中扮演着重要的角色。

第二节 制度与环境

在侗族的传统乡村社会中，社会的运行主要依靠民族习惯法和乡规民约，而寨佬则是整个侗族村寨运行制度的执行者和解释者，是地方知识的拥有者，对包括村寨保卫在内的几乎一切社会事务负责。与此同时，觅洞传统乡村社会的寨佬制度均由村民自发遵守。然则，在强盗横行的年代，侗族村寨面临着安全威胁，但匪患在客观上又促进了觅洞武术的传承。

一 寨佬和村长

与天柱、玉屏等北侗方言区不同，南侗地区受汉文化影响较小。诚如廖君湘所言："南部方言区内的侗寨社区，实行鼓楼民主议事，以民选的寨佬为村寨自然领袖，依照'合款'制度作为侗族社会内部的管理机制，社会运行带有浓厚的民间自治性。"[①] 因此，觅洞村的社会制度主要依靠寨佬和一系列民族习惯法来运行，具有较强的自治性与原生性，影响着侗族武术的传承。在觅洞村，寨佬由公信力较强的人来担当，负责觅洞村的大小事务，包括武术传承人的认定，都要由寨佬在鼓楼里开会决定。据吴志先讲述：

> 觅洞武术传承人由寨佬决定，选择武术最出众的人来担当。之前，寨佬对村寨进行管理，村寨里有事就直接找寨佬商量。寨佬一般由各个村寨选出，而出色的后辈则作为寨佬助理。

---

① 廖君湘：《南部侗族传统文化特点研究》，民族出版社2007年版，第55页。

此外，寨佬在觅洞村管理中的重要性和权威性也较为突出，据吴志先讲述：

> 以前，我们村寨的规划必须由寨佬来决定，不管你有多大的本事，盖房子必须要和寨佬商量来决议，否则这些事情都不能做。比如村寨的某些地方不能盖房子，被称为"禁地"或"封地"，都不能动。在中华民国以前，村里建房子都有一套规划和规范。

另据九十余岁的吴永贤老人讲述，旧时村里的寨佬主要是管理社会治安，村里如果有"烂仔"，寨佬就要把他抓过来。在国民党统治时期，村寨里既有寨佬，又有一个人负责管理群众生活。1949年以后，在觅洞村，除了传统的寨佬管理制度外，还运用村委会制度来管理觅洞。村委会制度主要是在村支书和村长的领导下，在分管人口与卫生、教育、妇女、安全、生产等村干部的协助下，在村民们的监督下，共同管理觅洞村。

二　战乱与土匪

在旧时，社会环境恶劣，兵荒马乱，强盗横行，以强欺弱现象普遍存在，加之旧时官府腐败，民不聊生。为了保村护寨，觅洞村民自发习武。据吴文金讲述：

> 我们觅洞的武术多为防备，在以前的那个时代，以强欺弱的现象太普遍了，那些有大刀、长矛的就经常过来抢东西，开始抢一些钱财，后来就连箩筐都要抢。后来，为了我们觅洞老百姓的幸福，我们这里的人们就开始跟着"闷将"练武。当时在铜关有两个大将打过来，一个叫"赛大将"，一个叫"蚯蚓大将"，我们觅洞只有"靠将"这个小将，个子矮矮的。经过一番打斗后，那两个大将已经气喘吁吁，而我们觅洞的"靠将"还笑嘻嘻的。结果，铜关的那两个大将都败给了"靠将"。实际上，"靠将"也快撑不住了，是一种哭笑。所以，"靠将"很有胆识。

在旧时，土匪猖獗，社会治安堪忧，加之山上的虎患，促使村民自觉练武，吴永贤老人深有感触，据他讲述：

文化语境：觅洞武术的社会文化生态

图 11-4　访谈吴文金师傅

在中华民国时期，社会比较动荡，土匪猖獗，曾经到我们寨子抓人，专门抓那些地主和富农，索要钱财，绑架勒索，如果不给钱，就杀人。还有，那个时候山上有老虎，经常下山来村寨里吃牲口，所以人们就必须练武，保护自己的家庭。

另据吴永贤老人讲述，在中华民国时期，觅洞村附近的村寨也有杨家等土匪，曾称霸一方，杨国昌、杨锦彪、杨靖三兄弟是土匪头子，当时被称为"杨匪"。日本人打到广西柳州的时候，准备攻占黎平。杨锦彪晚上看见日本人带着亮刀从柳州方向过来，就派人打退了日本人。所以，杨锦彪也因为打日本人而立过大功。另据吴志先补充讲述，杨锦彪地方武装在广西板江击败过日本人，因杀寇有功，被当时的中华民国政府封为"三省联防办事处处长"，管理湖南、贵州、广西三省的联防。此外，在中华民国年间，觅洞村没有保安团，而"杨匪"以前在铜关住，家境比较困难，依靠卖烟斗和捶罐为生。十五年后，杨氏兄弟长大成人，就开始干一些偷鸡摸狗的勾当。那时，从广西过来一支脱离了国民党部队的队伍，准备在铜关休息一晚。"杨匪"在知道此消息后，就设法将部队的所有武器据为己有。从此以后，"杨匪"拥有了自己的武器，组建了一支队伍，当时被称为"保安民团"，割据一方。但是由于"杨匪"的势力和财力都不够大，就勾结了四寨的大地主，借用他们的财力买枪，并招兵买马，还有具体的训练计划。当时，"杨匪"在四寨设立了指挥中心，建立保安团，对于维护当地社会治安具有重要的作用。

与穷凶极恶的强盗不同，"杨匪"所领导的地方武装纪律严明，所到之处不动百姓一草一木。除此之外，"杨匪"地方武装训练体系相对完善，训练内容除了一般的军事训练之外，更有觅洞武术训练。觅洞村有许多武师在"杨匪"的地方武装中担任武术教练，"杨匪"的许多卫兵是觅洞的武术高手。其中，觅洞村的吴老来（奶名）是吴永贤的大哥，懂得觅洞武术，专门为"杨匪"管理财务。而觅洞村的吴老汉（奶名）是吴培春的哥哥，当年在"杨匪"的地方武装中担任吹号员。

此外，在旧时，朝廷对少数民族地区缺乏有效的治理，民族地区基本上实行自治制度。在这种社会环境中，促进了觅洞武术的形成和发展。基于觅洞村匪患四起的严峻形势，出于安全需要，觅洞村民必须习武以自保。与此同时，觅洞村寨在较长的一段历史时期内，处于自发管理和组织的状态。由村民自发选举产生的寨佬负责管理包括武术传承在内的村寨大小事务。而觅洞村寨社会制度的商定、觅洞武术传承人的选举等均以鼓楼为重要场所，由此产生了南侗极具民族特色的鼓楼文化。

第三节　鼓楼与侗戏

鼓楼是南部侗族的重要文化象征，在宋健看来，鼓楼是侗族村寨族群凝聚力和财富的重要象征[①]。更为重要的是，如杨秀芝所说："鼓楼是侗族村寨或族姓的标志，是村寨政治文娱活动的中心。"[②] 在觅洞村，鼓楼是村寨寨佬召集村民商议村寨事务和做出一切重大决定的重要场所，也是举行"祭萨"祭祖仪式的重要场所，是侗族文化的标志性建筑。鼓

---

① 宋健主编：《鼓楼侗歌·侗族》，贵州民族出版社2014年版，第45页。
② 杨秀芝：《侗族审美文化》，中国社会科学出版社2017年版，第63页。

楼成为觅洞公共生活的中心，许多关于觅洞的记忆都围绕着"鼓楼"进行。据吴志先讲述：

> 每年的大年初三，每家都要派一个人到鼓楼吃饭喝酒，象征着新的一年里有新的气象，吃完饭后由寨佬讲话。

不仅如此，在1949年前，每个村寨都有自己的武装民兵，村寨设立几个关卡，用于保护村寨。每当发生强盗或外敌入侵时，站在鼓楼上的村民就击鼓示警，关卡上的村民则放铁炮明示，一般为三声炮响。此时，觅洞村民都必须赶回家中应对不测事态。2018年1月26日，笔者随同吴志先和寨佬一起考察了上寨的鼓楼。据寨佬讲述，上寨鼓楼的历史比较悠久，之前有专家来做过考察，鉴定这座鼓楼建造的年代至少是清代以前，但由于鼓楼上没有相关文字，因此尚无明确的定论。

图11-5 上寨历史悠久的鼓楼

而与上寨鼓楼有所不同，下寨鼓楼建于清代，整体比较高，有十层楼之高，在鼓楼中间有通往楼顶的梯子。

另据吴文金师傅讲述，鼓楼只有在重要的客人到来时，才放铁炮，而且只有集体才能用，个人无权使用鼓楼。

图 11-6 下寨鼓楼

文化语境：觅洞武术的社会文化生态

图 11-7 鼓楼里面挂着的铁炮和老鼓

除此之外，在遇到紧急情况时，在鼓楼上要敲鼓，而且面对不同的情况鼓声也不同。如在遇到火灾情况时，就会先击出"咚咚"的鼓声，然后加快击鼓的节奏；但如果是有人来这里唱侗歌，敲鼓的声音节奏就相对比较缓慢，发出"咚……咚……咚"的鼓声，之后才是连续的鼓声。

另据吴志先讲述，在己寨那里有很多大枫树，听老人们讲，大枫树在没有被砍倒之前原来也有一座在唐末年间建造的鼓楼。然则，遗憾的是，这座鼓楼早在清代就已经被拆掉了。

为了获得更为丰富的有关鼓楼的相关信息，2018年1月30日，笔者来到吴永贤老人家，针对鼓楼文化再次对其进行访谈。据吴永贤老人讲述，侗族鼓楼有着悠久的历史，主要是寨子开会、群众讨论、唱歌、唱戏等社会公共活动的场所。另据吴永贤补充讲述，上寨鼓楼是清代觅洞村寨佬吴世斌号召村民所建，距今已有三百余年历史，虽历经沧桑，但依然屹立不倒。在历史上，觅洞村曾在清代遭到烧毁，但上寨鼓楼依然保存完好。不仅如此，鼓楼的设计也很讲究风水。吴志先说，在当时，吴世斌前辈主要负责上寨鼓楼的设计和勘察，他会看风水，鼓楼一般建于村寨的中间位置，而上寨和中寨鼓楼大门的方向均是坐北朝南，一般朝向东南角。

图 11-8　中寨鼓楼内唱侗族大歌

图 11-9　访谈吴永贤

文化语境：觅洞武术的社会文化生态

与此同时，基于鼓楼在侗族政治文化生活中的重要地位。宋健指出：在侗族村寨，侗族民居多以鼓楼为中心而逐层扩展。① 且在侗族村寨，有一个不成文的规定：侗族民居的房屋高度不得超过鼓楼的高度，也正因为此，鼓楼是村寨中最高的建筑。一般而言，在侗族村寨，鼓楼按照族姓来建造，一个族姓一个鼓楼。② 在觅洞村，吴姓为大姓，其次为陈姓、杨姓等。因此，在觅洞村有多个鼓楼，已寨、上寨、中寨、下寨都有自己的鼓楼。但有所不同的是，在觅洞村的四个自然寨中，吴姓与其他族姓杂居在一起，鼓楼属于共同财产。而对于村中的鼓楼历史，吴志先也深有感触，据他讲述：

> 以前下寨鼓楼在中期的时候被大火烧掉了，在很早以前，鼓楼都是比较高的，所以就按照比较古老的鼓楼仿做了一座，有十多年的历史了。但下寨保存的文化相对古老一些，老人比较重视传统民族文化。

另据陈家良老人讲述，鼓楼是寨子里人们议事讨论的地方，寨佬每年都要在鼓楼举行相关活动给村民们以教诲，告诫村民们要把侗族大歌、侗族武术、芦笙等传统文化一代代传承下去。侗族鼓楼是侗族生产生活、民俗、社会制度等文化的集中体现，是侗族文化的代表，如宋健所说："更主要的是侗族的全部精神性的文化要素，从历史记忆、宗教信仰、艺术娱乐到法律、习俗、节庆、交往等方方面面都离不开鼓楼。"③ 鼓楼已成为觅洞侗族社会文化生活的重要组成部分。

而侗戏也是觅洞文化不可分割的一部分，与觅洞武术存在一定的关联。目前，以吴秀光老人为代表的侗戏传承人大多年事已高，出现记忆不清甚至遗忘的情况，侗戏的传承也青黄不接，现状堪忧。笔者在吴秀光老人家看到的侗戏剧本历史悠久，但保存现状并不理想。另据吴秀光老人讲述，自改革开放政策实施以来，每年一般在正月间都有许多来自双江镇其他村寨及从江一带的人来村寨里唱侗戏，而近年来则几近消失。

---

① 宋健主编：《鼓楼侗歌·侗族》，贵州民族出版社2014年版，第47页。
② 同上书，第45页。
③ 同上书，第49页。

与此同时，据吴永贤老人讲述，侗戏用于娱乐，要用侗话唱。大戏中有武术动作，专门讲汉话。在觅洞主要有侗戏、大戏和阳戏。

图 11-10 访谈吴秀光老人

在觅洞武术的发展过程中，有一部分老拳师能够随着时代发展的变化，不断变换自己的职业，从侗拳师变为侗戏师，这对于自身而言，的确是一种明智之举，但也反映了侗拳师的无奈，九十余岁的吴秀光师傅就是其中较为典型的一位。吴秀光老人和同村的吴光荣是同一时代的侗拳师，是当年武术民兵连的主教练之一。后来经历文化大革命，逐渐将自己的兴趣爱好由侗族武术转向侗戏，背后蕴含着一定的人类学背景。据他讲述：

> 最开始我也是村里的武术总教练之一，后来十年动乱期间，很多古籍和文物都被烧毁。我自己喜欢侗戏，在那个年代，武术不让练了，大家就把精力放在发展侗戏上，我就把我自己带的武术队向戏班转变。在最开始唱侗戏的时候，我也犹豫到底是继续搞武术还是唱侗戏，但是最后我还是选择了侗戏，侗戏比较保险，国家不限制。因为很多人都要吃饭，没办法，武术队就变为了侗戏班。但是，

文化语境：觅洞武术的社会文化生态

我们的侗族武术也没有丢，把一些武术动作融入侗戏中，所以侗戏中才有了一些武打动作。

吴秀光师傅将侗族武术动作融入侗戏之中，既是一种创新，也是吴秀光个人对于侗族武术的一种情结，始终将侗族武术的传承视为己任，客观上延续了侗族武术的传承。然则，遗憾的是，原来的侗戏班早已不复存在，对于侗戏中的侗族武术动作也已无从考究。

尽管如此，笔者仍在吴秀光老人的家中找到了侗戏剧本。随后，经吴秀光老人允许，笔者对吴秀光老人家中的侗戏剧本进行了拍照。据吴秀光老人介绍，在他家中所珍藏的侗戏剧本是家传之宝，到他这一代已足足传了八代，推算下来，距今已有二百余年历史。

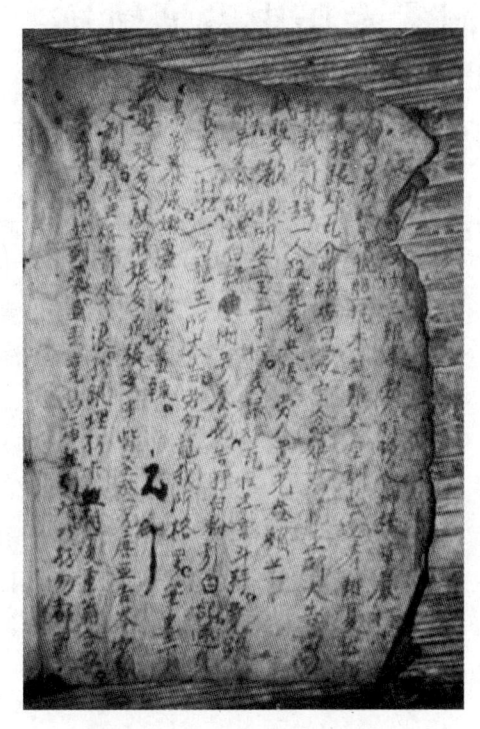

图11-11 珍藏版侗戏剧本

因此，如德国哲学家恩斯特·卡西尔所说："人类文化的世界并不是杂乱分离的事实之单纯集结。它试图把这些事实理解为一种体系，理解为一个有机的整体。……在这里我们感兴趣的是人类生活的广度。我们全神贯注于对种种特殊现象的丰富性和多样性的研究，欣赏着人类的千姿百态。"① 在卡西尔看来，理解人类文化必须从文化整体观的角度出发，全面了解人类生活。同样，觅洞武术并非单独存在，与侗戏、赛芦笙、鼓楼等社会文化生态共生于一体，形成了内涵丰富而又历史悠久的觅洞传统文化。

---

① [德] 恩斯特·卡西尔：《人论》，甘阳译，西苑出版社2003年版，第221页。

前世与今生：觅洞武术历史发展轨迹

> 人体首要的需要得到有效的满足，它迫着任何产生种种基本的结构：营养方面的"军需处"，两性交接及传种的制度，防御的组织，及日常生活的设备。于是，我们可以说，文化人类有机的需要形成了基本的"文化迫力"，强制了一切社区发生种种有组织的活动。
>
> ——［英］马林诺夫斯基《文化论》

觅洞武术产生和发展于乱世，有着悠久的历史传统，是觅洞村民祖辈集体智慧的结晶，作为侗族的一种文化留存形式，在不同的历史时期，基于当时的社会环境，有着不同的发展轨迹。但无论如何，觅洞武术延续至今，依然能够因循原生性的传承模式，足见其强大的生命力。

第一节　从唐末英雄传说看觅洞武术源流

关于觅洞武术的起源，存在多种说法，觅洞村民有自己主体位的解释。其中，在觅洞村流传较广的说法为"英雄创拳说"。传说觅洞武术是由唐末叫"闷将"和"靠将"的先祖传承下来的。"闷将"是人们对吴老闷的尊称，在侗话中，称"闷将"为"抵仗闷"，意思是地方上的大将。

2018年1月24日，笔者与吴学新进行了交谈。吴学新也是觅洞武术的主要传承人之一，对"闷将"和"靠将"的故事传说深有研究。据他讲述：

> 觅洞先祖是在唐朝时从江西逃荒来的。在这里，以前是原始大

前世与今生：觅洞武术历史发展轨迹

图 12-1　在村委会访谈吴学新

森林，有参天古树，环境比较优美，我们老祖感觉非常好，就决定在这里定居。觅洞武术历史比较悠久，根据老一辈传下来的故事，说以前有一个大将，叫"闷将"，是一个武术大师，在他来到觅洞之前，就已经有人在觅洞居住了。觅洞的村民把"闷将"留了下来，之后，"闷将"的儿子"靠将"继承了父亲的武功。从此，觅洞武术就一代传一代了。

据吴学新透露，自己非常热爱侗族武术，为了学习和传承武术，年轻时拜师交友。到如今，为了传承侗族武术文化，自己根据老一辈传下来的民间故事，将觅洞武术的起源中的"闷将"和"靠将"故事搜集起来，并整理成文字，原文如下：

小神汉——"靠将"

"靠将"是觅洞的人们一代代口头上流传下来的一个神奇而又有实在意义的传奇故事，至今已有数百年之久，仍是家喻户晓。

大约在唐朝末期，官府腐败无能，民不聊生。各类苛捐杂税多如牛毛，老百姓被迫背井离乡妻离子散，千里迢迢，一路乞讨来到觅洞这块宝地。见到这里山清水秀，而且优美富饶。在茂密的一片片老森林里，生长着各种果树林，如板栗、锥栗、碎米栗、梨子、柿子、枇杷、杨梅等果树。而且这里气候宜人，便在这里扎下了根。

　　转眼间，几年过去了，没想到又来了一对夫妇，男的身材特别高大，女的又非常的矮小，两人都瘦得只剩下皮包骨，都拄着拐杖，走一阵、歇一阵来到觅洞这里，天色已晚，便在这里投宿。

　　第二天，天刚蒙蒙亮，就挑着行李动身准备启程。人们看着夫妇俩都瘦得那样不堪，像瘦猴子似的，再走下去，途中必定会有丧命的危险，都纷纷出来抓着他们俩的手，一再美言美语奉劝："待来日身体康复了再走……"同时，将男的肩上的行李卸下来，男的见到众人的一番好意，看在眼里，暖在心坎上，就收下了脚步留了下来。转眼几个月过去，夫妇两个已逐步康复。在一餐酒席上，男的举着酒杯，兴奋而且恭敬地说："兄弟们！我们俩来到这里，得到你们的大力关照，心里实在万分感激，难以回报。我想，如果兄弟们不嫌弃我，我就在这里与大家一起同甘共苦，永不分离……"他的话音未落，在场的人们都站起身来，异口同声道："好！欢迎你们俩。"并纷纷伸出手来与他们手把手地一起发誓说："从今日起，往后我们一定要团结一条心，拧成一股劲，有福同享，有祸同当，谁要有二心，天打五雷劈。"事后，大伙就给这夫妇上山砍树，搞房子住，还选他为寨子里的首领。

　　几年又过去了，俗话说得好："人怕出名猪怕壮。"大家生活宽裕了，那些黑道枭雄就胆大妄为，日夜来偷牛盗马，或将你家里有价值的金银抢走。不料，每次外人来偷抢，幸亏这位后来的壮汉与他们战斗。他不但身材高大，而且武艺高强，每次外来抢掠，全靠他一人与歹徒单打独斗，将失物夺回来。后来，人们将他称为"抵仗闷"（侗话），就是"闷将"。遗憾的是，这位壮汉和他的老婆，未生个儿子，两人在生活上也觉得乏味，而且寂寞心寒，两人私下也频频商议，无论如何也要有个儿子。男的已四五十高龄，女的也四三十岁了，真让人担忧。他们俩四处去求神拜佛，而且搭桥修路。很快他们就有了一个儿子。可是这个儿子特别细小，全身黑黝黝的，毛茸茸的，黝黑的脸蛋让人望而生畏。"三朝酒"那天，众人们将这小宝宝取了个名叫"小德尚"。这是因为他爸爸妈妈向来为人忠厚，待人诚恳，故因高尚品德而得名。过后，"小德尚"的父亲又请来了个人给儿子占卦，看《三百相》书，推算他，还要解除几道难关，要用最贵重的物品给他佩戴上。"小德尚"的父亲又去买些银子，让银匠打成银项圈、手镯，还用三节通心草，红、绿丝绒等等，扎成一束，再念画一道护身符，放进一个三角形红布口袋里，佩戴在"小德尚"身上，保佑他一生平安。

弹手一瞬间，"小德尚"已六七岁了。当时，小孩子们只是在小巷子里追捉玩耍及捉迷藏等游戏。而小德尚虽然个子矮小，可同伴们谁都不能抓到他。有一回，他们在一栋刚竖起的木房子上相互追捉，这房子有两层，有两丈多高，而且一块板子都还没有装上，空荡荡的。"小德尚"两脚踩在孤单单的排方子上，跑来跑去，来去自如，而楼房还不停地摇摆着。同伴们的双手扶着楼房与他追逐，怎么也抓不到他。人们只好悄悄去告诉他母亲。他妈妈到来时见此情景，怕得魂不附体，脸都变青了。"小德尚"见到妈妈来了，怕妈妈打他，抱着柱子再往上爬。妈妈见此更不敢动声色，只好美言相劝，让他下来。

晚上，"闵将"从坡上干活回来，妈妈将这事情告诉了"闵将"，而他也不动声色，只是用手摸摸"小德尚"的头，暗自琢磨："好！既然如此，往后我就将他随身带走，让他跟着我到坡上去，帮我看守牛也罢！"最后说："弟弟以后不要再爬了，要是从高上掉下来，会很危险，知道吗？""小德尚"吭了一声："嗯！"从此，"闵将"真的每天都形影不离地带着他上坡下地，来来回回。可是，江山易改，本性难移，"小德尚"不仅顽皮还是个玩迷，跟父亲上坡来回的路上，总是打打踢踢，遇见一棍子就捡起来，打打杀杀。"闵将"看在眼里，乐在心上，心想："这孩子，真是个玩鬼，也行！是个练武的好料子，以后我教些武艺给他，长大了也有一点防身自卫的本领，或许能为本寨民众保护生命财产……"就这样，"小德尚"九十岁时，"闵将"就开始传授他一些简单的武艺和基本的棍法，如"四门防"，侗话叫"四方防贼"和"四边杀贼"等。没想到"小德尚"真是一块练武的好料子，一看就懂，一练就成。"闵将"连连点赞叹道："好料子！好料子！"从此，"闵将"就把自己的全部武艺，如"四门蹬""斜棍""封门""正满堂""花满堂""丢棍""钓鱼""扛伞""斗篷""梅敲大堂""梅花蹬堂""梅杀大度""梅想贼""梅登度""梅钓圣"等一些拳术打法和刀法，一一教了他。"小德尚"更是信心百倍。无论是在路途中，还是在荒山野岭上，见两边无人，就敲敲打打，弄得灰尘漫天飞扬。在家里吃饭时，一想起父亲教给他的那一招招武艺，就来劲，手脚动起来，一不留神将凳子一踢，飞落在饭桌上，将饭、菜、碗一起打碎。妈妈大发雷霆，而"闵将"在一旁袖手旁观微笑着。而"小德尚"毫不在意，更放肆了。后来，"闵将"知道儿子对这方面特别感兴趣，每到途中，无论是在山坳里，还是在田间地脚，父子俩人就弄拳使棒，相互对练，闹得沸沸扬扬。儿子十六七岁时，已经开始跟着爸爸一起并肩作战，共同对敌了，有了儿子的配合和协助，只要有来犯之敌，父亲真是如虎添翼，在战场上势如破竹，定叫敌人有来无回。

不知不觉，"闵将"已是七十高龄，已年老体迈，他要求寨子里另选他人来担当寨子里的款事①，闵将的一生奔波劳碌，还没有享受儿子的养育之福，没多久就告别了人间。他的去世，让人们感到十分痛惜。有人说："闵将已离开我们，他的去世，请大家暂且不要泄露出去，否则我们的寨子就难以生存……"

第二年的正月初三上午，人们聚集在鼓楼下吃饭、饮酒、喝茶"祭萨岁"，祈祷萨保佑村寨人丁安康、六畜兴旺。而这次趁着年初众人在一起，有人就建议要重选个寨子里的新头领，来承担寨里的款事。人们正议论纷纷，"应该重新挑选一个，千兵有头，万兵有将，我们寨子没头领那成何体统……"没想到"小德尚"自告奋勇地站起来说："我来承担！"在场的人顿时鸦雀无声，只是眼巴巴地望着他，而且上下打量着，也不谈论什么话。"小德尚"看在眼里，明于心上，他也知道众人的心里是怎么想的，要说的是什么，只是没有说出来罢了。他深深叹了口气，就坦率地说："兄弟们，我能理解，如果你们觉得我年纪轻，个子小，不能承担我们寨里的款事，那今天我们所有在场的年轻人，哪个人敢上来跟我比试比试，谁能摔倒我，谁就来担当头领这一重任。"说时迟那时快，有个年轻壮

---

① "款事"是侗族对寨佬的另一种称呼。

汉,"嗖"的一声站起来将他抱住,"小德尚"原以为说点醉话开玩笑而已。没想到,动起了真格来。他提高嗓门问道:"来真的吗?""来真的!""小德尚"轻松地将那个壮汉摔了个四脚朝天,那位壮汉哭丧着脸返回原处坐下,在场的人都哄堂大笑,另一个壮汉又站了起来,将"小德尚"搂住,推也推不动,松开手摇摇头说:"哎哟!赢不了!"就返回原地坐下了。有人问:"怎么不干了?"他说:"敌不了他,别看他那矮墩墩的个子,抱起来像搂着一柱大石头似的,稳如泰山,谁都斗不过他的。"这时,在场的人再也没有人出来与他应战了,只是在下面你一言、我一语地议论着。"你别看他矮墩墩的,他的身躯是个四方的,有力气……""小德尚"又故意问道:"还有谁想来试一下吗?"这时,可再也没有人敢站出来了。在场的人就纷纷举手表决:"就让他来接替父亲,担当我们本寨甲长之位。"

后来,"小德尚"有了一匹"神马",任闯天涯、逛游四海,中立当世。无论有哪路来的黑道高手,只要是来犯之敌,他都随时奉陪,一剑定输赢,所向披靡,势如破竹,所以人们称他为"虎胆少雄——小神汉(靠将)",侗语叫"抵仗靠"。

有一年正月初,"靠将"穿了一身用鸡蛋清浆得油光可鉴的侗步做衣裤,头上也系着一根闪闪发光的侗布头巾,插上一根雄鸡毛,骑上神马到很远很远的地方"走姑娘"去了。次日,他忽然觉得眼跳、耳鸣,他知道家里一定出事了,匆匆与姑娘分手道别,回到家里,寨子真的被洗劫一空,而且自己的母亲也被劫匪困成一团,扔在屋角里。见此情景,他气得两眼迸出火花,咬着牙自言自语道:"独花独木不是春,百花齐放才是春满园。"晚上,他就召集全寨子里的人来商议,他说:"弟兄们!今晚我叫大家来,是要跟你们商量一件事。今天发生的一切,你们也都看到了,为了确保我们寨子里的人命和财产不受损失,我建议所有的年轻人跟我习武,我把我父亲交给我的武术全都传授给你们。"人们都赞同,便选了一个吉辰开堂。开堂拜师时,大家一起喝血酒,并发誓:"同习一堂武,共保自家园;来日不许欺无辜,不准搞内斗,传男不传女,传内不传外,违者自遭殃……"等一系列武德。发誓后,便将武艺一一传授,而且将每一个套路都记好其名,便于往后代代相传。从此寨里的人不分昼夜地练着武术。觅洞的"拳猛"就这样全面传开了。

没想到,刚过几年,这里又闹了特大旱涝之灾,很多家庭都穷的揭不开锅。能走的人都外出糊口去了,"靠将"眼看着七十多岁的妈妈跟他一起受冻挨饿,而且一天天瘦了下去。突然,"靠将"的右眼皮又跳起来了,他知道必定又有何凶事要发生,寨子里年轻力壮的都出去了,想到这里,他喝一口凉水,将两把糯禾夹进下肘就腾空而出,到了寨子上空,见到寨子里的老人们哭叫着。歹徒们正在寨子里牵牛、拉羊、赶猪,他真是怒发冲冠,恨不得将那些歹徒们碎尸万段,"靠将"一声不吭,只顾狼吞虎咽地吃着,吃饱了,便拿着大刀走出家门大声喊道:"畜生们,我靠将来也!"歹徒们听说"靠将"来了,都吓得魂飞魄散,各自逃命,一路上扔口袋、箩筐以及猪、狗、牛、羊等牲口。没想到,"靠将"在一跃之下的一刹那间,因被母亲突然大骂,坠落于寨脚下的小溪沟里,断了腿,再也不能动弹。由于当时医疗条件差,没多久,因医治无效,不幸离开了人世。"靠将"短暂的一生,不仅为了整个寨子,为了保护人民的生命财产安全而献出了他自己的宝贵青春和生命,而且他把父亲教给他的一身武艺都传给了寨子里的人,使这里的人均有一手防身之艺,的确是扬名四方。从而任何一路黑道高手,都不敢轻易来这里抢夺,使觅洞人能完整无缺地守住江山,平安至今。

觅洞武术动作中因为有模仿老虎的动作,所以被称为"黑虎拳"。关于黑虎拳,传说以前有一个放牛娃在山上放牛,看到自己的牛被老虎吃掉,就记下了老虎吃牛的动作,创编了黑虎拳。另据吴德林讲述:

我们这里有一套拳叫"黑虎拳",是根据老虎吃羊、吃牛的动作创编的。黑虎拳在觅洞已经有300多年的历史,到现在已经传了八代。现在,觅洞村还有很多人会打黑虎拳。

对于觅洞武术起源于唐末宋初这一历史,仅仅是代代口传,而没有文字记载。对此,吴德林讲述:

在我们觅洞村,虽说武术是从唐末宋初就有的,但是我能记得住名字的按照年代先后主要有吴德尚、吴秉周、吴家胜、吴家清、吴光华、吴光基。

其实，虽然"闷将"和"靠将"的英雄故事没有像《亚鲁王》和《格萨尔》那样的英雄史诗宏大，但却是觅洞武术的英雄史诗。按照刘翔友在《英雄史诗：少数民族武术文化研究的重要载体》（2018）一文对英雄史诗母体的分类，"闷将"和"靠将"的英雄传说既有技术母题，又有教育母题。而如王明珂所说，"由'叙事'的角度来说，更重要的是人们为何要如此叙述祖先来源，叙事中的结构与符号代表何种社会意义，它们又如何在这一社会中产生意义"①。关于"闷将"和"靠将"的故事在觅洞村广泛流传，是觅洞武术起源的主位解释。显然，这样的"历史"，其叙事结构（"闷将"和"靠将"的故事）是社会结构（觅洞武术）的反映。其主要叙事符号——"父子俩"，也对应于觅洞村侗族武术子承父业的代代相传，"闷将"和"靠将"隐喻着觅洞武术的家族内传承。在"闷将"和"靠将"的历史叙事中，为了抵御外来威胁，将自己的武功传授给觅洞村的父老乡亲，对应于社会人群间的合作。"闷将"和"靠将"的故事更像是一个传说，这和王明珂所分析的"弟兄祖先故事"类似，"其叙事内容不必是历史事实，但它的确在社会中造成社会事实，并强化这些社会事实"②。"闷将"和"靠将"是觅洞武术的始祖，这一叙事文本是觅洞先祖建构出来的"历史"，更加强调三个社会事实：第一，觅洞武术主要是在家族内部传承；第二，为了整个族群的利益，觅洞武术又需要在村寨内其他家族中传承；第三，侗拳师是保护村寨的重要社会力量，被赋予了"英雄"的标签。

第二节　从生存到复兴：觅洞侗族武术的历史演化

觅洞村民对觅洞武术有着自己的解释。据觅洞村吴村长讲述，"武术"在侗话中叫"拳"，"老虎"在侗话中叫"猛"。所以，觅洞村于2015年参加全国第十届少数民族传统体育运动会的表演节目"拳猛"，

---

① 王明珂：《英雄祖先与弟兄民族：根基历史的文本与情境》，中华书局2009年版，第23页。
② 同上书，第27页。

就是"老虎拳",又被称为"黑虎拳"。而在侗话中,"棍术"叫"梅","刀术"叫"麦"。觅洞武术从长期作为保村护寨的利器到作为娱乐文化生活的一部分,经历了一个漫长的历史演变过程。

一 谋生与斗争:1949年前的觅洞武术

1949年前,觅洞武术不仅是保家护寨的利器,也是外出收徒的重要谋生手段。吴德林的爷爷吴家清年轻时就以外出收徒为生,据吴德林讲述:

> 在中华民国时期,我爷爷吴家清专门以教徒为生,教的那些徒弟现在已经和我没什么来往了,他们在榕江的罗香和从江等地。

吴老九前辈以前也经常外出收徒,并以此为生。据吴秀光老人讲述:

> 吴老九在榕江外出收徒弟时,有几个人拿着镰枪要打他,吴老九拿出自己的流星锤,把他们的镰枪都打掉了。所以,他外出时身上一般带着流星锤,那个流星锤就像秤砣一样大,别人看不到,但一拿出来,威力就不得了。

觅洞侗拳师在旧时外出收徒时要收取一定的费用,而对于具体的学武时间及学费,据已有九十余岁高龄的吴永贤老人回忆:

> 在中华民国时候,那些老人家在寨子里和外边的村寨都教过武术。在外地教武术的时候,一般只教一个月,学费多少没有具体规定,要看具体的情况,十块、五十块都有的,教一堂一般有两三百块。

然而,在旧时,觅洞侗拳师外出收徒也存在很大的风险。在面对各类复杂的情况时,不仅需要侗拳师有过硬的本领,还要有足够的胆识和智慧。据吴德林讲述:

> 中华民国时期,在榕江的寨高,有一个治安中队在那里维持社

会治安，我爷爷吴家清路过那里就被他们给扣押了。他们问他是干什么的，我爷爷就告诉他们"不要问我是干什么的"。与他同行的一个人就说："我们是来卖武的。"我爷爷连忙给他讲："不要这样说。"

此外，旧时的侗拳师还常常遇到有人前来"挑战"。据吴永贤老人回忆，吴老九是中华民国时期觅洞武术高手，榕江县里有一个国民党武官听说他很厉害，就要和他比武，但是没有打赢吴老九，而其他寨子也没有人敢来挑战他。

与此同时，在中华民国时期，觅洞村实行保甲制度，有甲长和保长，没有保安团团长。保长的任命和选举并非取决于武功的高强，而是取决于为村民服务的意识。难能可贵的是，吴老九不仅武功高强，而且也非常愿意为村民服务，所以就被推举为保长。据吴永贤老人回忆：

我们觅洞和高球、坑洞一起搞了一个连保，保长相当于我们现在的村支书，甲长相当于现在的组长。那个年代，当保长的有一定的关系，也得会两下子，吴老九的武功比较高，当过两年保长，但是也不是因为他武功高才选他为保长，是因为他愿意为地方服务。

除此之外，中华民国时期觅洞村的寨佬一般管理村寨的民俗事物，并负责调解纠纷，保长则是管理钱财，并负责安全，二者的职责和分工有所不同。据吴永贤老人讲述，1949年前人们在平时练武较为刻苦，觅洞村也有法师，讲风水，练武术，但铁匠没有练武。

觅洞武术历史悠久，除了觅洞村民们的口述之外，还有老一辈侗拳师的古墓为证。2018年8月26日，在吴德林的带领下，课题组考察了吴德林的老太公吴秉周拳师的古墓。

从墓碑的碑文看，吴秉周前辈生于光绪丙子年，其子为吴家清和吴家盛，曾孙为吴光荣、吴光基、吴光华。而在吴秉周前辈的墓的不远处，就是吴家清前辈的古墓，从墓碑的碑文内容来看，吴家清生于光绪庚子年，其子为吴光基和吴光荣，孙子为吴德林、吴德新、吴德军等，均为觅洞侗拳师。

图12-2 侗拳师吴秉周之墓　　图12-3 侗拳师吴家清之墓

二　自觉与自强：1949年后的觅洞武术

1949年以后，觅洞武术价值功能逐步多元化，成为觅洞村民强身健体和娱乐文化生活的重要组成部分。但在新中国成立初期，由于社会生产处于缓慢的复苏阶段，受自然灾害、"大跃进""文革"等自然与社会因素的影响，觅洞侗家拳的传承曾一度受阻。尽管如此，侗族武术作为觅洞村民们的历史记忆与集体记忆，一直得到自发性传承。更难能可贵的是，基层民兵连曾将觅洞武术作为日常训练的主要内容之一。而在改革开放后，觅洞村的一大批侗拳师外出收徒，扩大了觅洞武术的传承范围和对象。与此同时，觅洞武术也被作为学校教育内容的一部分。觅洞武术从旧时的"隐身"到1949年后的快速发展，凸显了时代的进步。

（一）艰难前行中的坚持：新中国成立初期的觅洞武术

在新中国成立初期，社会经济缓慢复苏，在经历了三年自然灾害和"大跃进"运动之后，国民经济受到了极大的冲击，尽管如此，觅洞村的青年们仍然坚持习武。从1956年至1959年，觅洞推行初级社，到了1960年代，又开始实行中级社，实行分产到户的"三包"土地政策。在

1963年至1964年期间，觅洞村的青年们又开始习武。到了1965年，土地被收回集体。据吴秀光老人回忆：

> 在1965年土地收回集体之后，我们仍然经常练武，只要有空闲时间就练，记得当时大家都住在棚里，棍子、手法都练，生活中的板凳、镰刀随手都可以拿来当作兵器使用。

在新中国成立初期，觅洞村的习武之风依然兴盛，侗族拳师视武术传承为自己的人生使命。与此同时，由于当时人们的生活比较单调、朴实，没有电视、网络等娱乐媒体，练习武术是最好的休闲手段。对此，吴志先深有感受，据他回忆：

> 武术在村寨里是年年都搞。以前，只要是老师傅有空，家里有小学生来，就可以带着小学生们练一练。所以，练武术是没有规定时间的。但是，一般都是冬季大家更喜欢练一下武术。

另据吴永贤老人补充讲述，1949年以后，人们都是关起门悄悄地练。在大集体时代，人们也没时间去练武。然则，唯独吴德林例外。据吴德林回忆，他曾多次到肇兴水口教武术，还记得有一个徒弟叫"老叟"。此外，吴德林的父亲和大伯都曾外出收徒教武，所得学费全部上交给生产队，算作工分。

但到了20世纪70年代，情况有所变化。全国上下都在推进社会主义建设，诸如"青年下乡"等达到了空前的规模。许多觅洞青年男女被分配到社会的各个岗位参与社会主义大建设，这在一定程度上促进了社会经济的发展，为80年代的全面改革开放奠定了基础。但是，这却在一定程度上阻碍了觅洞武术的传承与发展。据吴秀光老人回忆：

> 进入70年代，为了经济收入，把民兵都分进工厂、铁路一线，把觅洞村的青年都调走，搞"社会大建设"，搞交通，修路、修桥，还有水运等，把老百姓的精力几乎耗尽。1976年就修通了从外面到觅洞村的公路。到了1977年和1978年，为了弥补1958年"大炼钢铁"时所造成的损失，全国又搞起了"万亩林""生态""美化祖

国"运动，规定所有的山头都要植树造林，在有条件的地方还要修建水库。所以在那个时候，觅洞村里的民兵势力有所减少，没有多少精力来训练武术。

1949 年后觅洞村随即成立了武术民兵连，觅洞武术成为主要的训练内容。由此，觅洞武术的传承并非一帆风顺，在社会大生产环境下，觅洞武术传承要让位于经济建设。尽管如此，觅洞武术也不同程度地得到了自发传承。

（二）停滞但不停止的命运：文化大革命期间的觅洞武术

在文化大革命期间，包括侗族武术在内的传统文化几乎处于停滞状态，很多书籍和武术拳谱被烧毁，觅洞武术的传承曾一度受阻，吴永贤老人经历了这一过程，据他回忆：

> 到了"文革"时期，对练武没有什么要求，但就是斗干部……"文革"期间，很多传闻记载、符咒书、练武书、风水书都被烧掉了。

吴玉金也亲身经历了武术拳谱被烧的过程。据吴玉金回忆，觅洞武术拳谱主要记录了拳术和棍术所用的符水、实战的招数、开堂请师的咒语等，既有增加的拳术内容，更有来自实战中的经验综合，是研究觅洞武术的重要史料。但这些拳谱在文化大革命"破四旧，立四新"运动中遭到烧毁，其损失已无法弥补。

尽管拳谱遭到了焚毁，但这依然不能阻挡侗拳师的训练与传承热情。据吴玉金老人回忆，在十年动乱期间，他也一直在家里练武，从未间断，但也有吴德金等侗拳师外出收徒教武。2018 年 1 月 27 日，笔者对吴德金老人进行了访谈。吴德金自小跟着父亲练武，到了 1970 年代，国家允许搞副业，就开始外出收徒。有一次，榕江有人请他们去家里教武术，他就和四寨的吴双喜一起去榕江开堂子收徒弟。当时一共教了一个月，学费一个人也就几十块。之后，吴德金又去锦屏和茅贡①等寨子教武术，但只有一个叫怡心（奶名）的徒弟学得比较好。另外，在榕江洛罗乡寨

---

① 当时的一个工区。

前世与今生：觅洞武术历史发展轨迹

图 12-4　访谈吴德金

图 12-5　访谈吴邦文

也有奶名叫老狗、不井、井祥、井父、老满的一些徒弟。幸运的是，吴德金在出去教拳之时，并未遇到"破堂"。另据吴志先补充讲述，在那个年代，村寨里的师傅经常外出收徒弟，远处有三穗和丹寨、本乡的黄冈，都有人来觅洞学武术，时间一个月左右。不仅如此，还经常有人过来请觅洞的师傅去那里教，培训时间有两三个月之久。

与吴德金同时代的吴邦文老人也外出教武收徒。2018年1月28日早上，笔者就随同吴志先一起来到吴邦文家，对其进行访谈。据吴邦文讲述，他小时候非常爱好武术，也是一个木匠，和吴秀光师傅同一时代，而吴志先在小时候也经常和吴邦文切磋，向其学习武艺。吴邦文自小跟着吴老九学习武艺，学成后先后在黎平九潮村、黄岗、从江等地教武收徒，1970年代受邀在九潮村和茅贡教武，收了许多徒弟。而在那个年代，觅洞武术很有名气，附近乡镇和村寨都过来请觅洞武师去教武术，黄岗村就曾请吴邦文和其他师傅一起去寨子里教武。

（三）文化复兴中的崛起：改革开放后的觅洞武术

在改革开放前后的一段时间内，国家对农村经济政策放宽，允许农村拳师外出收徒。觅洞村以吴学新、吴玉良、吴玉金、吴邦文、吴德金、吴德林等为代表的一批侗拳师重操旧业，逐渐摒弃"传内不传外"的陈规陋习，纷纷外出，在周边和临县村寨内教武收徒。这不仅增加了侗拳师们的收入，实现觅洞武术的经济价值，也在客观上促进了觅洞武术的传承，象征着觅洞侗族文化的复兴。与此同时，在外出教武收徒时，侗拳师过硬的本领也是外出创业的重要保证，只有赢得别人的挑战才能立足。吴学新年轻时曾在觅洞小学做民办教师，利用寒暑假和同村的吴玉良一起到附近的黄龙、黄岗、从江等地收徒教武。据吴学新回忆：

> 当时，我还很年轻，我和吴玉良到了黄龙寨之后，就问村里的人有没有想学武术的，村里的人说有，刚好我的那个同学也在，我就去他家教他的同学及几个弟弟。后来村长听说来了一个武术师傅，就号召大家来跟我学武术，学武的人数一共是一二十个人，时间为一个月，学费是每人三十块左右。有一个叫吴志渊的，是绣花的，人高马大，体重比吴玉良师傅还大一倍。他看到吴玉良师傅就先问："你这小小的个子，能打赢我么？"吴志渊的意思就是如果吴玉良能够打得赢他，他就学，否则就不学。后来，吴玉良师傅就用"四两

拨千斤"的力，用"猴子搬桩""鹞子翻身""猴子打滚"等动作把吴志渊给掀倒了。之后，吴志渊就跟着我和吴玉良学武术。

以吴德林为代表的武术世家，家族成员几乎都外出收徒，据吴德林回忆，他在1980年代曾经去过茅贡、那侗、普侗和莲洞、铜关、额侗以及榕江县等地教过徒弟，学费几十块，学武的人数不定。此外，吴德林的父亲和大伯及堂哥也都外出教武收徒。据他回忆：

在1983年，我还不到20岁，在榕江县宗城镇教武术，那时候和我父亲的一个徒弟吴老廉（奶名，坑洞人）一起，后来人们不怎么喜欢武术了，就零碎教一点。我也曾经在90年代末去额侗教过武术，教了十多个徒弟，时间一个月，一个人150块包教会。

此外，吴德金老人年轻时也曾去过黄岗教过武术，还在觅洞本村、寨高、四寨、黄岗收徒教武。那时，整个生产大队都让吴德金去教武术。而觅洞村年龄较大的侗拳师要数吴秀光老人，2018年1月27日，笔者访谈了已是八十九岁高龄的吴秀光老人。据吴秀光老人回忆讲述，他是觅洞村的侗戏师傅，年轻的时候也是武术教练，在1979—1981年去锦屏高寨等地教过武术。在1982—1984年，也在从江"小黄"收了三个徒弟光林、王光云、福田，现在这些徒弟也都当上了武术师傅。另据吴秀光老人讲述，在一个堂子中，如果有以前学过武的徒弟，就不再教了，只有没学过武术的才可以学。

不仅如此，觅洞部分侗拳师年轻时学艺成功后外出教武收徒，嬴正雄即是典型的一位。更为称赞的是，部分侗拳师虽然年事已高，但对于传承侗族武术依然热情不减。吴玉金和吴邦文老人即是其中典型的两位。2018年1月28日下午，在结束了对嬴正雄的访谈后，笔者又来到吴玉金家，对其进行访谈。据吴玉金讲述，他是家传的侗族武术，出于个人爱好，从小跟着父亲吴继贤练武，在学武之后也积极传承觅洞武术，将觅洞武术传给儿子吴胜广、孙子吴玉忠，并且在1980年代还去周边的榕江、从江、亮寨司、高寨及从江的大塘、大侗、双江镇等地收徒教武，教完之后那些徒弟也经常来家补习。

从1980年代中期开始，广大老拳师纷纷外出收徒教武，近至附近的

图 12-6　笔者访谈吴玉金

四寨、高寨等民族村寨，远至邻近的从江县、榕江县等地，教学形式以集体教学为主，觅洞武术传承形式既有自觉外出输出型，也有聘请外出输出型，更有村寨内部相互输入型。觅洞武术传承的范围逐步扩大，增强了觅洞武术的影响力，是时代进步的表现。尽管觅洞武术在输出传承的过程中久经各类"挑战"，但觅洞武术的简单实用和变化无穷是其长期得到传承的内在生成力。

至1997—1998年，随着市场经济的进一步深入，包括觅洞武术传承人在内的中青年纷纷南下打工，使得觅洞武术的传承青黄不接，有濒临失传之势。而随着文化大繁荣、大发展战略的进一步实施，国家对包括侗族武术、芦笙、侗戏等在内的侗族传统文化实施保护性传承措施，建立完善的传承人认证制度。这在一定程度上使得侗族武术、侗族大歌、侗戏等传统文化重新进入人们的视野。

不仅如此，随着文化大繁荣、大发展的逐步实施，觅洞武术逐渐走进校园，成为校园民族文化教育的重要组成部分。与此同时，以吴学新为代表的侗拳师不辞劳苦，不计报酬，利用业余时间训练小学生，既体现了觅洞侗拳师的一份责任，又体现了觅洞武术家的奉献精神，是民族文化精神的守望者。据吴学新讲述，他将觅洞武术引入学校教育中，使侗族武术成为觅洞小学体育课余活动的重要内容之一。为响应黔东南州体委的号召，在村委会的要求和支持下，他于2014年亲自训练并带队参加了黔东南州中学生运动会。吴许全就经历了这一过程，而他之前也跟着父亲练习了一些觅洞武术。据他讲述：

> 我在参加全州中学生运动会开幕式之前，先在家里训练了两三个月，先从武术基本功开始，然后把要表演的节目的基本动作和套路全部学会，然后才搞正式的排练。当时是县里面通知我们去参加武术表演，表演的是觅洞武术棍法。

近年来，双江镇举办过多次摔跤节，邀请觅洞武术队参加表演。吴学新在村长的指示下，在觅洞小学训练了一支武术队伍，在前后一个多月的时间内，利用每天的课余时间组织学生训练，并参加了2007—2009年农历3月15日在双江四寨举办的侗族摔跤节。

（四）历史的机遇：基层武术民兵连

1949年后，为了维护地方社会治安，侗族村寨也成立了基层民兵连，觅洞武术成为其主要的训练内容之一。为此，笔者于2018年1月28日针对武术民兵连访谈了吴秀光老人。据吴秀光老人讲述，武术民兵连的训练内容有军事体操和武术等，实行军事化管理，目的是打倒地主和反动派，以民兵来维护社会治安。据吴邦文回忆，在从江县与黎平县的交界地方，经常有械斗现象。据他讲述：

> 当时社会治安不太好，黎平县的黄岗和从江县的小坊是近邻，经常发生互相偷牛现象，也正因为此，两个村寨的积怨已久，经常打架。所以，地方上就自发成立武术民兵连，训练青年人学习武术，做防身之用。

吴德金曾经是基层民兵连的主教练之一。据他回忆，在那个时候，每个村寨都成立了一个基层民兵连，最大的要数黄岗民兵连，实行军事化训练，训练的内容之一就是觅洞武术。据吴秀光老人讲述：

在新中国成立后的1953年、1954年就开始提倡组建民兵连，最初的民兵连队长是吴老林。我亲眼见过他们训练，吴老林号召民兵训练觅洞的侗族武术，总教头是吴老任。武术总教头要配合民兵队队长搞好训练。在1950年代，我们成立民兵队，当时吴文忠是村长，七公所邀请我们把觅洞武术传给青年们。

基层民兵连成立后，在指定地点严格按照训练内容进行训练。另据吴邦文回忆，觅洞村当时归四寨乡管辖，乡里将报名武术民兵连的男青年集中在四寨乡黄岗村进行训练，总教头就是觅洞的吴邦文和吴德金两位师傅，教习内容是觅洞武术，训练时间为一两个月，加上来回的休息时间，一直持续了近半年时间。在武术民兵连的日常训练中，先学习侗族花架套路，再习练武术实战。更难能可贵的是，当时政府既没给总教头津贴，也没给奖状，凭的就是一种对武术的热爱和无私奉献的精神。而为了表彰吴邦文和吴德金两位总教头，四寨公社敲锣打鼓，给他们戴上了大红花，送他们回到觅洞村。这对于侗拳师来说，在当时是一种至高的荣誉。

与此同时，嬴正雄是当时觅洞村基层民兵连的连长，对于当年的民兵连深有体会。笔者于2018年1月28日在觅洞村委会办公室对其进行访谈。据他讲述，他1968年开始在云南昆明第0273部队72分队服役，兵种为步兵。到了1973年，嬴政雄退伍返回觅洞村。及至1975年，觅洞公社成立基层武术民兵连，嬴正雄任连长，吴光荣和吴老军任总教头，在觅洞公社大会场习武。觅洞公社会场旧址就位于现在的觅洞小学。基层民兵连的训练内容除了日常的队列队形练习之外，就是觅洞武术学习和训练，主要有四门拳、四门棍、洪门棍、伞棍、花满堂等。练习武术的顺序为先教习武术套路，再练习对练，训练时间一年有余。此外，值得关注的是，在基层民兵连的学习和训练中，尽管没有任何补贴和奖状，但是在训练结束时，区里面给嬴正雄颁发了一枚奖章，而且全区还进行了练武大比拼，一共有觅洞、岩洞、双江、口江、坑洞、铜关、四寨等八个公社参加了比武。在比武中，觅洞武术和其他公社的武术都不同，其他公社为单头棍，而觅洞武术则为双头棍。不仅如此，觅洞武术的手法也与其他公社明显不同。也正因为简单实用、内容丰富、风格独特而获得了全区比武表演第一名的好成绩。

此外，在选拔民兵时没有特别的要求，一般要求态度端正、品行端正、踏实能干。另据赢正雄讲述，当时建立觅洞基层武术民兵连主要是用于维护社会治安，在紧急事态中随时听从上级调动。在具体的民兵训练中，民兵的纪律非常严明，切实贯彻了"党指挥枪，一些行动听指挥"的要求。据他讲述：

> 那个时候，我是民兵连连长，训练民兵要求非常严格，大家的觉悟也很高，只要一个命令，十分钟之内，不管是在田地里，还是在山坡上；不管是在耕田，还是在放牛，都会马上放下手中的活，过来集合。所以，正是这种统一行动的精神使得我们觅洞公社在练武大比拼中取得了第一名的好成绩。

与此同时，武术基层民兵连武术训练有一套考核方法，据吴邦文回忆，训练的人数最开始有五百多人，到最后年终考核的时候只剩下五十多个人。在考核的时候，总教头会逐个看一下套路演练得是否熟练。

20世纪七八十年代，基层民兵连在加强社会治安方面确实发挥了一定的作用。据当地老人讲述，从中华民国到1970年代，黎平的黄岗和从江的"小黄寨"均为侗族大寨，民风彪悍，黄岗村当时被称为"小老虎"，紧挨着的从江村寨被称为"小黄"，两寨中间隔着大山沟，但由于贫困等原因发生互相偷盗现象，进而导致暴力冲突，这也成为当时侗族传统武术传承的外部动力之一。而另据吴邦文讲述，在当时，成立武术民兵连是一种地方政府行为，并没有在其他地方广泛开展起来。

与此同时，基层民兵连对于传承觅洞侗家拳也具有重要的历史贡献，不仅培养了广大农村青年的习武兴趣，也培养了一批侗族武术接班人，进一步强化了觅洞武术的传承意识。而从20世纪80年代的社会大环境来看，国家逐渐重视侗族传统文化的传承，并采取了一系列措施提倡练武，在民兵队和武术民兵连传承觅洞武术。据吴秀光师傅讲述（吴志先转述）：

> 从1978年到1979年，觅洞村实行包产到组，1980年开始分组，村寨分组承包片区。当时的武术民兵连的武术训练得到快速恢复，村委会分为几个小组，每个小组成立民兵青年组，这些民兵青年组

组合起来就成立了一个民兵队。

从 1979 年年底开始，村委会规定，每一个外出的人都必须全部回村，把古书、侗戏、芦笙、武术这些全部恢复起来。以前，武术只能在民兵连中练习，到了 1979 年年底，武术可以在社会的各个方面和各个场合练习，没有了限制，这在之前是不可想象的事情，在 1960—1970 年代，如果你敢私自练武，就会被视为反党反革命集团。但是到了 80 年代，武术开始受到重视，你要是不练武术、不唱侗戏、不吹芦笙，还要被罚款，所以在 80 年代，人们是被逼着练武。但好在觅洞村自古有悠久的习武传统，不用逼就会自觉练武。所以在民间，侗戏和侗族武术就慢慢发展起来了。

到了 90 年代，觅洞村的民兵连被改为"治安队"，但也是只存在了二三年的时间，是出于当时地方政府维护地方治安，弥补地方警力的不足的考虑。及至 1996 年，延续多年的武术民兵连宣布解散。而武术民兵连从成立到解散，在觅洞侗家拳的传承与发展中，一直扮演着重要的角色，体现了觅洞武术的军事实用价值，更是迎合了政府在维护社会稳定方面需求的结果。这不仅是觅洞武术传承国家在场化的体现，更折射出觅洞武术强大的生命力。因此，随着时代的变迁，侗族传统武术作为一种文化产品，必须服务于国家的政治、经济与文化发展，符合国家的战略需求，其传承也必然受到国家的政治、经济政策的影响。所以，自新中国成立后到改革开放初期，觅洞武术遵循着"隐性发展—限制发展—鼓励发展"的发展轨迹，是时代发展的历史缩影。而从觅洞武术的历史发展轨迹来看，功能价值的多样化是其生命得到延续的重要保障。

三　文化与基因：觅洞武术的历史传承

从觅洞武术的历史发展轨迹中不难发现：自唐末至新中国成立初期，觅洞武术主要在觅洞村家族内代代传承，部分侗拳师也时常外出收徒并以此为生，这种现象在清代至新中国成立初期尤为明显。1949 年后，觅洞武术的传承范围逐步扩大至周边村寨甚至周边县市。而就觅洞村内部的武术传承来说，由于缺乏文字记载，仅能从部分侗拳师的口述中大致梳理出清代至当代的传承家谱。

(一) 传承家谱

吴德林是觅洞武术的传承人，已得到了县非遗中心的认定。据吴德林讲述，觅洞武术自唐代末期吴家迁徙到觅洞以来，代代相传，但传承至今为第几代，由于年代久远，已不十分清楚，而较为清晰的是自清末至今已有四代。第一代传人是吴德林的太公吴秉周；第二代是吴家清，人称"吴老九"；第三代是吴光荣和吴光基两兄弟；第四代就是吴德林本人。在清末以前，还有吴德尚、吴仆埂（奶名）、吴仆妹（奶名）等传承人，吴德林也仅知道名字，但不知道具体情况。另据吴德林讲述：

> 我们家的家谱有点乱，像吴秉周是我真正的太公，吴家好像没有秉字辈，只有家字辈、邦字辈。我的太公吴秉周的墓在山上，其他人都找不到，只有我们能够找得到。我们侗族武术是代代相传的，从没有文字记载，所以人名都是奶名，没有书名。以前的老人家都不读书，不认字，没有文字记载。所以，侗族武术是师徒口传身授的。

因此，基于觅洞村寨历史的悠久和复杂，加之自唐代至清代的村寨口述出现历史记忆缺失，关于觅洞武术传承谱系并不明晰，清代以前的侗拳师名字已无人知晓，而仅有唐末的"闪将"和"靠将"作为觅洞武术的开创者和英雄，以民间传说的形式流传了下来。尽管如此，从清末以前的吴德尚、吴仆埂（奶名）、吴仆妹（奶名）到清代的吴秉周，及至当代的吴德林，算是目前较为清楚的觅洞武术传承谱系。

(二) 传承方式

长期以来，觅洞武术作为一种文化基因，在家族内部因循"传内不传外"的传承原则，且具有一定的相对性。即使是在家族内部传承，对于觅洞武术的传承也要"留一手"，对技术进行部分保留。究其原因，主要是因为每当一个家族繁衍壮大之后，就逐步分为几个分支，觅洞武术也只在每一个小分支内传承。尽管如此，不同分支的家族内部也存在相互传承的现象，但是在关键的"核心技术"方面仍然要"留一手"。在觅洞村，吴家是最大的家族，中寨的吴家和己寨的吴家同属一个大的吴氏家族，但又属于不同的分支。所以，在武术传承中，就仅限于己寨或者中寨"小范围"传承，也才会出现吴志先所说的"人家教武术的时候不耐烦"的情况。吴学新和吴光荣同属吴氏大家族,但属于不同的分支,吴学新非常热爱武术,欲拜师学艺,而正巧吴光荣前辈膝下无儿,只有女儿,在"传男不传女"的思想影响下,只有吴学新做吴光荣前辈的上门女婿,吴光荣前辈才答应将全部武功教给吴学新。如此,觅洞武术在村寨内同一家族的不同分支内得到传承。已是九十余岁高龄的吴永贤老人对此也深有感触,据他讲述:

> 我以前也练武,当时是老人家一代传一代,主要传给他自己家族的人,我们只是学一点,那些老人家并没有教完,所以打不赢他。

而对于同一村寨不同家族之间的武术传承,则存在另外一种人类学文化现象。据吴志先讲述,吴氏家族为觅洞最大的家族,在旧时,迁徙至觅洞的其他姓氏为了生存和繁衍的需要,改自己的姓氏为吴姓。如此一来,不仅增强了自己家族与吴氏家族的族群认同感,也方便自己家族能够学得觅洞武术。

除此之外,为了生计,觅洞侗拳师到附近的村寨乃至周边县区教武收徒,尽管教武过程充满了艰辛,不仅要面对徒弟的"破关",还要应对外人的"破堂",充满了个人心酸,但在此过程中,也增强了觅洞拳师与其他村寨之间的交流,客观上扩大了觅洞武术的传承范围,实现了社会传承。据觅洞村吴村长讲述:

> 现在也有很多人在学习传统的武术,集中在一起请师傅来教,然后给人家师傅开工钱,而现在觅洞武术已成为县级非遗项目了。

纵观觅洞武术的历史发展轨迹,从唐末"闯将"和"靠将"的英雄传说到清代侗拳师们的英雄故事和辛酸经历;从新中国成立初期的武术民兵连到文化大革命期间的"破四旧",再到改革开放后的武术复兴;从最初的家族内部传承,到基于生存语境下的不同家族间的传承及外出收徒,再到侗族武术文化进校园,都诠释了觅洞武术的悠久历史和坎坷历程。在这一历史发展过程中,觅洞武术表现出了强大的生命力和包容性,不仅形式多样,而且也积极吸收外来武术文化,在社会的多个领域发挥着多重价值。时至今日,觅洞武术仍因循着原生性的传承模式。

不难发现,如马林诺夫斯基所说的那样:"人体首要的需要得到有效的满足,它迫着任何产生种种基本的结构:营养方面的'军需处',两性交接及传种的制度,防御的组织,及日常生活的设备。于是,我们可以说,文化人类有机的需要形成了基本的'文化迫力',强制了一切社区发生种种有组织的活动。"① 无论是出于觅洞侗族族群生存的需要,还是文化基因传承的需要,都形成了侗族武术传承基本的"文化迫力"。

---

① [英]马林诺夫斯基:《文化论》,费孝通译,中国民间文艺出版社1987年版,第24页。

技术本体：觅洞武术内容与技战术训练体系

> 对于无文字的社会而言，只有总是被使用的东西才能在文化记忆中鲜活地保留着。
>
> ——［德］扬·阿斯曼《文化记忆理论读本》

第一节　内容体系

在觅洞武术内容体系中，主要有基本功、基本套路和实战练习等。其中，基本功主要包括弓步、马步、走四边等，基本套路主要有四门拳、黑虎拳、四门棍、斜棍、花满堂、闯门棍、四门刀、黑虎刀等，实战有"黑虎掏心""猛虎擒羊"等。

一　基本功

在觅洞武术内容体系中，基本功是基础，主要有弓步、马步、走四边等，吴德林是黑虎拳的传承人，分别对马步、弓步和走四边进行了演示。

觅洞武术的马步与汉族武术、苗族武术等其他武术类似，但在具体的习练过程中，又有所区别。觅洞武术中的马步具体动作要领为：两脚平行站立，脚尖稍内扣，两掌从身体两侧上托，掌心向上。当两掌提至接近头顶时，两手向下按掌，掌心朝下，后经腹部前分开，成近似一条线，掌心朝里斜向下，两眼目视前方。

技术本体：觅洞武术内容与技战术训练体系

图 13-1　吴德林演示觅洞武术马步

图 13-2　吴德林演示觅洞武术弓步

觅洞武术中的弓步与汉族武术及其他民族武术中的弓步类似，动作要领也大致雷同。在觅洞武术的基本功中，基本步型有弓步和马步两种，相比较而言，觅洞武术的基本步法较为独特，被当地人称为"走四边"。

走四边的动作要领为：从站立姿势开始，右脚向身体左前方跨一步成右弓步，左手置于头部右侧旁护头部，右手置于身后下方护裆部。然后，左手从上移至下方，置于右腋窝处，右手则从身后下方提至头侧旁，并向身体左侧画弧，身体左转，两手再次交换位置，右手置于左腋窝处，

图13-3　吴德林演示"走四边"

左手置于头右侧旁。眼看左侧方向，成左弓步。之后，右脚向身后撤步，左脚随即向身体右侧转体180度，并向前跨步成左弓步。右手置于头的右侧旁，左手置于身体左侧下方。随后，身体向身后转体180度成右弓步。最后，身体转体，左脚向身后撤步，并向前上步，右脚从身体外侧上步成马步。与此同时，右手向下砸锤，左手护在右侧腋窝处。之后，两手打开，画圆弧交叉，最后恢复站立姿势。

此外，在觅洞武术的内容体系中，并没有气功之类的辅助练习，但在苗族武术、土家族武术的基本功训练体系中是有气功练习的。

二 "黑虎拳"

觅洞武术，又称"黑虎拳"，套路内容丰富，主要包括拳术、棍术、刀术。另据吴学新讲述，他自小跟着吴光荣练习黑虎拳，基本功主要是一些花架套路，一共有七八个，主要有棍术、刀术和拳术。拳术有四门拳和黑虎拳，棍术有四门棍、闷门棍、斜棍、花满堂，刀术有四门刀和黑虎刀。

2018年1月25日上午，由于觅洞村要准备参加2018年央视春晚肇兴会场节目组的排练，因此课题组就提前邀请侗拳师演示侗族武术技术动作。经过与侗拳师协商，确定演练顺序：四门拳→黑虎拳→四门棍→闷门棍→斜棍→花满堂→黑虎棍→四门刀→黑虎刀→对练。

按照侗族的传统习俗，在吹芦笙或者打拳时，一般都要穿上村民自己纺织成的黑色的侗衣。在侗衣上，绣着牡丹、鱼等花纹。且在旧时，老人家都穿草鞋或光脚。

图 13-4　侗拳师换侗衣

首先，吴德林演练了觅洞武术中的四门拳。四门拳的第一势为"开山"，侗话发音"起登"，侗文为"qit dens"。

图13-5 "开山"

第二势为"左防"，侗话发音"塞莽遮"，是老虎下山时开路之意，侗文为"sagp mangv zees"。

图13-6 "左防"

技术本体：觅洞武术内容与技战术训练体系

第三势为"右防"，侗话发音"塞莽化"，侗文为"sagp mangv fap"。

图 13-7　"右防"

第四势为"大锤"，侗话发音"撮佬"，侗文为"zogl laox"。

图 13-8　"大锤"

第五势为"砍头"，侗话发音"德高"，为将对手的头锁住并做拧下之势，侗文为"dadl gaos"。

图 13 - 9　"砍头"

第六势为"反边打"，侗话发音"撇茫多"，侗文为"piat mangv dos"。

图 13 - 10　"反边打"

接下来，吴珍义师傅演练了棍术"花满堂"。其中，第一势为"开山"，侗话发音"起登"，侗文为"qit dens"。

图 13-11　"开山"

第二势为"绞头"，侗话发音"俊答乌高"，侗语发音"jedl dah ul gaos"。

图 13-12　"绞头"

第三势为"引棍"，侗话发音"雅楣"，侗文为"yadl meix"。

图 13-13　"引棍"

第四势为"上逢",侗话发音"恰大",侗文为"qak dav"。

图 13-14 "上逢"

第五势为"逢棍",侗话发音"别大",侗文为"biadl dav"。

图 13-15 "逢棍"

第六势为"毒蛇抖尾",侗话发音"胆算岁",侗文为"danc sedl suic"。

图 13-16 "毒蛇抖尾"

第七势为"双面防",侗话发音"亚茫白"或"亚茫塞",侗文为"yac mangv bagc"或"yac mangv sagp"。

图 13 – 17 "双面防"

然后吴顺才师傅演练了黑虎拳。其中,第一势为"开山",侗话发音"起登",侗语发音"qit dens"。

图 13 – 18 "开山"

第二势为"跪打",侗话发音"拍",侗文为"pegt"。

图 13-19 "跪打"

第三势为"右锤",侗话发音"撮化",侗语发音"zogl fap"。

图 13-20 "右锤"

第四势为"左锤",侗话发音"撮遮",侗文为"zogl zees"。

图 13-21 "左锤"

第五势为"大锤",侗话发音"撮佬",侗文为"zogl laox"。

图 13-22 "大锤"

第六势为"左边防",侗话发音"塞莽遮",侗文为"sagp mangv zees"。

图 13-23 "左边防"

第七势为"右边防",侗话发音"塞莽化",侗文为"sagp mangv fag"。

图 13-24 "右边防"

第八势为"捋青苔",侗话发音"怀豆塞"。

图 13-25　"捋青苔"

第九势为"右边鸭子扑水",侗话发音"怀豆化",侗文"faik doul fag"。

图 13-26　"右边鸭子扑水"

而吴学新演示了四门棍。其中,第一势为"左开门",侗话发音为"起登远",也叫"四门等",是在原地等待对方出招,是一种"以静制动"的技击方法。

图 13-27　"左开门"

技术本体：觅洞武术内容与技战术训练体系

第二势为"右开门"，侗话发音"起登化"，侗文为"qit dens fag"。

图 13 - 28　右开门

第三势为"左防"，侗话发音"塞遮"，侗文为"sagp zees"。

图 13 - 29　"左防"

第四势为"右防"，侗话发音"塞化"，侗文为"sagp fag"。

图 13 - 30　"右防"

第五势为"反面防"，侗话发音"撇茫塞"，侗文为"piat mangv sagp"。

图 13-31　"反面防"

第六势为"返回防"，侗话发音"撇转塞"，侗文为"piat zonv sagp"。

图 13-32　"返回防"

第七势为"结束礼"，侗话发音"勒"，侗文为"ledp"。

图 13-33　"结束礼"

吴顺才师傅演示了四门刀。其中，第一势为"开山"，侗话发音"起登"，侗文为"qit dens"。

图 13 - 34 "开山"

第二势为"左拉弓"，侗话发音为"引白遮"，侗文为"yadl bids zees"。

图 13 - 35 "左拉弓"

第三势为"右拉弓"，侗话发音"引白化"，侗文为"yadl bids fap"。

图 13 - 36 "右拉弓"

第四势为"前上逢",侗话发音"得恰大",侗文为"dadl qak dav"。

图 13-37 "前上逢"

第五势为"后上逢",侗话发音"得茫伦",侗文为"dadl mangv lenc"。

图 13-38 "后上逢"

第六势为"左边桩",侗话发音"拉遮",侗文为"lagl zees"。

图 13-39 "左边桩"

第七势为"右边桩",侗话发音"拉发",侗文为"lagl fag"。

图 13-40 "右边桩"

第八势为"上逢回位",侗话发音"转恰大",侗文为"zonv qak dav"。

图 13-41 "上逢回位"

第九势为"结束礼",侗话发音"勒",侗文为"ledp"。

图 13-42 "结束礼"

最后，吴顺才师傅又演示了黑虎刀。其中，第一势为"砍上边"，侗话发音"德恰并"，侗语发音"dadl qak biinl"。

图13-43 "砍上边"

第二势为"砍下肢"，侗话发音"德转得"或"德井"，侗文为"dadl jodx dees"或"dadl jedl"。

图13-44 "砍下肢"

第三势为"反边砍下肢"，侗话发音"撇茫德转得"，侗文为"piat mangv dadl dees jodx"。

图13-45 "反边砍下肢"

第四势为"穿胸剑",侗话发音"蔑蒙等",侗文为"miax mungl dadl"。

图 13-46 "穿胸剑"

第五势为"砍头刀",侗话发音"蔑得银",侗文为"miax dadl nyenh"。

图 13-47 "砍头刀"

第六势为"左边砍",侗话发音"德茫遮",侗文为"dadl mangv zees"。

图 13-48 "左边砍"

第七势为"右边砍",侗话发音"德茫化",侗文为"dadl mangv fap"。

图 13-49　"右边砍"

第八势为"反边防砍",侗话发音"撇茫得",侗文为"piat mangv deev"。

图 13-50　"反边防砍"

第九势为"收刀提防",意为"结束以防后患",侗话发音"勒白",侗文为"ledp bagc"。

图 13-51　"收刀提防"

与此同时，2018年1月26日，笔者再次访谈吴学新，吴学新针对觅洞武术中的套路和动作名称进行了补充，据他讲述，拳法对练有很多，主要有"黑虎掏心""鸭子扑水"等，"鸭子扑水"实为"雷公下地"。而觅洞村之前有很多的双刀及刀法，目前大部分已失传。在真正的实战过程中，在做"砍头"时，要抓住对手的脚，所以这是一种步法，是一种"暗打"，单纯拿手去拧别人的头是办不到的。因此，四门拳中的"砍头"体现了中国传统武术的"虚虚实实"，是一种进攻战术。此外，据吴学新讲述，觅洞侗拳师在村内所教内容与外出收徒所教内容不存在差别。但觅洞武术在传承过程中，由于诸如徒弟对觅洞武术理解不到位等个人因素，的确会出现觅洞武术内容与原有的内容体系稍有偏差的情况，对此，吴德林深有体会，据他讲述：

> 我们的套路是从老祖宗那里传下来的，一直没有变化。有一些徒弟当初在学武术的时候没有学好，结果就使教出去的觅洞武术出现一些变化。

此外，另据吴德金讲述，觅洞村的侗族武术虽然是代代相传，但是内容不尽相同，是在继承中有所创新的。

三 实战

觅洞武术实战性较强，在平时的套路练习中即包含有实战性动作。但习练者在演练套路时并不知其实战用法，而当侗拳师将动作的用法一一讲解之后，几乎全部套路动作都可以用于实战，常见的有"猴子搬桩""鹞子翻身""白虎上堂"等。据吴玉金讲述，曾有人在2015年到觅洞村做采访，让他演示了觅洞武术，据他回忆：

> 当时他们让我展示觅洞武术，就是想看一下觅洞武术究竟有多好、有多快。那时候，我展示的动作招数有"猴子搬桩""闪扬""鹞子翻身""白虎上堂""上打雪花盖顶，下打古树盘根""矮桩""砍头""盘堂箍""抓衣领"等，表演的棍术动作有左棍、右棍、胜棍、斜棍、引棍、夺棍等，这些都是实战性内容，在打架时能用的。

另据吴德林讲述，侗拳师先教花架，然后教实战。实际上，在徒弟平时所练的那些花架套路中，都已经包括了实战的动作，只是练习套路时，不知怎么用。但在实战时，师傅就会教具体的用法。据他回忆：

> 那些实战的用法不讲不知道，一讲就全都知道了，自己就要慢慢地摸索。后来发现，那些花架里全部都是实战的内容，那些动作全部都是串起来的。以前在我很小的时候，有很多拳师到我们这里跟我父亲切磋武术，他们都讲："你们这个武术，里面全部都是带有策打的内容，但是我们不会用。"

为了能够现场观摩觅洞武术的实战打法，2018年1月25日，课题组在觅洞小学校园内对觅洞武术实战进行了拍摄。首先，吴德林和吴珍义师傅演示了"黑虎掌"的实战用法（见图13-52）。

图13-52 "黑虎掌"

之后，吴德林和吴珍义师傅又演示了"砍头""黑虎掏心""猛虎擒羊""顺手牵羊"的实战用法。

技术本体：觅洞武术内容与技战术训练体系

图 13-53　"砍头"

图 13-54　"黑虎掏心"

259

图 13-55　"猛虎擒羊"

图 13-56　"顺手牵羊"

此外，吴邦文年轻时酷爱武术，加之刻苦训练，对于觅洞武术实战有很深的体会。据他讲述，"雷公下树"是觅洞武术"十二套棍"中的一种，属于实战打法，其余十一种分别是"老虎下山""神棍""平棍""拐棍""斗篷棍""丢棍""斜棍"等。此外，在觅洞村，曾有一本觅洞武术拳谱，用砂纸写成，村中有人曾经看过，但由于种种原因，至今很难见到了。据悉，在这本觅洞武术拳谱中，详细记录了觅洞武术套路动作名称及实战用法。

四 器物

课题组在觅洞村搜集到的武术器械实物较少，一方面是由于在"大跃进"期间，有大量的武术器械被收缴，用于大炼钢铁，而在文化大革命期间遭到收缴并破坏乃至损毁的武术器械更是不计其数，由此，留存在下来也就屈指可数。在吴德林家中，珍藏着一把双锏。据吴德林讲述，这把双锏是其太公吴秉周所用，距今已有两百余年的历史。而经笔者实物测量，这把双锏锏身长51公分，为菱形体，最宽处2.2公分，锏把长13.8公分，锏把与锏身之间有蝴蝶状的格，宽7.8公分，单个锏重1220克。

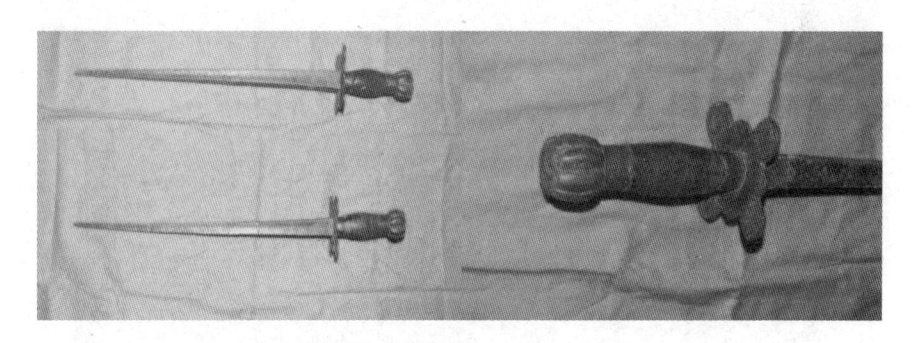

图13-57 吴德林家中珍藏的双锏

此外，在吴德林家中还找到了一对双刀，也是吴德林太公吴秉周所用，距今已有两百余年历史。根据笔者实物测量，单刀身长39.8公分，为柳叶状；刀把长12.5公分，上面镶嵌着铜片，至今仍闪闪发光；刀格为"S"形，最宽处13.3公分；在刀身上有一血槽，长15.5公分，刀脊上也有血槽，刀脊厚0.7公分。值得注意的是，在刀脊上还有形似"11"状的记号，而在刀把的背面则镶嵌着花纹。

在赢政雄师傅家中也有一根百年老棍。据赢正雄讲述，在迁徙到觅洞村之前，赢家就世代习武，家里至今保存着的这一根老棍，是其太公赢老华从六洞带过来。根据笔者实物测量，这根棍整体为圆柱形，总长140.6公分，直径2.5公分，总重625克。这根老棍距今已有一百多年的历史，由藤条木做成，不会轻易折断。

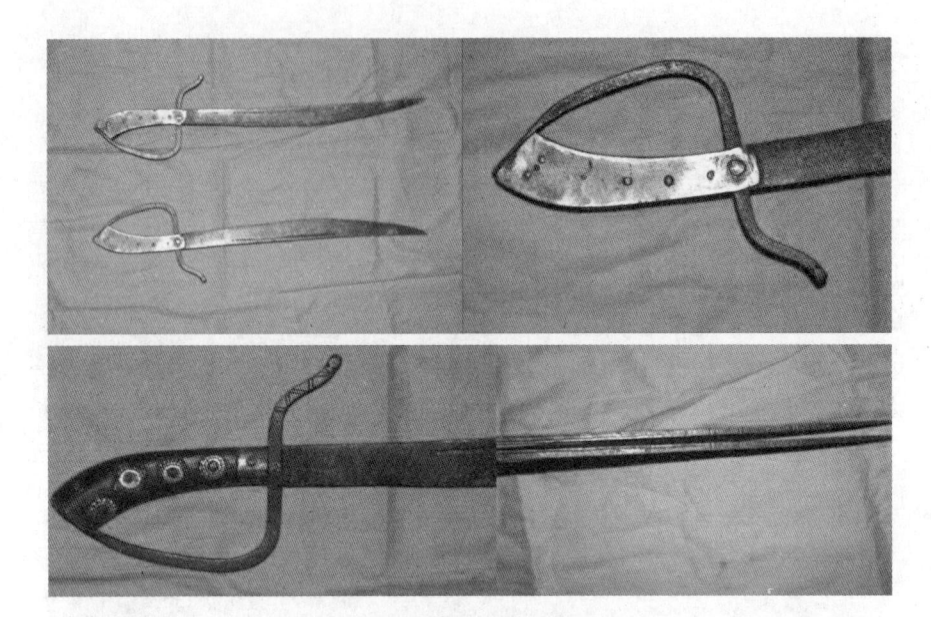

图 13-58　吴德林家中珍藏的双刀

图 13-59　嬴正雄家中的百年老棍

这些器械实物见证了觅洞武术的发展历史，在每一件武术器械的背后，都蕴含着丰富的历史故事。虽有部分武术器械幸运逃过"劫难"，但随着村民保护意识的淡薄，一些留存下来的武术器械出现丢失和损毁现象。此外，在觅洞村，随着铁匠职业的消失和打铁工艺的逐渐失传，有关觅洞武术器械的锻造工艺也已几近失传，令人惋惜。

第二节　训练体系

内涵丰富的觅洞武术拥有自己独特的技战术训练体系，从技术动作学习的次序到训练的相关要求，都有一套不成文的规定。与此同时，觅洞侗拳师在武术的学习与训练过程中表现出了勤学苦练的精神，但在侗拳师承的具体教学过程中，又因循着古老的传承原则，讲究灵活多变的教学与训练原则，与现代武术教学方法有着异曲同工之效。不仅如此，作为医治伤病的传统医术，也与觅洞武术紧密相连，成为觅洞武术训练体系中的一部分。

一　先易后难

觅洞武术在学习与训练的次序上，虽无明确的规定，但一般来讲，遵循先基本功、再套路、后实战的顺序。据吴德林讲，他是觅洞武术的第七代传人，自小比较喜爱武术，跟着父亲练习，也是先练习基本功，再练套路。此外，在具体的动作学习和训练过程中，遵循由易到难的顺序，据吴德林讲述：

> 我们小时候也要练习弓步、马步，还有进步和退步，但因为我们这里是山地，高低不平，所以很少练习扫腿。我学武的时候，父辈对我们都很严格。一般来讲，在学习一个动作之后，要先把这个动作练好、练精了，才能学习下一个动作。我们练习桩功的时候，都是练习矮桩。但是，如果你是初学的话，可以先练习高桩，然后再慢慢变成矮桩。

武术动作的学习和训练按照由易到难的顺序进行，既是遵循武术认知的一般规律，也是觅洞武术学习与训练的具体要求，体现了在觅洞武

图 13-60　在村委会访谈吴德林

术传承过程中对于技术储备与积累的重视,更体现了侗拳师的严以待人和传承中的历史责任感与使命感。

二　勤学苦练

在觅洞侗拳师收徒的过程中,教一批徒弟称为一堂。每一堂的徒弟有八九个或者十多个,但在这么多徒弟中,能真正得到师傅真传的其实并不多,一般一堂也就一两个,有的甚至一个也没有。在集体学武的过程中,除了徒弟自身的资质差异之外,徒弟学武的恒心和毅力等品质对学武的效果也至关重要,正如民间常说的一句俗话:"师傅领进门,修行在个人。"据吴志先转述,吴老九当时人称"九师傅",吴秀光老人从小就跟着吴老九学习武术,先学习拳术,一般是一晚上只能学一个动作,只有一个动作学会了才能学习下一个动作。吴德林对此也深有体会,据他讲述:

> 在我所教的徒弟中,也有学得比较出色的,在莲洞的叫石庆华,在铜关的是徐秉松,在额洞的是吴淑赢。他们逢年过节都还打电话

问候我，时不时还来看望我。一般来讲，一个堂子最多能出来三个学得比较好的徒弟。说实话，我对每一个徒弟都是一视同仁，但每个徒弟都不一样。有的徒弟比较害羞，遇到不懂的地方也不问我，徒弟太多了，我也不可能一一去问。也有的徒弟比较懒惰，而那些学得好的徒弟都是经常找我请教问题的。

因此，在吴德林看来，徒弟学习武术，必须要做到"灵活、勤快、胆大、勤问"。不仅如此，老一辈侗拳师所采用的训练方法异常丰富，要求徒弟刻苦训练才能完全掌握。为了增加练习难度，首先要在身上绑上沙袋，虽然最开始时非常吃力，身体也常常会有疼痛。但当身体逐渐产生了适应性变化，疼痛感就会逐渐减轻。此时解下沙袋，功力自然得到增长。但对于腿功，可以在干农活和走路时经常提东西或重物。此外，为了练习掌力和指力，常用手插稻子、插沙子的方法。据吴玉金回忆，老一辈练武强度较大，还经常在空闲之时用手掌插野生的芭蕉树。觅洞老拳师也常用举石凳、提石砖等方法练习臂力。

在觅洞武术中，还要求练习动作的准确性。据吴玉金讲述，老一辈以前在山上放牛、放羊的时候，就经常练拳，还拿稻草做成稻草人，练习攻击人体的穴位。

此外，在觅洞武术的学习和训练中，主要使用腹式呼吸，要常深呼吸，经常闭气练习冲拳。据吴玉金讲述：

> 当时，因为大家都没有出去，所以练武的时间有很多，白天教武术，晚上也教武术，一般都是在冬天静悄悄地练武。在训练的时候，要先学习武术基本功，比如桩功、弓箭步这些。

与甘溪武术不同的是，觅洞武术中没有发现药功。因为在吴玉金看来，功夫是练出来的。据他讲述：

> 喝酒对身体没好处的，也容易出事，不符合武德要求。另外，练武之人都是很小心谨慎的，不能乱喝酒。

除此之外，在练拳中会产生不同程度的疲劳，如何快速地消除疲劳已成为诸多民间拳师所面临的共同难题。对于觅洞村老拳师来说,练习侗族武术依靠的是耐力和持久力,更与个人毅力密切相关。

三 区别对待

觅洞侗拳师在外出教武时,针对不同的徒弟会区别对待,与当代的学校武术教学方法有相通之处,外出教武也具有独特的时空特征。对此,吴德林深有体会,据他讲述:

> 在外教徒弟,一般是晚上和白天农闲的时候,住在徒弟家中。针对不同徒弟,方法也不尽相同。有的徒弟悟性比较高,一教就会,这些徒弟学得就比较快一些;而有的徒弟刚开始学习武术时比较笨,需要手把手教,然后慢慢就对武术有感觉了;但也有个别的徒弟还和之前一样记不住,这一部分徒弟只能说没有学武的天赋,和武术没有缘分。

区别对待不仅体现在具体的教学过程中,也体现在拜师前后的对比上。据吴学新讲述,在学武时,先学马桩、花架套路等基本功,之后再学一些实战打法,并具体讲解动作具体的进攻与防守方法。值得注意的是,吴光荣正式收吴学新为徒后,对其实行个别教学,在晚上关起门来单独教,每次两小时左右,这体现了正式拜师前后师傅教学态度的变化,由之前的简单随意到认真负责和耐心指导。相应地,吴学新也不负重托,认真学习,刻苦训练。

此外,觅洞侗拳师在长期的生活实践和武术训练中,逐渐摸索出一套医治伤病的方法,体现了武医一家的特点。据吴德林讲述:

> 我们觅洞村的武师都要懂一点草药,因为在练武时不免会发生一些擦伤和打伤的情况,所以练武的人懂点草药对自己很有帮助。草药能够活络筋骨,对恢复身体很有作用。另外,我们也会自己做一些药酒,可以随身携带。

觅洞武术从技术训练到教徒原则与方法,既与当代武术有相似之处,又具有民间武术的特质,蕴含着丰富的人类学文化内涵。

第三节　运用原则

一　以快制胜

觅洞武术技战术最明显的特点就是"快打慢"，以快制胜，彰显了"拳猛"。因此，在平时的训练中，非常注重速度练习。对此，吴德林深有体会，据他讲述：

> 黑虎拳的动作主要有"大锤""鸭子扑水"等，对于指力也没有什么特别的练习方法，主要是通过冲拳练速度。我们在2015年参加全国第十届少数民族传统体育运动会时，比赛项目就是"拳猛"，意思是我们觅洞的拳比较猛，这个"猛"主要是通过"快"体现出来。

在觅洞武术的技击理念中，讲究手法、脚法、眼法都要快，以快制胜。对于眼力练习，吴玉金深有体会：

> 老一辈教我们练习眼功有很多种方法，第一种方法是在下雨时，眼睛不眨地盯着从房檐上滴下来的水，直到水滴到眼睛上也不能眨眼；第二种方法是拿一根绳子，下面拴着一块石头，然后将石头荡起，眼睛就一眼不眨地看着摆动着的石头。第三种方法就是两人互相插对方的眼睛，一方以两指攻击另一方的眼睛时，另一方就要快速躲开。当然，为了避免误伤，在相互插眼睛的时候，要保持一定的距离，快到眼前就要稍微减慢速度，而遭到攻击的一方也要及时闪躲。这些就是练习眼力的方法。

另据吴德林补充讲述：

> 我们觅洞武术技法主要是"快打慢"，在平时的花架套路练习中，要求练手要快，眼睛也要快，还要练习反应速度。一般来说，在花架套路里，对打是越打越熟练的。

此外，觅洞村的老一辈拳师也常用举石凳子、提石砖等方法练习臂力，而这些训练方法和手段最主要的目的就是练习"快"。对于觅洞武术来说，"快"是一切动作学习与训练的前提，也是检验动作实战效果的重要标准。

二　先发制人

觅洞武术除了强调以快制胜外，在实战中还突出先发制人的重要性。先发制人虽然与中国传统武术"道者反之动"的技战术思想不完全相符，但也正是这一点，使得觅洞武术在具体的实战格斗中变化莫测，以至于对手难以把握觅洞武术的拳法，进而有利于在实战中掌控战术的主导权，达到最终战胜对手的目的，为此，吴学新深有感触，据他讲述：

> 我们这个拳变化比较多，也比较强，别人一般摸不透我们的套路。我们和别人打，没等别人出手，我们就先出手，先发制人，使对方防不胜防。但在实战中，我们又随时变换手法，不让对方看出我们的拳法，让他们捉摸不透，所以别人都说我们太狡猾了。

由此，在觅洞武术的实战过程中，也讲究具体的战术，综合运用中国传统武术中的虚虚实实，也即在实战过程中做到"真中有假，假中有真"，目的在于迷惑对手，不让对手掌握己方拳法的特点。与此同时，觅洞武术中的拳法又具有较强的进攻性，与先发制人的战术相一致。据吴德林讲述：

> 就在2014年的时候，我们在贵阳参加全省第八届运动会，碰到一个来自宁夏回族自治区体育学院的老师，我们不住在一起，但是到了晚上，他经常来找我，对我说："吴师傅，我看你这个武术呢，和任何的武术都不一样。"我就问他怎么看得出，他就讲："我也上武术课，但我发现你们打的拳、棍和刀和他们的都不一样。"后来，他就留了我的电话。还有一个是都匀的武术师傅，他看了我们的武术之后，也说和别的拳不一样。我们觅洞武术就是在防守中强调进攻。

所以，和其他大多数传统武术类似，觅洞武术具有较强的实战性，但在具体的实战过程中，同时又讲究战术，通过"先发制人"使对手防不胜防。与此同时，通过不断变换手法避免对手掌握己方拳法特点，使对手处于被动地位，以利于我方在实战格斗中取得主动权，达到制胜的目的。这种技术性战术对于今天的武术散打和自由搏击实战仍具有重要的技战术指导意义。

三 攻守合一

在觅洞武术的演练与实战中，贯穿着"连防带打，攻守合一"的技击思想。在觅洞武术的套路演练中，有一个比较明显的特点，就是动作路线呈现出"打四方"，也即在一个方向演练一套动作之后，在另外一个方向重复演练同样的动作，在实战中也是如此。吴学新对此深有感触：

> 我们的这个武术动作是重复地打，一个方向打完之后，再打另一个方向，也是那一套动作，反正四面八方都打，就好像那个打群架一样，四面八方都要照顾到，时刻防护着自己。我们有一次和别人交流，那个人没能打过我们，说我们这个地方的人太狡猾了，言外之意，我们的这个拳实战性比较强，连打带防，攻守合一，具有一定的迷惑性和随机应变性。

此外，在吴德林看来，觅洞武术具有较强的进攻性，讲究攻防一体，但以进攻为主。吴学新对于防守也有自己的理解：

> 吴德林是黑虎拳的传人，黑虎拳是从他祖上传下来的。我也是他的爷爷吴光荣的徒弟。我们的拳是时刻准备着（防守态势）的，你怎么来，我就怎么接。

"连防带打，攻守合一"是觅洞武术攻防兼备的特性，是在"先发制人"战术基础上对于防守的要求，是实战格斗经验的总结。

总体来说，觅洞武术技战术训练体系遵循"一切从实战出发"的原则，强调以快制胜，通过各式各样的练习，训练手、眼、身法、步等。与此同时，通过"先发制人"的战术策略，致对方以措手不及。而不断变换的手法又可以"迷惑"对手，使得对手无法掌握己方技战术的破绽。诚然，觅洞武术有丰富而又具体的内容，这是"有法"，但在实战中又要求灵活多变，做到"无法"，体现出了"以无法为有法"的经典技战术特点。

伦理文化：觅洞武术中的人伦道德

> 中国乡土社会的基层结构是一种我所谓"差序格局"，是一个"一根根私人联系所构成的网络"。……社会结构的差别引起了不同的道德观念。道德观念是在社会里生活的人自觉应当遵守社会行为规范的信念。它包括着行为规范行为者的信念和社会的制裁。它的内容是人和人关系的行为规范，是依着该社会的格局而决定的。从社会观点说，道德是社会对个人行为的制裁力，使他们合于规定下的形式行事，用以维持该社会的生存和绵续。
>
> ——费孝通《乡土中国》

法国社会学家、哲学家米歇尔·福柯分析了纪律的产生和社会学内涵，表明人的行为具有驯服性，并指出："纪律的历史环境是，当时产生了一种支配人体的技术，其目标是增加人体的技能，也不是强化对人体的征服，而是要建立一种关系，要通过这种机制本身使人体变得更加有用时也变得更顺从，或者因更顺从而变得更加有用。"[①] 而笔者从侗寨武术的拜师仪式、择徒原则、处事规范等方面得出与之类似但又不同的看法。

第一节 驯服的身体

一 拜师

觅洞武术在传承的过程中，因循着古老的传承仪式，充满了民间信仰的色彩。在拜师仪式中，要杀鸡、喝血酒，折射出原始的鬼神信仰。

---

① [法]米歇尔·福柯：《规训与惩罚》，刘北成、杨远婴译，生活·读书·新知三联书店2012年版，第156页。

黑虎拳传承人吴德林对此深有感触，据他讲述：

> 我们在跟着师傅学武的时候，要举行拜师仪式，出去教堂子收徒弟也要举行。拜师时，要先杀一只大公鸡，鸡冠要大。杀完鸡之后，师傅要念咒语，并请祖师，徒弟还要把一代又一代的师傅的名字都念出来，包括现在所要拜的师傅的名字也要念出来。请师之后，将之前杀好的鸡的鸡血滴到装满酒的酒杯里，然后师徒二人都要喝血酒。之后，徒弟要给师傅叩头，师傅开始耍拳。另外，拜师时，徒弟要给师傅包一个红包，叫垫香礼，红包多少都没关系。而出去收徒弟的那个拜师仪式和家传的是一样的。

据吴邦文讲述，在出去教武时，首先要摆坛请师傅。但拜师也有例外，在吴学新拜吴光荣为师时，并没有举行正式的拜师仪式，但是却把请师的仪式传给了吴学新。请师，当地叫"开坛"。"开坛"时要烧香、烧纸、杀公鸡，之后要请祖师，具体的做法是：师傅口中念咒语，然后将所有祖传师傅的名字全部讲出来，师傅念完后就拿着棍演练一套棍法。师傅打完后，徒弟也要拿着棍子随便舞一下。打完之后，就将棍子丢下。另外，请完师傅后要摆酒席，徒弟们和师傅一起来吃饭。至此，拜师仪式结束。而在请师的过程中，也有一些具体的细节，据吴学新讲述：

> 我师傅教了我一些请师的礼仪，就是说以后在开堂子请师教武术的时候，一定要喊到他老人家的名字。他告诉我："在请师喊我名字时，如果怕出问题，可以把我放回去。"请师的时候，嘴上要喊着"请到贵州黎平府××地方，武大堂，不请不到，一请就要到，前屋寨后，大吉大利……"在请师以后，等徒弟打完后，要把棍子随便放在一边，而不能静静地放，意思是说，"刚才喊你们到堂，现在要请你们回位，高处好说，平地好睡，请师傅出来，怕徒弟们出事，没敢留你太久，希望你们大吉大利！"另外，在请师时，要杀的鸡必须是雄鸡，鸡冠子要大。

此外，在请师时要念口诀，而这些口诀在平时是不能念出来的，只有杀鸡、烧纸之后才能念。出于对个人意愿和老前辈的尊重，笔者就没再追问拜师时所念的口诀。在吴志先和吴金玉师傅等人看来，关于请师的这些口诀不方便讲，如果讲出来就是对祖先的不尊重。另据吴志先讲述：

> 这是民间的一种说法，没有开堂，是不能讲咒语的，讲咒语的话，就要把会这门武功的各代师傅的名字一一念出来，现在又没有开堂子教武，就不能随便把这些咒语和符水给展示出来。

觅洞武术拜师仪式反映了觅洞侗族的鬼神信仰，侗拳师的相关阐释也折射出侗拳师趋利避害的群体心理。其实，觅洞武术通过神秘的拜师仪式将传承神圣化，增加了觅洞武术传承的历史责任感和使命感，也对觅洞武术传承人的行为提出了较高的要求，用一些神秘的口诀对传承人的行为进行规训，而这些神秘的口诀对于传承人而言也是一种心理上的暗示，时刻提醒着传承人不要忘记侗族武术先祖的遗训。这类似于福柯在分析监狱时用于约束犯人的纪律，但又有所不同，纪律约束的是身体和行为，而拜师仪式更多的是一种心理劝诫。前者是必须遵守的，后者则是基于道德。如此，觅洞武术在这种神秘的拜师仪式下得到了原生性传承。

二 择徒

与此同时，是否能够进入拜师仪式，需要经过侗拳师的重重考验。在觅洞武术的传承过程中，非常注重徒弟的挑选，吴德林作为觅洞黑虎拳的传承人，经历了老一辈的择徒过程，对于侗拳师择徒深有体会，据他讲述：

> 老一辈在教徒弟的时候也是有所选择的，包括我们现在也是一样。一般来说，对于那些不思进取、心思不正的人是不能教的，脾气不好的人也不能教。

和其他武术类似，在收徒学武及日常训练的过程中，觅洞武术非常注重武德的学习与培养。据吴德林讲述：

> 我们学武要讲究武德，要讲礼貌、讲文明，要求习武之人以武养德，对于那些脾气不好的徒弟就不能教。

此外，要想全面而深入地掌握觅洞武术，还必须具备谦虚好学的品质。吴学新就是较为典型的一位。他除了跟着吴光荣学武之外，还曾师从吴光胜。当时，觅洞公社要组织基层民兵武术队，寨佬吴汉成在鼓楼开会时要求吴光胜在寨子里开堂子教武术，在一旁观摩的吴学新就又跟着吴光胜学武。在学武时，吴学新谦虚好学，从不因为曾是吴光荣的徒弟而骄傲，根据吴光胜的要求按部就班地去学习和训练。据吴学新讲述：

> 吴光胜在教武术的时候，有些招式我都已经会了，但是出于对他老人家的尊重，我就装作新徒弟一样，跟着做动作，吴光胜也打听过我，知道我学过，但是他后来看我比较谦虚，也就愿意耐心地教我了，所以那段时间我是跟着两位师傅学武术的。

因此，觅洞武术在徒弟的选择上严格要求，首要标准是武德，其次是徒弟要有谦虚好学的精神，武德和谦虚好学的精神左右着侗拳师教习内容的多少与深浅，这对觅洞武术的传承来说也至关重要。因为只有拥有良好的武德和谦虚好学的精神，才能促使侗拳师将侗族武术更多地传承下来，进而保证了觅洞武术传承的相对完整性。

第二节　处事的规范

如前文所说，福柯在分析纪律时，强调纪律的目标是建立一种关系，使得人体变得更加有用时也更加顺从。这和侗拳武德修养的要求有类似之处，都是要求培养出更加有用的顺从人体，但二者又有所不同。前者是强制性约束；后者则是默认的处事规则，以生存和发展为出发点。

一　忍让

觅洞武术的传承要选拔拥有良好武德和谦虚好学精神的人作为传承人，而且经过正式或非正式的拜师仪式，要真正担负起觅洞武术传承人的角色。作为觅洞武术传承人的侗拳师在与人交往方面，秉持忍让为先的处事原则，吴文金师傅对此深有体会：

> 我们的武术就是以忍为主，你不动，我也不动；你一来，我就上去应对。我们从来没有摆架子，类似于说："你来啊！"这个从来没有。

而谈及觅洞武术中的忍让为先，吴光贤师傅也深有体会。在他看来，作为侗族武术的传承人，必须具备忍让的品格。据他讲述：

> 一般他们长辈把武功传下来，都要求我们要以"忍"字为先，小不忍则乱大谋。别人都讲我们觅洞武术是"偷打"，实际上，我们是"暗打"，"偷打"和"暗打"是不同的，"暗打"是讲究以"忍"字为主的。

此外，嬴正雄也强调，学武必须要讲武德，不欺软怕硬，要弘扬正义。按照嬴正雄自己的说法，叫"不打无辜之人，要专打坏人"。另外，嬴正雄对武术传承持积极态度，倡导要将觅洞武术发扬光大。目前，嬴正雄就经常教他的两个孙子练习武术。

实际上，侗拳师作为实战格斗技术的拥有者和传承者，不仅在学武之初的拜师仪式中接受武德的规训，在觅洞侗拳师学习之后的为人处世中，也被忍让为先的处事原则所规训，忍让为先已成为觅洞武术的历史和集体记忆。

二 武友

在侗拳师外出收徒之时，会时常遇到各种外来挑战，觅洞侗拳师凭借着过硬的本领和灵巧的智慧，不仅在功夫上让他人心服口服，更以豁达的心胸接纳他人，这一点难能可贵。也正因为此，觅洞侗拳师能够常常以武会友。据吴志新讲述，他在外出收徒教武的过程中，也并非一帆风顺，充满了斗争与智慧，与此同时，在外出教徒的过程中，他也结交了不少朋友。据他讲述：

> 在1978年的时候，我在黄岗教武收徒是一个人去的，当时经过

黄岗,有一个建筑工喝醉酒了,碰到我,然后对我讲:"你不在我的话下。"我就问:"你是讲喝酒吧?"那个人就说:"随便哪样都可以。"那个人的个头比我高大,但是我并不怕,就和那个醉汉过了两招。有个四寨的跟我讲:"不要管他,他今晚醉酒了。"所以,我就准备走,这时那个醉汉追了过来,我就走到一个地方烤火,他开门进来就要拿脚来踢我,我就顺势来了一个"顺手牵羊",把他掀翻在地。后来他连续打过来几次,都被我搞倒,最后他就跪那里认输了。第二天,他杀了两只羊,邀请我去吃饭,那晚村长和村支书也都一起过来吃饭。从双江买的肉,每个人一斤酒、一斤肉,最后都醉倒了。后来,村里发现我会武功,就要我来教他们武术。他们讲:"我们和从江挨着,他们那边太欺负人了。"

不仅如此,在吴玉金多年的收徒教武过程中,也收了不少徒弟,结交了不少江湖朋友,也有相当一部分徒弟跟着吴玉金学武之后成为武师,在多年后也来看望吴玉金,师徒关系不仅融洽,更结成了一种"类血缘"关系的友谊。据吴玉金讲:

在从江托里,有一个武师,也是我以前的徒弟,在我们侗话中,他的名字叫"卜堡"①,就在2017年7月的时候,他还来看望我,也和我比试了一下,他有五十多岁了,怕我忘了招数,来看看我还有没有保留以前的功夫。他看我精神还很好,也很高兴。

在觅洞武术伦理体系中,过硬的本领是以武会友的基础,强调以德服人,以理服人。在侗拳师与徒弟确定为师徒关系后,便结下"类血缘"关系的友谊,这种友谊异常珍贵,是觅洞武术传承中的感情纽带,维系着侗族武术的有序传承。

第三节 文化的保守

觅洞侗族武术的传承不仅在精神和行为上对侗拳师和徒弟进行规训,

---

① "卜"在南部侗话中为"爸爸"之意,"卜堡"意为"堡"的爸爸。

还出于安全和技术垄断的需求,对传承对象的倾向性进行规训。

一 "传男不传女"

和甘溪类似,觅洞武术传承也一直因循着"传男不传女"的陈规陋习,在一定程度上阻碍了觅洞武术的传承,但"传男不传女"有其深刻的人类学文化背景,留下了许多脍炙人口的故事。吴学新是觅洞武术的传承人之一,他以自己的亲身经历阐释了"传男不传女"的缘由。据他讲述:

> 我们觅洞武术在以前是"传男不传女,传内不传外"的。因为怕女儿嫁出去后,把武功交给婆家的人,除非女儿嫁给我们本村人,要不然就不会把武功传给女儿。

也正因为此,吴学新为了能够学习觅洞武术的全部内容,答应做了吴光荣的上门女婿,这才成为觅洞武术的再传弟子,这段历史也常被传为佳话。据吴学新讲述,在20世纪60年代,觅洞村归觅洞公社管理,他的父亲吴文忠是村里的党支部书记,当时公社组织基层民兵武术队,由武术教练教拳。他那时才七八岁,看到吴光荣在教拳,很感兴趣,想跟着学武,所以晚上他父亲就请吴光荣到家里吃饭,并提出学武的要求。当时吴光荣很爽快地答应了,但条件之一是吴学新必须做吴光荣的上门女婿。据悉,吴光荣与吴德林的父亲吴光基是亲兄弟。由于吴光荣老前辈膝下无儿,只有四个女儿,而吴学新自小又比较勤奋好学,非常讨吴光荣的喜欢,所以,为了传宗接代,吴光荣也有意让吴学新做他的上门女婿。而且,也只有吴学新做了吴光荣的上门女婿,吴光荣才答应收他为徒。吴学新的性格也比较开朗,当时对武术非常爱好,没考虑多久就爽快答应了。但实际上,任何事情往往都不以人的意志为转移,据吴学新讲述:

> 我师傅想让我做他的上门女婿,当时就问我:"愿意当我的上门女婿吗?"我也愿意,因为我们有四弟兄,所以我老爸也同意。后来,我师傅就说:"如果你真想当我的上门女婿的话,我就把我的所有武功都传授给你。"但是他的女儿喜欢中寨的一个小伙子,没办

图 14－1　访谈吴学新

法，我给师傅讲："师傅，你也看到了，我也没办法。"最后，吴光荣就把全部功夫都传给了我。我也就跟他学了，但是我师傅还要教我一些法术，我老爸没同意，我就没有学。

"传男不传女"是"传内不传外"的进一步延伸，在一定程度上阻碍了觅洞武术在更大范围内的传播，不利于觅洞武术的传承。但这丝毫没有动摇觅洞村民传承觅洞武术的决心，吴学新就是典型的一位。他为了能够完整地继承觅洞武术，甘愿做出一些牺牲，是原生性传承觅洞武术的最好体现。而近年来，随着社会的发展和进步，妇女也逐渐开始习练武术。对此，吴珍义师傅很有感慨，据他讲述：

> 在练武的时候，只让男的练，不让女的去，家里有女儿也不让她跟着练。在有的家庭，家里只有女儿，没有儿子，也不传给女儿。到现在，女儿也可以传了，女孩子也可以练武术，这个也就是从前几年才开始的。

尽管觅洞武术在旧时"传男不传女",但是仍有一小部分妇女学习了觅洞武术。笔者住在觅洞村吴志刚师傅家,这一家的女主人对于妇女习武深有体会。据女主人讲述,听村里的老人们说,村里的妇女以前也可以练武,但只能跟着父亲偷偷练。对于觅洞武术"传男不传女,传内不传外"的说法,吴玉金表示了部分赞同,并做出了解释。据他讲述:

> 我从小就跟着我爸爸和我外公学武术。虽然说我们这里的武术是"传男不传女",但是我和我爸都是本寨子里的人,所以,功夫也可以传给女婿和外孙,当时,我外公也教我武术。我在1961年、1962年的时候,就练会了武术。

此外,吴志先对"传男不传女"的原因也进行了补充说明,据他讲述:

> "传男不传女"主要是怕功夫传出去,但是如果女婿也是本村寨的,就没问题,就是有一点,在结婚之前是不会教的。

显然,"传男不传女"虽然是觅洞武术传承中的一条陈规陋习,但却折射出当时人们的安全观,也反映了觅洞武术在防身自卫和保村护寨中的重要性。从某种程度上来说,拥有侗族武术技术,不仅可以增加自己的安全感,更能在乱世获得更多的社会资源。也正因为此,觅洞武术不仅是一种防身技术,更是一种暴力威慑手段,还是一种谋生的途径。"传男不传女"是为了保证武术技术的垄断,是一种保护自己家族生存手段的保护性措施。

二 "关起门练"及"留一手"

如上所述,觅洞侗拳师为了保证武术技术的垄断性,禁止通过姻亲关系,将武术技术通过女婿传给内部家族其他分支或者外姓家族乃至外村人,因此也才有"传男不传女"的陈规陋习。除此之外,在侗族武术的传承过程中,还对习武对象进行规训,严禁"外人"偷看和偷学。对此,在侗家拳传承的过程中常常采取一些诸如"关起门练"之类的保护性措施。课题组为此专访了吴珍义、吴志刚、吴永贤等。据吴珍义师傅讲述：

> 我是在八九岁的时候跟着爷爷练武，在此之前，都是在家里的堂屋练，门还要关起来，怕外人偷学。

在很长的历史时期内，觅洞武术一直披着一层神秘的面纱，武术的学习和传承均是"关起门练"。之所以"关起门练"，一方面是为了"传内不传外"，怕被外人偷看；另一方面，"关起门练"也是侗族拳师为了保护自己的技术"专利"。因为，在觅洞村，有一些家族本身就有武术传承，而还有一些家族自身是没有武术的，而为了家族的安全利益，需要到外面请师傅来教武术。为了体现侗族拳师的经济价值，需要"关起门练"。在觅洞村，就有一部分人因为家庭贫困，无钱请师傅，虽然很爱好武术，但也无缘武术。吴志刚师傅就是典型的一位，据他讲述：

> 我两岁的时候，父亲就去世了。所以，别人家的小孩都是父亲教的武功，而我就没有。在那个时候，大家都很困难，你要是拜一个师傅学武功，就要给人家出学费，而且人家师傅只会教一些简单的给你。再加上我大部分时间都在上学，所以那时就没有怎么学。那个时候，是我妈妈把我带到我舅舅家，我读书时的吃穿住行和学费都是我舅舅给的。所以，我很少在觅洞住，对觅洞武术也只是跟着别的老人家学一点，在学的时候，别人的父亲也不耐烦。假如你要拜师的话，还要给人家买东西意思一下。但我因为家庭困难，就没有拜师。

所以，在旧时，向非本家族学武术必须交学费。而在没有交学费的情况下，非本家族成员在一旁跟学时，部分侗拳师也表现得非常不耐烦，只会教一些简单的套路。吴志先对此也深有体会，据他讲述：

> 我们觅洞村祖辈传下来的那些招数那几代老人家一般都不会说的，比较保守。我们两弟兄在那个时候学侗族武术，人家好像有点不耐烦教你。在以前，大家都比较穷，老人们又对武术比较保密。即使教你，也无非是那些其他简单的套路。教完之后，就说："可以

啦！可以啦！"

虽然觅洞是远近闻名的武术之乡，但在老一辈侗拳师看来，徒弟在公开场合演练觅洞武术阻碍了觅洞武术经济价值的进一步实现，体现了觅洞武术的保守性，蕴含着耐人寻味的人类学背景。据吴志先讲述：

> 听老人们讲，这附近的村寨，包括苗族和侗族，应该只有我们觅洞打拳。我们觅洞的武师也外出到附近的村寨教武术，培养徒弟。但是在以前，老人家有约在先，不允许在公共场合下卖艺表演。意思是说，"我去教你，你还在公共场所表演，等于把我的手艺给卖了"。

在觅洞武术的传承过程中，长期以来一直秉持着"留一手"的陈规陋习，在吴永贤看来，侗拳师之所以要"留一手"主要是担心徒弟对自己形成威胁。据他讲述：

> 老拳师将武术一代传一代，但是都没有传完，不肯全部传下去，总会留一点，主要是怕人家打他。

因此，觅洞侗拳师在传承过程中"留一手"有其耐人寻味的人类学背景。在兵荒马乱的旧时代，生存是侗族习武的重要社会动机，而为了能在复杂的社会环境中生存或者谋求更多的社会经济利益，老拳师在武术传承中"留一手"，是出于保护自身安全和利益的需要。

第四节 拳师的心酸

觅洞村以武术见长，在周边区域小有名气，侗拳师在较长的历史时期内以教武为生。在侗拳师外出教武的过程中，会遇到诸如"破关""破堂"等情况，体现了侗拳师的个人生活心酸。

一 师傅"破关"

觅洞侗拳师在外出收徒教武时，并非一帆风顺，充满了生活的艰辛和心酸。对于觅洞侗拳师来说，教武收徒并收取徒弟的学费是为了谋生。而对于徒弟来说，虽然在学武过程中与师傅建立了或深或浅的感情，但侗族武术技术作为一种文化产品，师傅是销售方，徒弟是消费方。临近教武结束时，"消费者"需要对"产品"进行验收。在此，徒弟要对师傅所教的侗族武术进行技术"验收"，也即徒弟要"考验"师傅的本领，需要师傅"破关"。更为心酸的是，只有师傅成功"破关"后，才能拿到应得的学费。对此，吴学新深有感慨，据他讲述：

> 我听我父亲讲，他和我大伯之前曾经在锦屏教过徒弟，教完之后被送出寨门。那个时候你出去收徒弟，在教完的时候，徒弟们要"为难"你，让师傅"破关"，师傅只有破了关，才能顺利拿到钱，否则就拿不到工钱。结果，我父亲和我大伯教的那二十多个徒弟就跑过来，想挑战一下师傅。我父亲说我大伯年龄有点大了，就他一个人上场，然后我父亲让他们数"一二三"后一起打过来，他们都拿着长长的棍子，结果都没能打到我父亲，最后只能乖乖地给钱了。

作为文化产品（侗族武术）的服务方——觅洞侗拳师来说，必须有过硬的本领，来不得半点虚假，否则就得不到徒弟的尊重、拿不到学费。也正因为此，侗拳师在外出收徒教武之时，一定要"留一手"，以应对"破关"——徒弟对师傅武术技术效果的检验。虽然这一过程能够保证觅洞侗拳师在外出教武收徒时对于技术输出的"货真价实"，但从伦理角度来看，这一过程却充满了心酸。

二　外人"破堂"

觅洞侗拳师不仅要面对徒弟的"刁难"，还要时刻准备应对外人的"破堂"。在民间教武，教一批徒弟被称为"一堂"。外人过来挑战师傅的功夫，在民间被称作"破堂"。在觅洞侗族拳师外出教武收徒所遇到"破堂"的人中，既有会武功的，也有一些不会武但力气比较大的。在"破堂"中也演绎了许多历史经典故事。据吴永贤老人回忆：

> 在外出教武的时候，也有人来破堂。关于"破堂"也有一些故事。当时在中华民国时期，我们觅洞村有一个叫吴老九的前辈，在

榕江县八光冲教武术，有一个人来破堂，他叫董良力（侗话），要和吴老九打，结果没有打赢他。董良力的棍子比较大，有七尺长，是竹子做的，里面装了三十斤的沙子，而吴老九的棍子则是细细的，总重不到一斤，有五尺长，又叫"五尺棍"。但是，吴老九的棍子比较快，而董良力的棍子因为比较重，所以打起来比较慢，结果吴老九用一棍子就把董良力打败了。

然而，并不是所有的侗拳师都能顺利应对破堂，部分侗拳师常打抱不平，深知侗拳师外出收徒时的心酸，在其他侗拳师遭遇破堂失败后勇于相助，吴德林的爷爷吴家清就是其中的一位。据吴德林回忆：

  在以前，有一个武师在榕江教徒弟的时候被人家破了堂。然后，那个师傅就找我爷爷去帮忙。我爷爷看到那个破堂子的师傅的棍子是用竹子做的，很粗，里面灌有沙子，而我爷爷拿的棍子则比较小。所以，我爷爷尽量避开对方的攻击，躲开之后就将破堂的师傅的棍子敲掉。

"破堂"既是考验侗族拳师武艺高低的"试金石"，更是侗拳师心酸生活的真实写照。在侗拳师顺利应对破堂后，以过硬的本领赢得他人的尊重，进而才能吸引更多的人来学武。另据吴玉金回忆：

  之前在1970年代，我在榕江教武的时候，就有一个要来破我的堂。那个人也是来榕江打工的，他们就是想看一下究竟我有多大的本事。他就从背后拿了一把铲子，朝我砍了过来，但是我身子一闪，就没有砍到我。还有一次是在黎平县中房，我在那个寨子里教武术，有一个力气比较大的叫梁成，腿功也比较好，他的弟弟跟着我学武。他是哥哥，所以就没有服我，就想过来试一下我的功夫。那个时候人们就有一个想法，如果师傅的功夫是真的，人们就会去跟着学，就会给师傅开钱；如果不是真的，人家就不会给你钱。当时，周边坐满了人，我们就在一个集体仓库里比武。那个人上来就是一个扫腿，我就用"上打雪花盖顶，下打古树盘根"这一招制服了他。他搞不赢我，就在我面前跪地表示服气。

吴邦文外出收徒时也遇过其他拳师来"破堂",据他讲述:

> 我在茅贡教武的时候,就遇到一个有功夫的来破堂,破堂的一般都是来考验你的功夫好不好的,好的话,人家才会跟着你学。而他和我过了一个回合,就斗不过了,认输了。还有一次是在从江教武,也有一个人来破堂,那个人叫"老陈"。那个时候,我教武累了,大家都在休息,老陈突然拿起棍子向我这边甩过来,我当时一个闪身,一把抓住棍子,来了一招"雷公下地",就把老陈的棍子挡掉了,同时给了他一拳,正好打住棍子,在他脸上划了一下,流血了。我当时也很害怕,想着人家是本地人,把人家弄流血了不好。但是,老陈没有怪罪我,反而更加佩服我的功夫,并拜我为师,后来村里人都听说了,就都过来跟着我学武。

在旧时,侗拳师外出教武收徒,遇到外人"破堂",有一套不成文的规定,要求签订"生死状",以维持"破堂"之后的社会秩序,进而避免不测事态的发生。尽管如此,在"破堂"之后,仍然充满了各类"凶险"。对此,吴永贤老人深有体会,据他讲述:

> 当时,在破堂子的时候,要写两份合同,就是"挑战书",规定只能打一次。吴老九把董良力的头打破了,后来,董良力就回家拿起手枪来打吴老九,吴老九早有防备,在董良力进屋后就把他连人带枪掀翻在地。就这样,在众目睽睽之下,董良力拜了吴老九为师,还喊吴老九到他家吃饭。吴老九在董良力家吃饭时,董良力还妄想暗杀吴老九,他背后别着一把刀,手里拿着脸盆,要请吴老九洗脸,想用毛巾蒙住吴老九的脸,并准备拔起背后的刀杀吴老九,结果吴老九一看见他拔刀,就将人和脸盆一起掀翻在地,结果董良力的肋骨被搞断了一根,以后就不敢再打了。

吴老九前辈在应对外人"破堂"之时,有勇有谋,在遇到紧急情况时能够快速应对,凭借着过人的本领让对方心服口服,折射出觅洞侗拳师技艺的高超。不仅如此,个别侗拳师在外出教武时遇到有人来破堂,有自己的一套应对办法。在破堂前,要讲好约定,不管最后结果是生还是死，双方都不承担责任。所以，吴秀光开堂外出教武的时候都拿着这种合约，结果没有人敢真的来破堂。据吴秀光讲述：

> 我去教武术的时候，就给那些要破堂的人来讲，这个是要命的，你要跟我打，群众出来作证；如果你是来找我麻烦的，不打就不打，要打就要往死里打，打死了不偿命。结果就没人敢上了。

因此，在觅洞侗族拳师外出教武收徒时，遇到外人"破堂"，既是觅洞武术技术面临的实战考验，也是以武会友的重要平台，而在"破堂"的过程中，能否达到以武会友的目的，武术实战技术是否过硬是重要的参考指标。所以，觅洞武术技术始终是觅洞武术伦理文化的重要本体。

三　比试武功

正如戴国斌所说："将技击作为本质特征的武术，应离不开对手。"① 在旧时，习武之风盛行，而为了检验所学武功，在村寨内部及村寨之间经常有拳师比试武功，并要遵循相应的伦理。吴秀光老人对此深有感触，据他讲述：

> 学武术不仅要学基本功，还要学用法，一般都是攻击对方的太阳穴、下阴等死穴。如果不懂武术，就没事；如果真懂了武术，力量轻了还好一点，下手重的话，就会把人打死，把人打死就会有比较大的麻烦。你打死人，群众都能看见的，打死人是要偿命的。所以，在以前比武的时候，要先讲清楚，打死了不能找麻烦，也只有在村长和寨佬都答应并同时在场的情况下，才能比试武功。在比试武功或者搏斗中，我一般不先出手，等对方出手了我再出手，一般别人是赢不了我的。你来打的时候，我就给你一脚把你踹出去；你要是用脚踢我，我就退，退完之后再来打你，所以觅洞武术是相当稳的。觅洞的策打是比较厉害的，都是硬功夫，附近几个县的拳师都赢不了我们。所以，没有人敢来我们觅洞叫打（挑战）。

---

① 戴国斌：《武术对手的文化研究》，《上海体育学院学报》2006年第5期。

其实，村寨内部及村寨之间的侗拳师在比试武功时有相应的约定，这与侗拳师外出收徒过程中遇到"破堂"时的处理情况类似，是一种大家都遵守的乡村秩序，不仅保证了比试双方的合法权益，也从某种程度上对比试过程中的技术运用具有了一定的限制作用，是对比试双方身体的规训。然则，在极端情况下，比试双方中的一方被打残或者打死，那么，就要按照之前的约定执行。尽管这种情况目前并不多见，但却也映射出觅洞侗拳师个人生涯中的"挑战"。也正因为此，"挑战"的随机性在某种程度上驱使侗拳师在侗族武术技术上不能自满，必须"精益求精"，这有利于觅洞武术的技术传承和改进。

四 传承人之争

值得关注的是，近年来，随着国家对包括侗族武术在内的非物质文化遗产的重视，传承人的认定被提上了议事日程。在此背景下，觅洞侗族武术传承人的认定变得格外引人瞩目，也曾引起了传承人之争。在觅洞村，侗族武术开展较为普遍，几乎每个人都会一些，仅有部分拳师技艺高超，吴学新就是其中的一位。如前所述，吴学新为了能够学到觅洞武术的精髓，曾自愿作为吴光荣的上门女婿，虽然最终没有结成姻亲关系，但却得到了吴光荣前辈的真传。由于在侗族武术方面的造诣以及在觅洞武术传承方面所做的贡献，吴学新赢得了觅洞村父老乡亲们的广泛认可，也获得了村干部的肯定。但在侗族武术传承人的认定上，村委会和寨佬们举棋不定，难以在复杂的社会关系中做出选择。虽然最终选定吴德林为觅洞武术的传承人，但是在感情伦理上，存在着种种矛盾的心理。一方面，个别侗拳师是"正宗"传承人，应当担任起传承和发展侗族武术的责任；另一方面，由于受到旧有保守思想的影响，"传内不传外"成为首要的传承原则，而部分"非正宗"传承人得到了觅洞武术的全部真传，希望在觅洞武术传承与发展方面做出自己的贡献，实现自己的人生价值，但就是在这一过程中，"正宗的"传承人和"非正宗的"传承人之间就不免产生一些矛盾。这种矛盾并不明显地表现出来，而是存在于觅洞村侗拳师相互之间的心理感觉中。对此，吴学新深有感触，据他讲述：

> 刚开始我也想做觅洞武术这个事情，但又怕他们对我有意见，

所以又不想搞了。以前，在我们寨子，我还开过堂子，教过武术。后来就有些人对我有意见，好像我不是正宗的传人，不应该开堂子教武术，而像这样的事情应该让他们来做，但他们又不想教别人。所以，我们之间有些矛盾，虽然嘴上不讲，但心里却很不高兴。后来我就没理会，坚持了自己的想法，自己开堂子，并且在我们寨子开了好几个堂子。我想假如你要是不去教武术，那这些武术最后就会失传。

其实，任何非遗项目传承人的认定都会引起一些纷争，这并不可怕，可怕的是不能正确地面对，并妥善处理此类问题。令人欣喜的是，在觅洞武术非遗传承人官方的认定结果出来之后，村民们并没有太大的反应。一方面，这个结果也是经过村委会和寨佬开会讨论通过的；另一方面，作为多年来对觅洞武术传承做出重要贡献的吴学新能够以包容的心态和宽广的胸怀看待此事，这才使得侗拳师之间的关系较为融洽。究其原因，寨佬和村委会在此事件中也扮演了协调员的角色。因此，觅洞武术传承人的认定是基于觅洞武术传承有序进行的结果，更是稳定觅洞武术乡村传承秩序的需要。

费老曾指出："社会结构的差别引起了不同的道德观念。道德观念是在社会里生活的人自觉应当遵守社会行为规范的信念。它包括着行为规范行为者的信念和社会的制裁。它的内容是人和人关系的行为规范，是依着该社会的格局而决定的。从社会观点说，道德是社会对个人行为的制裁力，使他们合于规定下的形式行事，用以维持该社会的生存和绵续。"[①] 侗寨的差序格局决定了尊师重道的武德和"传内不传外"的传承秩序，也诠释了侗拳师和武术习练者在相关社会活动中的规则与秩序。

---

① 费孝通：《乡土中国》，北京出版社2005年版，第41—42页。

侗人论武功：觅洞侗族主位的武术观

> 我以为所谓文化就是这样一些由人自己编制的意义之网。因此，对文化的分析不是一种寻求规律的实验科学，而是一种探求意义的解释科学。
>
> ——［美］克利福德·格尔兹《文化的解释》

第一节　社会功能价值观

在觅洞侗族看来，觅洞武术是一种民俗活动和娱乐活动，是人们强身健体的重要手段，能够防身自卫，保村护寨，并具有一定的伦理价值。而在学习和习练侗族武术的过程中，无论社会环境如何恶劣，觅洞村民都能够秉持一种持之以恒的精神，做民族文化的守望者。在他们眼中，觅洞武术是觅洞村的历史与集体记忆，是一种薪火相传的精神，具有较高的文化价值，正是依靠这种信念，觅洞武术一直得到原生性地传承。

一　防身自卫

觅洞武术产生于乱世之中，是觅洞村民保村护寨的重要利器，因此，觅洞武术首先是一种技击术，其重要的价值功能是防身自卫。按照觅洞村吴村长的话说，"觅洞武术对不三不四的人起到一种震慑作用"。吴光贤老人酷爱武术，在他看来，武术在古代是一种防身的利器，现在则是一种健身手段。据他讲述：

> 那个时候，像我这个年龄的人个个都会一点武术。我觉得这个武术是可以一代传一代的，在古代，武术是用来防身的，而现在，

这个武术就是一种体育锻炼。

已有六十余岁的吴文金老人对于觅洞武术的防身自卫功能也深有体会，据他讲述：

> 以前，兵荒马乱的，强盗比较多，你要是不学点武术，肯定吃亏，家人也会受牵连。学武的目的是防御，而不是侵犯别人。

不仅如此，在旧时，觅洞也是通往县城的交通要道。复杂的地形和特殊的地理位置孕育了历史悠久的侗族武术文化。由于盗匪横行于旧时代，觅洞时常遭到抢劫。为了保村护寨，习武之风兴盛。除此之外，练武术还有其深邃的人类学背景，据陈家良讲述：

> 那个时候为了不让外人进入我们觅洞的领地，防止强盗侵犯，我们就练武术，让别人怕我们。在以前，一遇到外敌入侵，也没有什么上级组织来指挥，只有我们自己来解决，所以我们就创造了武术，别人来侵犯我们，我们就用武术来打，如果打不赢，我们就收。

因此，在觅洞村民看来，觅洞武术作为一种防身技术，是觅洞村民保命的重要手段。长期以来，社会治安的混乱始终是觅洞武术得以原生性传承的重要外部动力。

二　强身健体

与此同时，觅洞武术本身又具有强身健体的功能。无论对于侗拳师来讲，还是对于一般村民而言，在村寨娱乐生活和健身手段单调的年代，觅洞武术是都一种强身健体的重要手段。吴村长也是一名侗族武术爱好者，小时候曾经跟着村里的老师傅练过一段时间武术，后来由于家庭和工作原因，就没有继续侗族武术的学习了。尽管如此，觅洞村作为远近闻名的武术村，几乎人人都会点武术。受侗族武术的熏陶，吴村长对觅洞武术也有着很深厚的感情。他认为，侗族武术主要是一种强身健体的手段。据他讲述：

> 我们村有吹芦笙的,也有练武的,吹芦笙是一种娱乐活动,武术则是一种体育活动。

而在吴玉金看来,习练侗族武术有助于提高"气力"和睡眠质量,据他讲述:

> 练武对身体很好,不练武的话就感觉浑身没有力,练武久了,视力和手脚都会变敏感。而且,经常练武,晚上睡眠质量会提高,只要睡觉前练一会儿,晚上就会睡得香一些。

不仅如此,嬴正雄认为习练侗族武术可以增强身体力量和免疫力。据他讲述:

> 我这辈子基本上没有吃过药、打过针,每次身体不舒服,或者感冒发烧的时候,就练一练武术,练了之后就不痛了,浑身就有一种解脱的感觉。至于练武喝酒,我一般会在练武之前喝一二两,喝了酒之后练武更有劲,但不要喝太多,太多就练不成了。

在包括侗拳师在内的觅洞村民们看来,侗族武术是一种健身性的体育活动,不仅有助于提高睡眠质量,更可以增强身体的抵抗力。这在当代社会仍有着积极的现实意义,因此,觅洞武术应当得到有效传承。

三 文化价值

觅洞武术除了具有强身健体和防身自卫的价值之外,更作为一种精神具有较高的文化价值。对此,觅洞村民有自己的理解。在吴志先看来,打拳象征着一种坚持不懈的尚武精神。据他讲述,在旧时,大部分觅洞村民都没有外出,人们练武依靠的是一种精神,每到晚饭后,不管老幼,都会自觉地聚在一起练武。而到了文化大革命时期,由于受到文化压制,觅洞村民不得不变换练习场域。据他讲述:

> "文革"期间,老一辈在精神上受到了摧残,但还是有不少人喜欢武术,就只能到山上去练,或者是在田地里偷偷地练,不敢让

干部看见。

在"传男不传女"的年代,村寨中的妇女不能拜师学武,这是觅洞村民出于技术垄断的一种保护性措施。但是,部分侗拳师还是"偷偷"将侗族武术传给自己的女儿或者外孙女。不管侗拳师是出于爱护自己子女的考虑,还是其他,将侗族武术传承给妇女,这本身就是一种传承精神,体现了一种使命感和责任感,也折射出了侗拳师内心的豁达。

另外,在"农业大生产"和"文革"期间,尽管外部的社会环境不利于侗族武术的习练和传承,但多数侗拳师仍然坚持习武,或者在相对隐蔽的地方习练,或者在后山上习练,抑或忙中偷闲耍两下。这在当时的社会环境下难能可贵,因为在他们看来,觅洞武术是安身立命的根本,是生存的"法宝",更是先祖的历史与集体记忆,在任何时候都要传承下去。

因此,觅洞武术由之前保守状态的"关起门练"到1949年后的"聚众练",再到"文革"期间的"偷偷练",虽然练武的场域发生了变化,但是这丝毫改变不了觅洞村习武群体的热情,因为在觅洞人看来,练武是一种精神食粮和薪火相传的文化。时至今日,觅洞武术能够得到原生性的传承,靠的就是这种薪火相传的精神力量。

四 伦理价值

在觅洞村,侗族武术不仅是保村护寨的重要武器,更在调节村寨伦理道德、维护社会和谐方面具有重要的伦理价值。首先,在觅洞村,几乎人人都会武术。但武术作为一种防身的手段,也是一把双刃剑,如果合理利用武术,就会为村寨百姓积德谋福,反之则会带来灾难,危害社会安全。对此,六十余岁的吴文金老人深有体会。据他讲述:

> 在中华民国时期,弱肉强食、以大欺小,我们村只有一百五十人左右,但是我们会武术,不让外人欺负,武术就代代相传下来。但学武有一个规定,就是学武不能传给那些专门欺压百姓的人。

此外,觅洞武术也成为觅洞村民个人职业生涯的重要资本,对此,嬴正雄深有体会。嬴家有家传武功,迁徙至觅洞村之后,受习武大环境的影响，赢家继续坚持习武的传统。赢正雄十四岁当选为大队会计，十六岁参军，在部队的时候，也因为自己武功好而得到了重用。据他讲述：

> 由于村寨里经常有人在练武术，我对这个也比较爱好，有时候也看着学会了一些，没想到在部队里用上了。有一次，部队里进行练武大比拼，连长对我说："你这么小的个子能行吗？"我说没问题，两三个都没问题。他们都怀疑我的功夫，结果上来三个人，都被我打趴下了，我用的也就是觅洞武术中的一部分。就因为这个，我从一个新兵提拔为班长，觉得挺高兴的。在1969年9月13日，我正式成为党员，之后又被提拔为连队支部委员。

赢正雄在21岁开始跟着吴光荣、五老恩练习觅洞武术。据他回忆：

> 我参军回来之后，也偶尔到村寨里找人切磋，我知道吴光荣师傅的功夫厉害，就在他面前展示了一下部队里学到的武术，吴光荣看了之后，觉得我的身体素质和反应还可以，就答应教我武术了。

不仅如此，在中寨寨佬陈家良老人看来，觅洞武术有着重要的心理震慑作用。

综上，觅洞武术拥有丰富的伦理内涵，在维护社会和谐、融洽人际关系、获得认同感等方面都具有较高的伦理价值，在社会变迁的今天仍有着重要的借鉴和参考价值。

第二节 技术与时空观

一 技术观

觅洞武术作为一种文化留存形式被传承至今，具有较强的生命力。而觅洞侗拳师对于觅洞武术本体而言，有着自己的理解。觅洞武术被称为"黑虎拳"，对于黑虎拳，觅洞村民也有自己的阐释。据吴光贤老人讲述：

> 我们觅洞村的武术就是黑虎拳，是仿照老虎吃羊、吃牛的动作

创编而来的。

与此同时，吴德林作为黑虎拳的传承人，也曾接触过外来拳术和搏击术，对于觅洞黑虎拳和其他拳术及搏击术的区别，他认为觅洞武术是一种"暗拳"。据他讲述：

> 现在部队里的拳是一种"明拳"，而我们觅洞武术则是一种"暗拳"。你想要来攻击我，你的动作，包括脚和手放在什么位置，我都能估摸出你要怎么出拳，所以我就提前做好防备。另外，我们拿棍子是手放在中间，掂平拿，所以，你不知道我是要往哪个方向攻击你。所以外面的棍子都是单头棍，我们用的是双头棍。

嬴正雄之前也曾在部队里学过武术擒拿。在嬴正雄看来，部队里的擒拿与觅洞武术差别明显。据他讲述，部队里的武术只攻击对手的胸部，而觅洞武术则可以攻击身体的多个部位，手法更加多样化，内容更为丰富。此外，嬴家之前在六侗学习的武术棍法为单头棍，而到了觅洞之后，就开始学习双头棍，所以，觅洞村的武术棍法和其他地方的棍法在技法上有所不同。与此同时，吴志先年轻时也在部队当过兵，又习练过觅洞武术，对于二者的关联和区别也深有体会，据他回忆：

> 我年轻的时候就去贵州黔西南当兵，在部队里所练的武术和觅洞武术之间的差别还是比较大的，但是在动作上基本上是相通的，比如说部队里的弓步、马步动作和地方少数民族武术的基本动作是一样的。但是，对于我们觅洞武术来说，还有一些绝招和奥秘和部队里的招式不一样。

此外，觅洞武术中也有"四门拳"和"四门刀"等武术套路，侗拳师有自己的解释。据吴德林讲述：

> 四门拳主要是指四面防守，路线是从左到右，再从前到后，而四面的动作相同。我们侗族武术强调一招致命，简单实用。基本步法主要是"四方走"。

不仅如此，对于侗族武术技术的使用规范和注意事项，觅洞侗拳师有自己的见解。在旧时，武力是解决矛盾纠纷的一种有效手段，因此，在吴金玉看来，饮酒容易误事，所以要谨慎。另据他讲述，吴光荣老前辈除了在基层民兵连训练武术之外，在其他场合也经常教导年轻人不要随便出招，要冷静观察对手，待对手出招后，再随机应对。这体现了中国传统武术"以静制动"的战术原则和"道者反之动"的哲学思想。

对于觅洞武术中的"点穴"，尚无明确的说法，但觅洞拳师对于点穴有自己的理解，在吴玉金看来，击打人体要害部位就是点穴，常见的要害部位有心脏、嘴巴、下阴、眼睛、太阳穴、后脑、鼻子等。因此，觅洞侗拳师对于穴位的理解与其他地方有所不同。此外，在两人对战或者多人实战过程中，更多需要的是对己方所处位置和对方行动的感知能力。另据吴玉金讲述：

> 我们在实战中，要看着对方的肩膀，对方肩膀一移动，我方就要迅速采取应对措施。

而一般来说，在现代搏击实战中，两人对决时，需要双方时刻紧盯着对方的眼睛，根据对方眼神的变化来加以应对。很明显，觅洞武术对于实战场景态势的感知方法与当代搏击项目有所不同。而从觅洞拳师对觅洞武术的感知和理解中，能深切体会到技术积累在觅洞武术技术体系中的重要性。与此同时，生活经验对于侗族武术技术的运用也有着或多或少的影响，包括侗拳师在内的觅洞村民对于侗族武术的技术认知，形成于觅洞村的社会文化语境中。

二　时空观

和其他民族民间武术类似，觅洞侗族拳师对于武术的习练和传承也有着自己的时空观。一般来说，侗拳师多在空闲时间习练武术。为了保护自己的"技术产权"不被"泄露"，一般需要"关起门练"，这使得觅洞武术长期以来被披上了一层神秘的面纱。据吴德林讲述：

> 在以前，我们练武都是在空闲时间练。在那时，白天干活，晚上练武。另外，老一辈们在练武的时候都要关起门来练，目的是不

侗人论武功：觅洞侗族主位的武术观

许外人来偷看。

此外，觅洞武术习练场地灵活，山坡、田地、校园都可以习武。据吴珍义师傅讲述：

> 我们练武一般是在农历的正月间。以前，我跟着亲戚朋友练武，现在我们全村可以一起在公共场所练武，在学校里也可以练，相互学习。有时候，我们也在山坡上练武，在田里干活的时候也可以练。

吴玉金年轻时很爱好武术，会在空余时间找地方练习，如在山坡放牛的时候就时不时练习一下。诚然，一切公共区域都是觅洞习武的好场所。

而觅洞武术的时空特征也与社会文化语境息息相关，有着深厚的人类学背景。据吴志先讲述，之前很多武术都已经失传了，特别是在文化大革命期间，包括侗族武术在内的传统文化遭到了洗劫，很多书籍都被烧毁，就连练武也被禁止。村民们就只能到山上练武，或者晚上偷偷练武，不让村干部知道。

图 15-1 访谈吴志先

和其他民间武术类似，觅洞武术具有浓郁的乡土气息，对于学习和习练场地并无特殊的要求，田间地头、山坡、村寨里的公共场所等都是习武场所。在时间上，觅洞村民习练侗族武术一般是在农闲时间，具有较强的灵活性，原则上在任何空闲时间内都可以习练，但同时又具有季节性，多集中于冬季。

传承与发展：觅洞武术文化基因的延续

> 如果我们将原创性和新奇感视作描述性术语的话，它们在任何一件艺术作品里都没有完全在场或缺席，而是与不同程度的非原创和模仿交织在一起。……我们越来越明确的是，依据哲学和历史的理由，我们被迫承认原创性不是决定艺术品质的唯一甚至主要的因素。
>
> ——［美］保罗·奥斯卡·克里斯特勒
> 《文艺复兴时期的思想与艺术》

第一节 保守中的开放：基因延续方式的转变

基于觅洞村民对侗族武术技术及其时空的理解与感知，觅洞武术发展至今，在师徒传承的基础上，逐渐由"闭塞"走向"开放"，由"传内不传外"走向"积极传承"，从具有浓厚乡土气息的乡村传承扩展到学校传承，从一般的民间交流到半官方性质的比赛，经历了一个漫长的历史过程。

一 持守传统

笔者在访谈时，发现部分老拳师比较保守，不太愿意讲述自己的过去和收徒经历。更为重要的是，在觅洞村，许多老拳师都历经了"大集体"与"文革"时代，精神上受到了一定程度的创伤，"多一事不如少一事"的明哲保身成为处理事务的基本原则。笔者也曾多次拜访个别老拳师，但每次都无功而返，所得资料也非常有限。吴志先作为笔者的向导，也给个别老拳师做了思想工作：

> 现在人家是来我们觅洞做宣传的，就要尽量把自己的经历和故事告诉别人，没有故事怎能成为产业的平台？

与此同时，由于觅洞拳师持守传统，觅洞武术发展至今，仍缺乏外界的关注。据吴志先讲述：

> 觅洞武术发展到现在，出去比赛也比了，表演也演了，都得到了观众的好评，也得到了社会的认可，但就是这近二十年的时间里，好像也没有哪个单位来关注这个事情。

因此，对于一部分觅洞侗族老拳师来说，由于受到"传内不传外"等陈规陋习的影响，对于觅洞武术的传承和发展缺乏自信，也存在一定的保守心理。

二 传承与交流

近年来，随着"非遗运动"的开展，觅洞武术传承人的认定一度被提上了日程。经过寨佬召开村寨会议，并与村委会共同商议，最终选定吴德林为觅洞武术的传承人。而实际上，吴学新、吴珍义、吴顺才等觅洞侗拳师均视传承觅洞武术为己任。其中，吴学新多年来一直在觅洞小学义务教习觅洞武术，并带领觅洞小学生到凯里参加黔东南州中学生运动会，获得了其他参赛队员与教练员的一致好评。

此外，觅洞侗拳师多次参加比赛和对外交流。吴学新、吴德林等曾于2015年参加全国第十届少数民族传统体育运动会，并获得综合类表演项目一等奖；吴德林和吴学新也分别获得了个人奖项。

不仅如此，近年来，觅洞村组建了自己的武术队，由侗拳师、中小学生等组成，曾多次受邀参加每年农历三月十五日在双江镇四寨举办的摔跤节开幕式表演。此外，部分侗拳师也响应政府号召，受邀参加武术交流活动。如吴玉金和陆支书在2015年，应黎平县民宗局的邀请，和县内外的一些武师相互切磋武艺，扩大了觅洞武术的知名度。

传承与发展：觅洞武术文化基因的延续

图16-1 吴学新、吴德林等参加第十届少数民族传统体育运动会后获奖合影

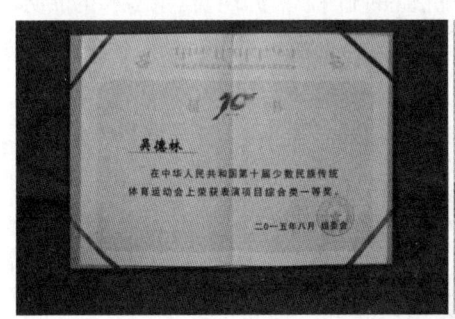

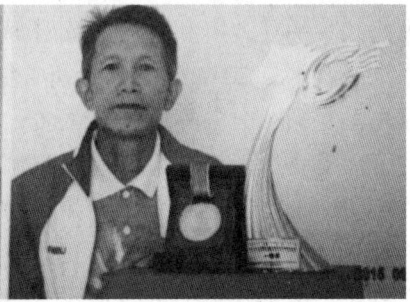

图16-2 吴德林参加第十届少数民族传统体育运动的获奖证书

尽管如此，在觅洞武术的传承与发展过程中，仍存在着诸如缺乏文化自信、个别拳师过于保守、在传承策略上缺乏长远的规划、没有具体的传承目标和计划等不足。与此同时，武术传承是觅洞社会发展的一部分。而觅洞村整体上缺乏较为明确的规划，这在一定程度上制约了觅洞武术的发展与传承。因此，作为服务于觅洞经济社会发展的觅洞武术，仍存在较大的发展空间，亟待学界作进一步的跟踪研究。

第二节　政府的规划：文化基因延续中的政府角色

　　政府有责任和义务扶持作为侗族的文化遗产的侗族武术，在侗族武术文化基因延续中扮演着指导者和协调者的角色。与此同时，政府的相关政策和规划也将影响着觅洞武术的传承。为此，课题组访谈了双江镇和觅洞村的部分领导干部。2018年1月24日下午，笔者与双江镇人民政府办公室进行了调研上的对接，向主管文史工作的吴主任做了情况说明，而吴主任也向笔者简单介绍了觅洞武术。据他讲述，驻村干部曾多次带领他到觅洞村考察，他对觅洞村的传统文化也有所了解。此外，双江镇将重点打造觅洞村，将觅洞村作为旅游重点扶贫对象。而觅洞村每年都要参加重大活动，尤其是在每年的农历三月十五日，在双江镇四寨村举办侗族摔跤节，远近的村寨几乎都要参加。觅洞武术在摔跤节中进行展示。而另据驻村干部杨主任介绍，觅洞村也希望把侗族大歌、侗族武术等打造成文化品牌。

　　在双江镇政府看来，觅洞武术的传承与发展应被纳入整个地区的文化旅游产业规划当中，在发掘经济价值的过程中实现觅洞武术的传承。为此，黎平县政府和双江镇政府都非常重视觅洞武术的宣传工作，尤其是觅洞武术自2014年参加贵州省少数民族传统体育运动会表演"拳猛"以来，受到社会各界的广泛关注。在此期间，黎平县文化馆杨国祥等参与了"拳猛"的动作编导，对觅洞武术的宣传起到了推动作用。而在当前贵州文化旅游开展得如火如荼的今天，黎平县和双江镇将觅洞武术的传承与发展置于文化旅游框架之下，亦在情理之中。但黎平县和双江镇政府对于觅洞武术传承与发展的理解不尽相同。

　　笔者于2018年1月24日与觅洞村的驻村干部杨富球一同来到觅洞村进行实地考察。杨富球认为，要重点打造觅洞村的侗族传统文化，以文化促进旅游开发，发挥觅洞武术文化的产业价值，据他讲述：

> 　　现在村里想把侗族文化广场作为重点打造对象，另外还要建一个文化长廊，因为毕竟之前大家对侗族传统文化都没有重视起来，现在要搞旅游开发，就要从这些方面入手。

传承与发展：觅洞武术文化基因的延续

图 16-3　访谈驻村干部杨富球

2018年1月27日晚，笔者访谈了来觅洞村视察工作的双江镇党委杨书记，杨书记对笔者挖掘觅洞武术文化表示欢迎，也非常希望能把觅洞的侗族传统武术文化宣传出去。据他讲述，双江镇政府将觅洞武术、四寨村的侗族摔跤、沁河的芦笙舞、黄岗的男生侗族大歌视为发展的四大明珠。另据镇政府的另一名工作人员介绍，双江镇政府准备在觅洞村建设练武场和寨门，作为双江的一个文化旅游景点，期望以此传承觅洞武术。据他讲述：

> 下一步双江镇准备在觅洞村搞一个练武场，作为双江镇旅游环线的一个点，四寨的摔跤是一个点，沁河的芦笙舞是一个点，黄岗的侗族大歌是一个点。这些景点构成一个旅游环线，从小黄到从江，可以环游一圈。觅洞还可以做一个训练基地，不能让我们的宝贝失传了。而单独将觅洞的侗族武术作为一个旅游点也是可以的。所以，我们要先修建一个练武场，至于寨门要放在下一步去做。

此外，吴志先既是黎平县政协委员，又是村里的一名农民企业家。

针对觅洞武术旅游建设，吴志先也有自己的见解和看法。据他讲述：

> 我们觅洞村好像对这个公益事业重视得不是太到位，村民的自立意识比较薄弱。在村寨的旅游文化建设方面，牵涉方方面面的利益，谁投资谁受益，大家在还没有建设之前就已经开始考虑分红了，这个是不可取的。

因此，在吴志先看来，觅洞武术文化基因的延续和文化旅游作为一项公共事业，利人利己，应当得到政府的足够重视和村民们的充分理解与支持。对于村民们来说，应当抛弃个人私利，树立自立意识，增强文化自觉。

总体来看，从政府文化部门到乡镇驻村干部，都视觅洞武术为整个文化旅游开发中的一个景点，期望通过文化旅游开发实现觅洞武术文化的传承。尽管如此，觅洞武术的传承究竟是开拓旅游传承型道路，还是沿袭原有的传承方式，仍是需要包括政府在内的社会各界必须认真思考的问题。

第三节　村民的态度：文化基因延续中的村民参与

与之不同，觅洞村民在觅洞武术文化基因延续中的参与具有原生性，即不受外界因素的干扰，对觅洞武术进行自发传承。这源于觅洞村民特有的民族文化意识，按照当地人的话来说，这是他们的民族习惯。相对而言，觅洞武术历史较为久远。第一，村寨历史遗迹较为丰富，有古碑一座、古树若干、古井一口、鼓楼五座、古墓若干；第二，觅洞村民风淳朴，热情好客，有着较好的习武意识和群众基础；第三，觅洞村有着历史悠久的鼓楼文化，鼓楼是觅洞合款议事的重要场所，是侗族族群与文化认同的重要标识。在鼓楼文化影响下，村民们对包括侗族武术、侗族大歌、吹芦笙在内的侗族传统文化有着较为强烈的传承意识和团结意识，鼓楼文化中的这种传承意识促进和加强了侗族传统村落的群体凝聚力和侗族武术传承与发展的执行力。

尽管如此，村民们对于觅洞武术传承的态度并不十分一致。其中，以吴德林为代表的一批侗拳师持保守态度，既有谦虚好学的传统美德，也有"密不外传"的文化基因。而以吴学新为代表的拳师则持开放态度，提倡开拓创新、积极进取。与此同时，也有以吴志先为代表的一批文化精英对侗族武术的发展有着强烈的文化自觉意识。按照吴志先的说法，"村里面要有多管闲事的人"，倡导积极对外宣传，摒弃保守思想，积极进取。据觅洞吴村长讲述：

> 觅洞武术历史比较悠久，我们将来要准备修建一个展览室，把我们村觅洞武术所取得的荣誉都放在展览室里。

觅洞村民也重视侗族大歌和芦笙等传统文化的传承。其实，学习侗族芦笙和武术，从娃娃抓起，这不仅是每五年一度举办赛芦笙的现实需求，更是觅洞历史与集体记忆和文化基因延续的需要。尽管如此，觅洞村民对于如何传承侗族武术仍然缺乏相互的协调，不能形成统一的意见，这显然不利于觅洞武术的传承。其中，以吴志先为代表的一批村寨精英主张觅洞武术应走旅游开发的道路，吴志先认为：觅洞武术和侗族大歌、芦笙历史悠久，代代相传，村寨也有许多古遗迹和故事典故，比较适合走村寨旅游的发展道路。但是，在他看来，觅洞的文化旅游发展仍然存在不少问题。村民们对武术和侗族大歌传承热情高涨，但缺少核心行动者，也没有专门负责文化传承的领导干部。据他讲述：

> 在以前，我们觅洞的老一辈根本就不会讲汉话，讲的全部都是侗话，很多人都没有文化。我们村现在搞旅游就缺一个牵头人，农民不知道怎么去做，感觉我们这里太落后了。

而且觅洞武术没能够引起政府的足够重视，加之村民对于侗族武术传承缺乏一定的文化自信，文化的落后才导致部落的落后。据吴志先讲述，文化进步了，其他方面自然就会有进步，觅洞的文化基因造成了思想上的落后。其实，任何民族的文化都是平等的，没有所谓的"落后"与"先进"之分。和汉族一样，侗族同样创造了种类繁多、内涵丰富的民族文化。然则，广大侗族同胞确实普遍缺乏文化自信。

除此之外，在目前条件下，觅洞武术并不适合走文化旅游传承的道路。因为在吴志先看来，在文化旅游开发事宜上，觅洞缺乏相应的制度和专门的人才。具体来说，首先，村里缺乏相关的乡规民约，在村寨的具体规划上不能统一；其次，村里的旅游开发缺少设计方面的人才；最后，在他看来，任何民族产业的发展都必须有耐心，要有一定的持续性。吴志先作为一名政协委员，会协助吴学新完成提案，据他讲述：

> 这些材料都是县政协提案里的内容，因为当时我搞这个觅洞武术，在四寨表演了几次了，后来，乡政府就要求我把觅洞武术简要地汇报一下，所以我才搞了这个提案。

与此同时，这份觅洞武术旅游村建设的提案事出有因，从想法的提出到提案的准备，经历了一个过程，吴志先全程参与其中。从提案的准备过程来看，觅洞村有不少"爱管闲事"的人，据他讲述：

> 这个提案是前几年申报到县政协的，提案方面是我亲自写的，因为我是县政协委员。每次都有以吴学新为代表的侗拳师期望通过提交政协提案来获得政府的支持，参与到侗族武术的传承与发展中。吴学新曾多次向黎平县政协提交觅洞村武术旅游村建设方案，但由于提案内容准备得不是太充分，都未能获得县政府的批示。
> 我去交这个提案，是为了觅洞武术和其他文化方面的传承与发展，在政协方面，我们也做出了自己的努力，我们侗族也是希望通过这些渠道能够实现自己的发展。现在这个社会需要的是不怕麻烦做"麻烦事"的人，缺少"管闲事"的、为老百姓服务的人。觅洞侗家武术的传承最起码要有一个练武的公共场所，比如说演武场，这些都是必需的。再比如说上次在内蒙古参加比赛的奖金都还没有到位，包括去内蒙古的住宿和车费都还没有给我们报销。所以，这个不是说老百姓不争气，而是我们觅洞的老百姓很争气，但往往是政府在经费方面的不给力造成了很多的矛盾。所以，要搞这个武术文化旅游是一个漫长的过程，需要做长远的规划。我们在民族的发展和非物质文化遗产方面也整理了一部分材料，在一些媒体上也发表出去了。

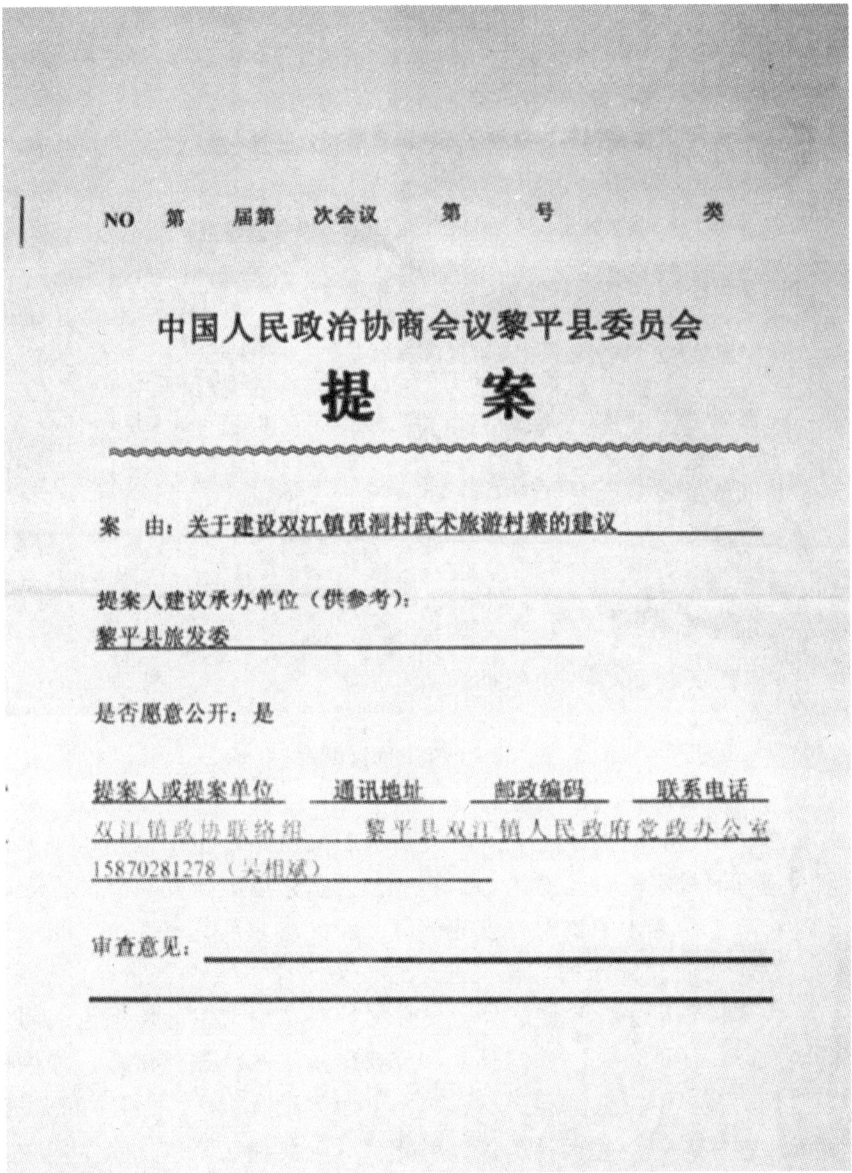

NO 第 届第 次会议 第 号 类

中国人民政治协商会议黎平县委员会

提 案

案 由：关于建设双江镇觅洞村武术旅游村寨的建议

提案人建议承办单位（供参考）：
黎平县旅发委

是否愿意公开：是

提案人或提案单位 通讯地址 邮政编码 联系电话
双江镇政协联络组 黎平县双江镇人民政府党政办公室
15870281278（吴相斌）

审查意见：

图 16-4 关于觅洞村武术旅游建设的提案

因此，从吴志先的口述中不难发现：觅洞村民对包括武术在内的觅洞传统文化的传承持积极的态度，希望在原生性传承的基础上，能够借助政府的规划促进觅洞武术的传承。然则,针对诸如觅洞拳师参赛、觅洞武术基础设施等具体事项的运作和问题认知上,政府与觅洞村民之间存在一定的偏差。

图 16 – 5 与大学生共同讨论武术传承

诚然,在政府的主导之下,觅洞武术走文化旅游传承道路也是可选之项,但觅洞村民有自己的想法。其中,吴志先倡导摒弃旧有的保守思想,在传承觅洞武术中实现自己的价值。而吴顺才及其父亲也主张以开放的心态对待侗族武术的传承,还经常安慰吴学新要坚持自己的想法,将侗族武术传承下去。除此之外,吴邦文针对觅洞武术的传承也表明了自己的态度。在他看来,觅洞武术一定要传承下去,据他讲述,如果社会需要他去教武术,他就会义不容辞,虽然年纪有点大,但还能充当武术顾问,在一旁做一些指导工作。因此,对于吴邦文来讲,晚年能在武术传承方面发挥一点余热是自己的一份心愿。

吴玉金闯荡江湖多年,经历了人生的风风雨雨,至今对武术仍有着深厚的感情,对于武术传承也是尽心尽力,任劳任怨。据他讲述:

> 我和我父亲在以前帮政府做了很多事情,主要是应政府的需求

外出表演和交流，但政府也没有给什么补贴，有几次是政府让我们出去教武术，也是一分钱没给，这个我们也都没说什么。

在老一辈侗拳师中，有自愿传承觅洞武术想法的并不少见，这种内生性的民族文化传承精神值得同辈们赞扬和学习。而美国社会学家彼得·布劳在分析交往行动时指出："有些社会交往具有内在的报酬。所有人都同时受益于他们的社会互动，他们所要付出的唯一代价是间接的支出，即由于把时间花在交往上而放弃了其他的机会。"① 吴玉金、吴邦文等侗拳师虽然在传承觅洞武术过程中不要求在社会交往中获得报酬，但却在传承觅洞武术中实现了自我的满足和个人价值的实现，是布劳所说的"内在的报酬"，这种"内在的报酬"是传承民族文化基因的历史责任感和使命感。

此外，在吴德林看来，当前觅洞武术的传承，不仅需要政府在思想上加以重视，更需要有实际行动支持。据他讲述：

> 要想传承觅洞武术，政府要重视，如果不重视，觅洞武术可能就要失传了。这个重视也不是说要什么补贴，就是要重视我们侗族的武术，这样才能传承下去。所以，今年（政府）才开始让我们申报"非遗"。另外，我们觅洞武术也必须要进校园，其他地方和其他民族的武术都已经进校园了。我们政府也是提出这个口号，只是还没有实行。

其实，在民间有许多和吴邦文、吴玉金一样的民间拳师在弘扬民族民间武术文化方面一直不遗余力。尽管如此，在侗拳师看来，当地政府应当在经费上给予支持，这既是对他们奉献精神的肯定，更是对他们个人价值的尊重。据吴玉金补充讲述：

> 以后，政府要是需要我再去表演或者教武术的话，我希望能够给我一些补贴，这样的话，我的心情会好一点。

---

① ［美］彼得·布劳：《社会生活中的交换与权力》，孙非、张黎勤译，华夏出版社1998年版，第17页。

而笔者对吴玉金的想法也深有感触，对于他们在政府主导下的武术表演和教学活动中的奉献精神给予了充分的肯定，也非常希望相关政府文化部门能够在有关问题上给予充分的关切和考虑。与此同时，在吴德林看来，觅洞武术要实现传承和发展，还要进入校园，据他讲述：

> 我们这里从2014年开始重视侗族武术的发展，在这以前，人们不太爱学武术。2014年我们参加全州中学生运动会之后，这些年轻人就开始爱好了一点，主要是参加比赛有奖励，他们觉得很有动力。也正是从那年开始，外界才发现我们觅洞有武术，当时参加全州中学生运动会的有我和吴顺财、吴子强，参加表演的项目是四门拳、四门刀、双刀、黑虎拳、花满堂。

对于觅洞武术的传承和发展，吴永贤也有自己的想法。他认为，要鼓励侗拳师摒弃传统"留一手"的保守思想，传承觅洞武术。在他看来，要应对当前觅洞武术濒临失传的形势，就必须在老拳师的思想认识上做一些突破性工作。除此之外，在当前社会条件下，觅洞武术要实现传承发展，还必须参加武术比赛，通过比赛建立激励机制，扩大觅洞武术影响力。对此，吴德林认为：

> 其他县比较重视武术发展，如天柱县就比较重视侗族武术，但他们都还没有得过金奖，也没有参加过什么运动会。我们2015年在贵阳排练武术的时候，遇到了贵州松桃县的表演队，他们看我们的武术说："我们原来也搞过武术，但参加比赛很难得到奖，我们搞了几次都没有得奖。"他们讲了之后，我们就有点泄气了。但是我们鼓励自己：不要泄气，必须要振作起来。结果，我们在第十届全国少数民族传统体育运动会上得了金奖。

美国哲学家保罗·奥斯卡·克里斯特勒讲述了关于文艺复兴时期原创性的故事，以表明"原创性不是决定艺术品质的唯一甚至主要的因素"①。

---

① [美]保罗·奥斯卡·克里斯特勒：《文艺复兴时期的思想与艺术》，邵宏译，东方出版社2008年版，第252页。

图 16-6　觅洞武术队参加第十届全国少数民族传统体育运动会获得的奖杯

笔者从觅洞村侗寨武术的传承中得出与之相似的看法，认为：创新性传承并不是评价传承有效性的唯一甚至主要因素。从当前觅洞武术的传承来看，尽管村寨组织了武术队并曾多次参加武术表演和比赛，获得了相关体育文化部门的高度评价，甚至被邀请参加 2018 年度的春节晚会表演，但所有这些活动所带来的社会效应非常有限。一方面，觅洞武术队在参加各类武术表演和比赛后，名噪一时，但这一短时的"集体记忆"也许很快就会被人们遗忘，觅洞村也没有相关的发展平台去支撑觅洞武术的传承。更为重要的是，尽管在政府相关部门的主导下，将觅洞武术作为文化旅游的一部分，但政府缺乏具体的实施计划，而觅洞村民又缺乏耐心，这都决定了觅洞武术不可能在近期内借助文化旅游而得到传承和发展。相比之下，觅洞村仍有一大批觅洞武术传承的拥护者。在他们当中，既有侗拳师，也有退休教师，他们对于觅洞武术的传承仍然有着较高的热情和激情。在他们看来，每一个觅洞村民都有义务将觅洞武术传承下去，因为那是他们的文化遗产和"历史记忆"。因此，原生性传承仍然是觅洞武术得到有效传承的主要模式。

评价与认可：觅洞武术的社会影响

> 主位观——局内人的或当地人的现实观——是绝大多数民族志研究的核心所在。局内人对事实的理解是明了和准确记述情形与行为的途径。当地人的理解也许并不符合"客观事实"，但他们会帮助田野作业者了解为什么该社会团体的成员如此行事。
>
> ——［美］大卫·费特曼《民族志：步步深入》

如前所述，尽管在目前的情势之下，觅洞武术仍需要沿着原生性传承道路前进。但在政府文化部门的主导下，在觅洞村民们的努力下，觅洞武术的社会影响正日益扩大，得到了相关文化体育部门及村寨村民们的高度评价和认可。

第一节 从"未知"到规划：政府对觅洞武术的评价

在很长的一段历史时期内，觅洞武术以乡村为重要依托，通过以家族为核心，形成一个传承文化圈。在这个传承圈的内部，是以觅洞村为中心的吴氏家族，在武术传承中技术完整程度较高，而在传承圈的外围，在传承时间上则要晚于核心区，在完整性上要低于核心区。也正因为此，觅洞武术长期以来并不为外人所尽知，甚至政府的有关文化部门也是近几年才慢慢关注觅洞武术的，对此，黎平县双江镇吴主任深有感触，据他讲述：

> 以前还真不知道他们寨子还有武术这个东西，需要以后慢慢去挖掘。对于觅洞武术具体有哪些套路，到底是怎么打，是如何形成的，我都不十分清楚，因为我们还没有具体去做这方面的挖掘和

评价与认可：觅洞武术的社会影响

整理。

直到1949年后，尤其是在近年来，随着"非遗"运动的开展，觅洞武术、侗族大歌等一大批民族文化遗产逐步被外界所熟知。而此时恰逢这些非物质文化遗产濒危之际，许多项目被政府列为非物质文化遗产，并被加以保护。由此，觅洞武术的传承由单纯的民间行为，逐渐演变为以民间为主、以官方参与为辅的社会行为。在此背景下，在觅洞村民的积极努力和政府文体部门的支持与帮助下，觅洞武术逐步走向表演与竞技舞台，并因此获得了政府文体部门和乡镇及村干部的一致好评。

2018年1月24日，课题组来到黎平县文化局非物质文化遗产中心，针对觅洞武术访谈了吴再锋主任。在吴主任看来，觅洞武术具有强身健体的重要价值与功能，是重要的文化遗产，并且有很大的挖掘空间，据他讲述：

图17-1 访谈黎平县非遗中心吴再锋

觅洞武术非常有特色，目前已经是县级非物质文化遗产，今年还准备申报州级非物质文化遗产,但现在因为比较忙,人手又不够,所以暂时还没有启动。我去过一次觅洞,觅洞武术在侗族地区算是比较独特的,它在强身健体这方面还有很大的挖掘价值。但遗憾的是,这些年我一直在做省级、国家级非遗项目的申报和评定工作,没有关照到觅洞武术这一块儿。

吴主任认为,觅洞武术还是保存得比较古老、传统特色较为明显的武术。在政府层面看来,觅洞武术与侗族大歌、祭萨、侗族传统建筑等都是重要的非物质文化遗产。目前虽然黎平县整体在走文化旅游道路,但觅洞村还不在规划范围之内。觅洞村是一个传统村落,有着悠久的历史,有许多古老的文化亟待传承和保护,黎平县政府近年来也做了许多工作来加强对传统村落传统文化的保护。然则,在村落传统文化保护的实施过程中,也存在一些误区。对此,据吴主任讲述:

> 觅洞村是一个传统村落,在以前我们开过的多次会议中,我们都提出了一些建议。因为黎平的传统村落在全国算是最多的,一共有93个传统村落。就目前来说,这些传统村落的保护只注重基础设施的建设。当然,基础设施建设很重要,但在非物质文化遗产这一块儿,没有在这些传统文化方面的投入。所以,我们也给相关领导反映了这个情况。因为一个寨子就是一个村落,它们都是国家级村落。

此外,黎平县"非遗"中心的工作人员此前曾对觅洞武术做过相关调查,但因为人事调动等客观原因,导致黎平县"非遗"中心对于觅洞武术所掌握的情况较为有限。对此,吴主任讲述:

> 我们对侗族文化的发掘也是不遗余力,侗族武术目前是县级"非遗",为了申报州级,我们县里可以先下一个文,但我们目前掌握的觅洞武术资料不是很多。我们之前也去过觅洞村做过调查,但那个同事已经调离这里了,不在我们单位了。

与此同时,黎平县整体上在推广文化旅游,以促进当地经济社会的发展。这是基于现实的需求，但在未来的文化旅游开发中，也存在一些诸如因开发而导致部分文化基因丢失的情况，对此，吴主任深表担忧，据他讲述：

> 觅洞村武术队已经出去过几次参加表演，算是竞技表演吧。对于旅游，那是经济发展需要，肯定要去做。但在搞文化旅游的时候，如果打造得太多，有些文化变味了的话，可能就找不到根了。

为了说明过度旅游开发会导致"非遗"项目部分文化基因的流失，如风格的同质化和难度的降低等，吴主任以侗族大歌为例进行了具体阐释：

> 特别是在景区，表演队肯定整天只是表演，基本上唱的都是那几首歌，其他那些复杂的歌，比如说古歌，他们就不去学了。最后，那个寨子也就只剩下那几首歌了。因为他们看哪个简单，哪个更便捷，就学哪个，那些重要的东西就有可能丢掉了。这样一来，每个寨子唱的歌都是一样的。侗族大歌每个寨子都有，基本的歌词可能都是一样的，大体是同一个框架，但是每一个寨子的歌队所唱的歌都有自己的风格，包括侗族大歌的旋律，也是各有各的特色。到最后都会变为同一个模式，这样一来，有很多具有地方特色的东西就没有了。侗族武术其实也是一样的，将来也会存在类似的问题。

另据双江镇政府吴主任讲述，他曾去过觅洞和四寨。双江镇政府近年来在村寨文化建设方面一直不遗余力，将觅洞武术、四寨摔跤、坑洞芦笙舞、黄岗男生侗族大歌作为四个文化支点，准备打造四个旅游景点。在政府层面看来，包括觅洞武术在内的侗族传统文化需要通过在各种文化的活动中展演得到传承，据他讲述：

> 双江是打少数民族牌的，重点培养觅洞武术，还有一个村寨是发展芦笙舞，四寨有摔跤，黄岗有男生侗族大歌，这些都是我们镇上旅游发展的一个方向。虽然我们没有具体的计划去打造觅洞武术、四寨摔跤等，但是每年各个少数民族村寨都还有大型的活动，所以

> 我们每年都把搞活动的钱拿到村上用,所以每一次要举行大型活动时,我们基本上都要把这四个村寨的人叫去,都拉出来去表演。比如四寨的摔跤节是每年的三月十五日,算是比较大型的活动,那我们就把觅洞武术队也拉去表演。我们每年的节日很多,比如坑洞每年的二月十五日,四寨的三月十五日……这些节日都有一些比较大的活动,我们都会要求他们以村的名义邀请觅洞武术队去表演。

由此,在双江镇政府的支持与协助下,觅洞武术得以在各类文化活动中展演,尤其是每年一度的双江镇四寨摔跤节,是觅洞武术展演的重要平台。然则,针对觅洞武术的传承,政府层面尚无具体的规划,是目前当地政府在觅洞武术传承方面需要努力的方向。

相比之下,觅洞村陆德安对于觅洞武术的传承更为热心。在陆德安看来,拳师在觅洞双江四寨的摔跤节首次向外界公开展示了觅洞武术;在随后的贵州少数民族传统体育比赛中,觅洞武术也大放异彩,取得优异成绩,名气逐步扩大。通过对陆德安支书的口述访谈,能够深切感受到觅洞村干部对觅洞武术逐步走向"大舞台"的喜悦和自豪。

所以,从黎平县政府文化部门到双江镇政府相关部门,再到觅洞村干部,对于觅洞武术的评价总体比较高,对侗族武术的独特性持肯定态度,并在相关活动中给予支持与帮助,将觅洞武术打造为黎平县双江镇文化品牌之一。而随着觅洞武术对外展演的增多,觅洞村民的文化自信也得到进一步增强,进而利于觅洞武术的传承。但与此同时,黎平县"非遗"中心吴再锋主任对日后的文化旅游开发也表达了部分的担忧,毕竟觅洞武术有自己的发展历史和规律,有适合自己的传承方式,旅游传承并不一定适合当前的觅洞武术,仍需综合考虑。

第二节 从"熟知"到"广知":社会对觅洞武术的评价

政府对于觅洞武术的评价更多的是站在全局的角度来看待,视觅洞武术为一项非物质文化遗产,将觅洞武术的传承与发展置于整个经济社会发展中。与政府相比,民间对于觅洞武术的评价更为具体,也更接地气,反映了他们内心的真实想法与感受。其他地方的拳师对觅洞武术也

评价与认可：觅洞武术的社会影响

有着较高的评价，如前所述，觅洞武术简单实用，在日常的武术套路练习中就已经融入了实战内容。而觅洞侗拳师在外出收徒教武的过程中，逐渐有了自己的名气，知名度逐步扩大到邻省。在20世纪七八十年代，就有湖南的拳师对觅洞武术做过较高的评价。据吴德林讲述：

> 1970年代，我父亲还在世的时候，村里还在过大集体生活，当时有湖南人在我们村里看到我们练武，就对我们说："你们这些武术我们不会，但能看得出全部策打的内容都在里面了。"所以可知，我们觅洞的武术套路里有许多策打内容。

与此同时，觅洞村民对于觅洞武术和同村的侗拳师给予了充分的认同和肯定。这种肯定不仅体现在技术上，更体现为侗拳师在觅洞武术传承中所做出的努力和贡献。在觅洞村，还有部分觅洞拳师不计较个人得失，能够站在民族文化传承的角度考虑问题，实属难得，吴学新即是较为典型的一位。他多年来在村寨倡导破除保守思想，鼓励和提倡传承觅洞武术，并且身体力行，将觅洞武术义务传授给觅洞小学的学生和部分老师。他多年来的努力和无私奉献也获得了觅洞村民们的赞赏和好评，中寨寨佬陈家良老人对吴学新在觅洞武术上所做的事情进行了肯定，也给予了期望，据陈家良老人讲述：

> 吴学新得到了师傅的真传，村里有很多人都是他教的，他现在很想通过武术为村里做一些事情。

不仅如此，随着觅洞武术的广为人知，在政府文体部门的指导和协助下，觅洞武术队积极参加各类体育比赛，得到了社会的广泛关注，取得了骄人的成绩，获得了社会的良好评价。其中，吴德林作为觅洞武术的第七代传人，近年来多次参加国内体育比赛，并获得了较好的名次，赢得了社会各界的一致好评。吴德林和吴学新于2015年在内蒙古的鄂尔多斯参加全国第十届少数民族传统体育运动会，其表演的觅洞武术"拳猛"获得表演项目综合类一等奖和金牌，吴德林本人也获得优秀运动员称号。

据吴学新讲述，当时他们是代表贵州省参加全国第十届少数民族传统体育运动会的，七月份开始在贵阳清真训练，时间为一个月之余，黎

图17-2　吴德林在全国十运会中的获奖证书和金牌

平县民宗局的杨国强任总教练。在具体的训练过程中，队员们不畏酷暑，主要是排练队形、进场和出场中的注意事项及队列。演练内容为觅洞武术，只是将每一个套路中抽取一节来组成一个新的表演套路，时间为二十分钟左右。具体的套路内容顺序为先演练集体棍法、拳法、刀法，再演练队形，要求两边向前凸出，中间凹陷，形成一个"八"字形，在集体演练完后，中间的两个对打。

图17-3　吴学新参加比赛获得的荣誉

　　此外，吴学新近年来还在觅洞小学体育课与课间活动中传授觅洞武术，并带队参加了许多比赛，获得了多项荣誉，赢得了社会的广泛好评。

　　更值得一提的是，觅洞武术在全国十运会中"一炮而红"，获得了社会的广泛认可和政府文体部门的高度评价。与此同时，吴德林也被中国邮政收藏为"中国武术名人"，并发行多款印有吴德林习武图像的纪念邮票。

图 17-4　吴学新带队参加黔东南州第三届旅游产业大会武术表演合影

图 17-5　吴德林被收入"中国武术名人"收藏证书

图 17-6　中国邮政给吴德林制作的"武术名家"珍藏邮票

从中国邮政给吴德林制作的"武术名家"珍藏邮票上的内容来看，以觅洞武术基本功为主，具有较强的针对性，也具有浓郁的民族特色。据吴德林讲述：

> 在2017年，我因为在2015年参加的那次比赛获得金牌，而被评为"武术名家"，后来，中国集邮中心打电话给我，说给我专门制作了纪念邮票。他们主要是给我们做宣传，宣传我们觅洞侗族武术。

觅洞武术从参加四寨摔跤节到参加全省和全国民运会，从一般性的影视录像到参加央视春晚，不仅彰显了觅洞武术的巨大生命力和挖掘潜力，更是觅洞武术获得包括政府在内的社会各界广泛认可的过程。在2014年，觅洞武术队参加贵州省第八届少数民族传统体育运动会，表演了节目"拳猛"。节目一共十五分钟，表演内容有四门拳、四门棍、四门刀、闷门棍、花满堂、斜棍。据吴德林讲述，当时省民委通知他们参加比赛。通知一经下达，觅洞武术队就先后在觅洞和贵阳训练。在比赛中，觅洞武术得到了省民委领导、武术专家和裁判员的高度评价。到了2015年，觅洞武术队又代表贵州省参加了全国第五届少数民族传统体育运动会，获得了裁判员、同行队员及观众的一致好评。更令觅洞人感到自豪的是，觅洞武术被选定为2018年春节晚会肇庆会场的表演节目之一，参加觅洞武术表演的共有四十人，分为少年组和中老年组。另据吴学新讲述，觅洞村武术表演队分为A、B两队，A队为中老年组，人员有吴德金、吴玉金、吴德林、吴学礼、吴德新、吴学新、吴子祥、吴学林、吴新全、吴学锦、吴顺财、吴玉良、吴江好；B队为青少年组，人员有吴永江、吴成伟、陈永贵、吴永开、陆海民、陆海龙、吴江龙、吴田辉、吴东海、吴海东、吴开荣、吴成东、吴新田、吴敏杰、吴山龙。

2018年8月26日，课题组一行再次来到觅洞村，对觅洞武术参加2018年春晚进行了跟踪访谈。对于觅洞拳师来说，参加春晚是一件非常非常兴奋的事情，更是一次向全国人民展示觅洞武术的绝佳机会，为此，吴德林深有感触，据他讲述：

> 说实话，能够参加春晚我很高兴。我们一共排练了将近一个月，在

肇兴的吃住都很好，全部住在罗香高中，一个宿舍住八个人。那一次我们村里一共去了四十多个人参加排练，最后都上台表演了，在2018年春晚的节目中，关于我们觅洞武术的镜头也就几秒钟，一闪而过。

当时，是中央电视台那边来人给我们排练节目，排练的内容还是我们觅洞武术的内容，其他节目是按照编导的要求去排练。最后，我们觅洞武术这个节目是几分钟的时间，排练期间，一天有五十块补贴。在正式表演的时候，我们按照黑虎拳、四门拳、四门棍、斜棍、花满堂、双刀的次序来表演。我记得春晚那个时候，天气特别冷，我们就穿着一件侗衣，很冷的，还打赤脚，刚好那天晚上还下雪了。

对于央视春晚这样大型的文艺演出，觅洞武术有机会在全国人民面前展演，既是觅洞村民们的一项荣誉，也是觅洞武术借机宣传的绝佳平台，更是觅洞村民们多年来所追求的目标之一。因此，再冷的天气依然不能阻挡觅洞村民内心的热情。觅洞武术在2018年的央视春晚中展演，虽然镜头是一闪而过，但却是觅洞武术传承良好的开端。

不仅如此，对于此次央视晚会的武术表演，觅洞村的武术队员们都很兴奋，表现出了"顾大局、识大体"的精神。据悉，此次央视春节晚会的觅洞武术排练有二十多天。而为了宣传贵州的民族文化，觅洞村委会非常重视，新老队员们更是热情澎湃。在觅洞村民们看来，觅洞武术是村寨共同的宝贵文化遗产，需要发扬和传承下去。值得关注的是，在国家需要之时，觅洞村民能够团结一致，踊跃参加央视春晚的武术表演排练。这既是村民们基于现实发展的需求，又是将自己视为推动中华民族伟大复兴的一支力量，折射出觅洞村民的国家认同。

觅洞武术走入竞技场和表演场，是政府文体部门协助下的一种半官方半民间行为，更是觅洞武术走向社会并被社会认可和肯定的重要途径。在此过程中，觅洞村民视自己为国家经济建设中的一分子，通过参加各类体育比赛并获奖，获得社会的认可。与此同时，社会也给予觅洞武术以较高的评价。而无论是参与竞技比赛，还是参加各类表演，抑或是参加央视春晚，都是觅洞武术扩大知名度、增强社会影响力的重要途径。与此同时，正如美国人类学家大卫·费特曼所说："主位观——局内人的或当地人的现实观——是绝大多数民族志研究的核心所在。局内人对事实的理解是明了和准确记述情形与行为的途径。当地人的理解也许并不符合'客观事实',但他们会帮助田野作业者了解为什么该社会团体的成员如此行事。"① 笔者通过觅洞武术相关当事人的口述访谈,明晰社会各界对于觅洞武术的协商与评价,进而展现出觅洞武术的社会影响。

课题组坚信:觅洞武术会逐渐被更多人所认知和感知,觅洞武术的传承之途坦荡而宽广。尽管如此,就目前而言,内生型传承依然是觅洞武术传承的主要方式和途径。

小结

觅洞村历史文化悠久,根据当地老人的讲述,觅洞村最早建寨于唐末宋初,距今已有一千多年历史。但由于在很长的一段历史时期内,限于当地经济与社会发展水平,自建寨以来留下来的历史遗迹并不多,大多为明清时期留下来的古墓和鼓楼以及古井等。相对于北侗而言,觅洞村作为南侗的一个代表性村寨,武术内容丰富,形式多样。主要表现为:四门拳、四门棍、四门刀、闵门棍、黑虎拳、斜棍、黑虎刀。而"黑虎拳"是觅洞武术中最具特色的拳种,体现了觅洞先祖在恶劣的生活环境中不屈不挠的民族性格,也彰显了觅洞侗族善于向自然学习的民族品质。侗族武术的学习与训练形式不仅有花架单练,还有实战对练。不仅如此,觅洞武术历史久远,相传在唐末宋初吴家搬到觅洞村时就已存在。在觅洞村寨历史上,觅洞武术对于维护族群的安全和团结都起到了不可替代的作用。虽则如此,通过实地调研发现,相关的武术故事偏少,尤其缺乏唐末宋初觅洞村武术发展的相关情况和故事传说。如:吴家迁徙到觅洞村是因为何种原因,在迁徙到觅洞村之前学的是哪家功夫,这些问题都是目前村里老人们不能直接回答的问题,也未见相关的民间故事和传说。此外,由于个别拳师出于保守等原因,觅洞武术拳谱目前仍然不完整,缺少相关的史料。而据相关知情人士透露,觅洞确实存在侗族武术的拳谱,也有人亲眼见过。因此,如何完善这些史料的收集和整理将是下一步要重点解决的难题。

---

① [美]大卫·费特曼:《民族志:步步深入》,龚建华译,重庆大学出版社2007年版,第16页。

首先，相对于甘溪而言，觅洞体现了以鼓楼文化为代表的鲜明的南侗文化特色，且鼓楼文化在觅洞武术的历史传承中也起到了重要的作用。在觅洞村，鼓楼是村寨侗族议事的地方，村寨每每遇到重大问题或决定时，全村寨的侗族人都要聚居在鼓楼里。在鼓楼里，由寨佬召开会议，按照款约或村规民约对某一重要问题进行讨论，并做出最终决定。如村寨的防卫问题，组建村寨武装问题，传承侗族大歌、侗族武术、侗戏等问题，都需要在鼓楼里商议。更为重要的是，侗族武术作为村寨防卫建设中的重要技术，得到了包括寨佬在内的族人的重视，在鼓楼所召开的寨佬会议中，常常提及侗族武术，提醒族人要将武术一代代传下去。久而久之，便形成了具有民族特色的鼓楼文化。因此，鼓楼文化是觅洞武术得以传承至今的重要文化制度。从民族文化传承的角度来看，鼓楼文化更多地体现了一种传承制度。因此，展望觅洞武术的未来，应继续发挥鼓楼文化在侗族武术传承中的重要作用。

其次，长期以来，外出教武收徒是觅洞侗拳师的一种重要的生计方式，通过觅洞拳师外出收徒，逐渐形成了以觅洞村为中心的武术文化圈，客观上扩大了觅洞武术的传承范围。这也启示我们：外出收徒式的社会传承仍然是民族民间武术传承的重要途径。

最后，1949年后，觅洞村成立了基层民兵连，训练内容除了常见的军事训练之外，觅洞武术也是重要的训练内容，吴光荣和吴老军是民兵连的武术总教练。在1949年至改革开放前的这段时期内，在基层民兵连内，培养了一大批觅洞武术人才，是新中国成立后觅洞武术传承的有效载体。而基层民兵连是国家意志下的产物，具有一定的时代性，但却在客观上成为觅洞武术传承的重要场域。这启示我们：民族民间武术要实现有效传承，国家意志下的国家治理不可或缺。

然则，在觅洞武术的历史传承过程中，也存在许多负面因素，阻碍着觅洞武术的传承。首先，社会生产生活是觅洞武术发展的重要物质保障。在极端缺乏温饱的年代，人们主要关注社会生产，觅洞武术的传承要让位于社会生产。三年自然灾害和"大跃进"运动使得国民生产生活质量急剧下降，受其影响，觅洞武术的传承也曾一度出现停滞现象。

其次，社会政治文化生态是觅洞武术发展的重要外部环境。觅洞武术只有在国家治理体系内才能得到更好地传承，脱离了国家治理，则很容易被贴上"违禁"的标签。在"文革"期间，公开学武、习武被视为

"造反"，觅洞武术一度转入"地下"，只能"偷偷"地练。许多武术拳谱遭到不同程度的焚毁，武术器械遭到损毁。而到了改革开放以后，国家大力支持包括觅洞武术在内的传统文化的发展，觅洞武术走上了发展的快车道。尤其是随着文化大繁荣、大发展的深入开展，包括觅洞武术在内的民族传统文化逐步成为各级"非遗"名录，受到国家的保护，被纳入国家的治理体系中。

最后，在觅洞村，包括觅洞武术在内的传统文化主要依靠口传身授来继承，鲜有文字记载。更为重要的是，民众对于觅洞武术拳谱的保护意识淡薄，致使许多珍贵的历史资料遗失殆尽。据吴学新讲述，祖上曾流传下来一本"武功秘籍"，上面详细地记载了觅洞武术的套路及动作名称、技战术用法和各类药功等。但由于先辈保护意识淡薄，加之迁徙，这本"武功秘籍"已无踪影。因此，包括觅洞武术在内的民族民间武术要实现传承，必须加大对包括武术拳谱在内的历史古迹的保护力度，有条件的可建立起觅洞武术数据库，将觅洞武术的技战术及其文化录入其中，以实现觅洞武术的数字化生存和传承。

相对于甘溪而言，觅洞村的历史遗迹较多，不仅有清代的古墓和古井，还有清代的款约碑，更有上、中、下、己三个村寨的鼓楼，历史久远。最古老的鼓楼要数中寨的鼓楼，据说可追溯到元代，距今已有八百余年的历史。可以说，觅洞村的历史文化底蕴是两个侗族村寨中最深厚的，也是发展潜力最大的。虽然在当地政府的规划中，还未将觅洞武术纳入文化旅游建设中，但就目前而言，内生型传承仍然是觅洞武术当前的传承之道。

比较分析与结论

引　言

　　甘溪和觅洞是南北两个较为典型的"侗拳之乡",至今仍延续着习武的传统。然则,仔细比较,我们会发现这两个"侗拳之乡"有着诸多的相似与迥异之处。如这两个"侗拳之乡"的侗族都说自己是从江西迁徙至此,习武历史都很悠久,历史上也都曾出现了不少武林高手,这是它们的共同之处。相比之下,甘溪和觅洞作为南北两个"侗拳之乡",侗族武术的历史文化语境和传承载体及类型等均存在着较为明显的差异,尤其是随着全球化在侗族村寨的弥散,两个村寨走出了风格完全不同的武术传承道路。那么,究竟为何两个村寨侗族武术的传承之道不同?在两个"侗拳之乡",外在的各种因素和力量如何影响着侗族武术传承?二者有何区别?为什么会出现这些差异?带着这些疑问,笔者尝试运用全球化、国家在场、网络行动者理论、在地化等社会学与人类学理论方法分析甘溪和觅洞武术传承之道的差异,并从中总结出侗寨武术的传承规律,为侗族武术的可持续化传承与发展提供借鉴,也期望通过本研究,能为学界进行同类比较研究提供借鉴与参考。

侗寨里的全球化弥散与国家在场

  电子媒体以崭新的方式扭转了环境。其中,"现代"与"全球"常常作为同一枚硬币的两面而出现。尽管电子媒体总是在观众与事件之间造成距离感,他们仍然迫使日常话语发生了转变。同时,它们也成为建构自我的实验资源,遍布各个社会,人人皆可取用。他们使得生活脚本的可能性充斥着电影明星般天马行空的幻想,同时也具备着较高的可信度。

——阿尔君·阿帕杜莱《消散的现代性:全球化的文化维度》

  甘溪和觅洞在以寨佬为核心的地方精英阶层的治理下有序地运行,而时至今日,随着全球化时代的到来,这两个"侗拳之乡"从生产生活方式到人们的价值观念都发生了巨大的变化。与此同时,国家通过扶贫政策参与到少数民族地区的经济建设当中。无论是村长、村支书,抑或是驻村干部,甚至政府文体部门,均参与了侗族村寨的经济建设和文化发掘与复兴工作,彰显了国家在场。

第一节 媒体景观下的侗寨武术叙事

  在较长的历史时期内,侗族村寨一直因循着旧有的生活与文化模式,在以寨佬为核心的乡村秩序中有条不紊地运作。在生活上,侗族基本上能够自给自足,文化上则以民间艺人和寨佬为中心,以民俗为重要载体,处于一个相对封闭的经济文化圈。而随着改革开放的进一步深入,受经济与文化全球化的双重影响,在侗族村寨,人们的思想和价值观正经历一场深刻的变迁。如美国人类学家阿尔君·阿帕杜莱所说:"全球化已缩短了精英之间的距离,转变了生产者和消费者的核心关系,破坏了劳动和家庭生活之间的种种关联,模糊了临时居所和想象中的民族情怀之间的界线。"① 在全球化影响下,侗族村寨原有的生活方式发生变革,年轻一代较为容易接受外来文化的影响,社会活动不再局限于以村寨为中心的区域内,而是积极"向外看"。年轻一代或外出务工,或创业,或读书走上"仕途",成为新时代的文化精英。在甘溪,陶光标和陆承龙是通过读书而"走出"村寨的地方文化精英的代表。其中,陶光标是天柱县民族中学教师,陆承龙是天柱县工商联主席。尽管如此,他们时刻不忘家乡的发展,并为之出谋划策,奔波四方。其中,陶光标利用节假日奔走于家乡和政府之间,陆承龙则是充分利用工商联的人力资源,为甘溪的发展筹措资金。与此同时,进入信息化和大数据时代,人们非常重视媒体宣传。如阿帕杜莱所说:"在全球文化流动的五个维度中,媒体景观一是指生产和散布信息的电子能力的分配;二是指这些媒体所生产出的世界影像。这些影像涉及许多复杂的变化,这取决于它们的形式、硬件、观众以及它们的所有者和控制者的利益。最重要的是,媒体景观(特别是在电视、影片和磁带形式中)为全世界的观众提供着丰富而庞杂的影像、叙事及族群景观。"② 甘溪"功夫村庄"的建设为外界所尽知,这离不开天柱县政府宣传部门的媒体宣传。在陶光标和陆承龙及甘溪民的共同努力下,通过修建新寨门,引起渡马镇和天柱县政府的关注与支持。随后,天柱县政府文化部门通过电视新闻与网络媒体向外界推介甘溪"功夫村庄",在2015年成功吸引了美国、瑞典等国家的武术爱好者前来一探究竟。此后,"甘溪功夫村庄"被英国《每日邮报》评价为"世界最神奇的九个村庄之一"。及至2018年3月,日本富士电视台前来甘溪"功夫村庄"取景拍摄。甘溪的自我宣传和国内外媒体对甘溪的宣传影像,为全世界观众提供了内涵丰富而又充满新奇的影像和族群景观。阿帕杜莱指出:"无论是私人利益还是国家利益所造就的媒体景观,都倾向于以影像为中心、以叙事为基础来描绘现实;它们的体验者与转化者从中获得的是一系列要素(如人物形象、故事情节和文本形式),由此能够构建出想象生活的剧本。这些剧本能够也确实分散了一

---

① [美]阿尔君·阿帕杜莱:《消散的现代性:全球化的文化维度》,刘冉译,上海三联书店2012年版,第10页。

② 同上书,第35页。

系列人们借以生活的复杂隐喻,因为它们有助于建构有关他者的叙事,以及有关可能生活的原型叙事,这些幻想则可能诱发对占有和迁移的欲望。"① 甘溪的媒体景观建立在政府的支持基础之上,是地方政府利益和村寨利益的统一行为,体现了国家在场。与此同时,甘溪的媒体景观不仅有影像,更有历史文化内涵,吸引了大批海内外人士,诱发他们对拥有侗拳技术甚至将学得到的侗拳技术融入自己的格斗体系之中的欲望。所以,来自美国、瑞典的海外武术爱好者慕名前来探访"甘溪功夫村庄",不仅希望能够找到"甘溪功夫村庄"宣传影片中的拳师,更可以近距离领略甘溪侗拳精湛的技艺与深厚的文化内涵,甚至可以跟着侗拳师学到一招半式。更值得一提的是,甘溪通过"我在贵州等你"等电视栏目向外界展示国外武术爱好者来甘溪挑战的场景,有助于建构"功夫村庄"叙事,进一步激发广大国内外武术爱好者来甘溪一探究竟的兴趣,从而有利于扩大甘溪功夫村庄在全球化中的影响力。

相比之下,觅洞村侗族武术传承在全球化背景下所受到的影响却非常有限。尽管全球化在一定程度上破坏了觅洞村旧有的生产生活方式,表现为年轻人多外出务工,给觅洞武术的传承造成了一定的困境。但是,以寨佬议事制度为核心的鼓楼文化对年轻一代仍有较强的文化引力,这种文化引力来自于觅洞村长期以来所形成的固有的文化基因,正如刘长林所说:"文化基因就是那些对民族的文化和历史产生过深远影响的心理底层结构和思维方式。"② 在觅洞村民的心理底层结构中,寨佬与村长具有同等重要的地位。在觅洞村,寨佬议事制度是南部侗族几百年来形成的重要制度文化,规训着包括觅洞武术在内的侗族传统文化的传承。在觅洞村,每当寨佬召开村寨会议时,都要强调芦笙、武术等文化的重要性,提醒族人要继承这些文化遗产。因此,传承侗族武术已成为觅洞村民的历史文化记忆和集体记忆,已经形成为觅洞村的文化基因。尽管随着觅洞武术近年来逐步走向竞技舞台,新闻网络媒体也对觅洞武术进行了一定的宣传,然则在宣传策略上仅限于相关报道和展示,未能充分利用全球化下的媒体景观,扩大觅洞武术在全球化中的影响力。如此,

---

① [美]阿尔君·阿帕杜莱:《消散的现代性:全球化的文化维度》,刘冉译,上海三联书店2012年版,第35—36页。

② 刘长林:《宇宙基因·社会基因·文化基因》,《哲学动态》1988年第11期。

全球化对于觅洞武术传承的影响就非常有限。究其原因，主要是甘溪和觅洞两个村寨武术的历史文化记忆不同，传承之道也不同。

第二节　社会治理下的侗寨武术传承

国家与社会的关系一直是学界讨论的焦点问题之一，在李忠汉看来，"社会治理是在国家与社会的关系变迁中成长起来的话语体系和社会建设活动"①。最初，在高丙中分析民间仪式与国家在场关系时，为了界定国家与社会的特定关系，使用了"国家在场"这一概念。而如李延红所说，"以'国家与社会互动理论'为基础的'国家在场'问题，已成为近一二十年间国内文化研究的特点"②。不仅如此，汪流等也说，"国家在场有多种表现形式，有时是国家权力的代理人在场，有时是国家机构在场，有时是象征国家权力的文本符号在场"③。在觅洞村，觅洞武术的传承不仅要受到来自双江镇政府及黎平县文化部门的监督，还要受到觅洞村长这一国家代理人的间接管理，体现了一定的国家在场。尽管如此，李延红在分析侗族嘎老传承时发现，"现实中'国家'在不同时期、不同区域或村落的'在场'程度、策略、方式等并不总是一致"④。这对于侗寨武术传承具有重要的启示作用。相比之下，觅洞村寨受到国家的关注程度较少，而政府对甘溪的介入则较为深入，在甘溪，不仅有驻村干部陆承龙作为国家代理人的在场，还有乡村旅游扶贫政策的在场，更有天柱县政府的宣传策略和政府部门扶贫项目资金的支持，所以，甘溪的武术文化旅游将国家在场体现得淋漓尽致。国家在场在甘溪武术的传承中起到了关键性作用，如在甘溪"功夫村庄"建设的最初阶段，陆承龙和陶光标虽然是地方知识文化精英，但同时也因自己的政府身份和半官方身份作为国家代理人而存在。在他们二人和寨佬及村长等地方文化精英的共谋下，确定了"功夫村庄"建设的初步基调。在村长和寨佬的主

---

①　李忠汉、刘普：《"国家—社会"关系理论视野下社会治理的建构逻辑》，《中国社会科学院研究生院学报》2017年第3期。

②　李延红：《"国家在场"与侗族嘎老的乡村传承》，《中央音乐学院学报》2015年第1期。

③　汪流、王凯珍：《"国家在场"的中国老年体育：回顾与思考》，《武汉体育学院学报》2015年第7期。

④　李延红：《"国家在场"与侗族嘎老的乡村传承》，《中央音乐学院学报》2015年第1期。

持下，通过召开村民大会，动员全体村民参与"功夫村庄"建设。随后，在陶光标、陆承龙等人的协调与沟通下，甘溪"功夫村庄"建设获得了天柱县政府宣传部和杜马镇政府在媒体宣传与政策指导及扶贫资金上的大力支持和帮助。最后，政府文体旅游部门在甘溪挂牌成立"文化旅游村示范基地"，体现了国家权力文本符号的在场。甘溪"功夫村庄"建设从最初到逐步开展，政府逐步从政策与智力支持到直接参与，从"幕后"逐步走向"台前"，彰显了国家在场。

高丙中说："有时候国家的力量威威赫赫地摆在那里，有时候国家以隐蔽的方式存在。人们在开展民间文化的复兴活动时，有时候越是能够成功地规避国家的力量，就是越容易顺利地开展活动，有时候越是能够成功地利用国家的力量，就越是容易发展。"[①] 这在甘溪和觅洞体现得尤为明显。在甘溪，侗族武术的发展需要借助于政府力量，利用各类扶贫项目，加大村寨旅游基础设施建设，打造以"功夫"为主题的文化旅游村，使得侗族武术借助于文化旅游得到可持续性传承。在此，甘溪很好地利用了国家力量，使侗族武术传承顺利地开展。而相比之下，"国家权力"对于民间社会生活的延伸或操控存在有效性。而从"国家与社会"关系的角度解释，这种有效性恰恰给各种自主力量的存在并发挥作用提供了一个弹性空间。[②] 正是由于政府对于觅洞村寨的介入较少，使得以寨佬为核心的"款"这一传统的社会治理制度在侗寨里继续发挥作用。在觅洞村，在以侗拳师和寨佬为核心行动者的武术传承网络之中，依赖"款"这一侗族传统社会组织和制度，使得侗族武术成为觅洞村的历史记忆和集体记忆。由此，侗族武术传承成为侗拳师和寨佬等核心行动者的历史责任和内生动力。因此，觅洞武术因循着传统的师徒模式，在觅洞村得到有序传承。国家在民间仪式中的在场主要表现为符号在场，通过民间仪式中的标语等体现民间中的国家符号。[③] 在觅洞，侗族武术遵循旧有的拜师仪式和授徒过程，虽然并不需要国家的直接在场，但在侗拳师的择徒和拜师仪式过程中，需要徒弟热爱国家、遵纪守法，这实

---

① 高丙中：《民间的仪式与国家的在场》，《北京大学学报》（哲学社会科学版）2001 年第 1 期。
② 李延红：《"国家在场"与侗族噶老的乡村传承》，《中央音乐学院学报》2015 年第 1 期。
③ 高丙中：《民间的仪式与国家的在场》，《北京大学学报》（哲学社会科学版）2001 年第 1 期。

际上也是国家符号在场的体现。此外，觅洞武术和四寨摔跤、黄岗男声大歌、坑洞的"人扮斗牛"表演一同被纳入双江镇的文化旅游发展规划中，是国家在场的强势介入。但实际上，在觅洞地方文化精英和觅洞村民们看来，觅洞武术的传承是他们的一种历史责任，是觅洞侗族发展延续的内在文化基因，不需要国家力量介入。相反，如果当地政府过多地介入觅洞武术的传承，势必会破坏觅洞武术旧有的文化传承基因，反而不利于觅洞武术的传承。因此，和甘溪武术的传承之道不同，在目前的历史阶段，觅洞武术的传承并不需要国家在场。也即是说，没有国家代表及其符号的在场，并不影响侗族武术的传承。然则，对于甘溪来说，如果没有国家代表——当地政府及驻村干部的参与，则侗族武术的传承难以为继。而不管是侗寨武术的国家显性在场，或是隐性在场，都体现了国家对侗寨的治理。

跨越时空的行动者网络

> 界定社会并制定社会规则的任务应当交给行动者们自己,而不是让分析家来承担。这就是为什么重新回归规则理性,最好的途径是追踪存在于各个辩论方或利益相关方之间的关联,而不是努力决定如何解决任何假定的争辩。
>
> —— [法] 布鲁诺·拉图尔《Reassembling the Social》

行动者网络理论(Act Network Theory,简称 ANT)最初应用于科学技术研究领域,后扩展至社会科学研究领域。法国社会学家拉图尔是行动者网络理论的集大成者,主张"人的活动和非人的各类社会资源或因素都是社会网络中的行动者",这是对学界以往单纯强调人的活动并以人为中心的思维的突破,解除了以往科学研究中普遍将自然与社会对立的二元论,弥补了自然与社会之间的"鸿沟"。从某种程度上来说,行动者网络理论是社会建构主义的一种理论方法,认为:包括治理在内的社会实践活动都是行动者网络建构的结果。此外,行动者网络理论认为:行动者的身份也是在相互协商中界定的。拉图尔把科学描述成由所有的行动者共同连接构成的网络,世界是由这些连接构成的无缝之网,行动者网络是行动者的行动过程,不是结果。[①] 所以,行动者网络理论强调研究行动者之间的关系网络及过程。与此同时,行动者只有在网络的形成与变化及运作过程中才有意义,并且不存在单独的行动者。不仅如此,行动者网络理论还认为:"网络中的行动者通过建立关系网络在过程中相互确定各自的社会角色与地位,且在关系网中,确定的社会角色和地

[①] 李立华、付涤非、刘睿:《旅游空间的空间转向——行动者网络理论视角的旅游研究述评》,《旅游学刊》2014 年第 4 期。

位并非一成不变，而是随着网络行动过程的不断推进而不断相互转换。"正因为此，行动者网络理论也称转移社会学理论。拉图尔认为：行动者之间的连接和相互作用是通过转译完成的，转译是行动者的一种角色界定，所有行动者都在不断努力转换其他行动者，通过问题和利益相互界定各自的角色。[①] 而对于行动者网络中行动者的角色定位和转译，刘伟认为："行动者网络理论的方法论规则是从异质的行动者中选择一个核心行动者，并通过追随核心行动者的方式，展示以此行动者为中心的网络建构过程。"[②] 但在雷辉看来，在拉图尔的行动者网络理论中，转译是最核心的步骤，是一个把网络中各行动者联结起来的过程，也即是关键行动者将自己的兴趣或利益转换为其他行动者的兴趣或利益，使其他行动者认可并参与由关键行动者主导构建的网络。[③] 与之不同，李立华等认为：转译过程实际是权力关系的建构过程，权力不是代理，也不是某人的专有物品，而是构成关系中的人或物，权力不同于资源，是动员、部署资源的方式方法。[④] 实际上，行动者网络理论中的转移过程是社会生产关系内部的一种调整，折射出行动者在网络的形成和演变过程中社会作用及相应地位的变化。此外，在雷辉看来，在行动者网络的转译阶段，主要可分为问题呈现、利益赋予、征召、动员四个基本阶段。[⑤] 甘溪和觅洞作为南北两个极具典型性的侗族村寨，在侗寨武术传承过程中，由于历史人文语境的不同，在多方因素的共同作用下，形成了各具特色的侗族武术传承行动者网络，由此导致了传承之道的不同。

第一节　侗寨武术传承行动者网络的形成与发展

行动者网络理论在甘溪和觅洞这两个"侗拳之乡"的武术传承中能够得到很好的阐释。从侗族武术的产生到逐步发展，直至演变和转型，

[①] 李立华、付涤非、刘睿：《旅游空间的空间转向——行动者网络理论视角的旅游研究述评》，《旅游学刊》2014年第4期。
[②] 刘伟：《论乡村环境协同治理的行动者网络及其优化策略》，《学海》2018年第2期。
[③] 雷辉：《多主体协同共建的行动者网络构建研究》，人民出版社2017年版，第17页。
[④] 李立华、付涤非、刘睿：《旅游空间的空间转向——行动者网络理论视角的旅游研究述评》，《旅游学刊》2014年第4期。
[⑤] 雷辉：《多主体协同共建的行动者网络构建研究》，人民出版社2017年版，第17页。

经历了一个过程，见证了侗族武术行动者网络的形成、断裂与重构。

一 迁徙与生存：侗寨武术行动者网络的初步形成

甘溪和觅洞村民分别自明代和唐末宋初从江西迁徙而来，由于历史文化语境的不同，逐步形成了各自的武术传承行动者网络。对于甘溪来说，陶家先祖为从江西征调到云贵的军士。在征剿战事结束后，随即在甘溪开垦荒地并定居。为了应对强盗和劫匪，甘溪先祖沿袭习武的传统，在旧有军事武艺的基础之上融合地方文化因素，逐步形成了甘溪武术文化的雏形。明清以降，社会动荡不安，强盗和劫匪横行，为了应对村寨共同的外部威胁，基于安全利益的需要，陈家开始逐步加入以陶家侗拳师为核心的武术传承行动者网络。诚然，陈家先祖也有习武之人，但在甘溪寨最初形成的一段时期，陶家势力最大，负责村寨的管理，包括寨佬等都出自陶家。因此，在最初的侗族武术行动者网络形成过程中，必然以陶家拳师为核心，村寨的生存和安全是村寨陶陈两家所有行动者的"必经之点"，也即行动者网络的"强制通行点"。行动者网络以陶家拳师为核心，还包括村寨寨佬、一般村民、侗族武术、社会生产等。无独有偶，觅洞先祖迁徙至觅洞村时，始于唐末宋初。受"安史之乱"余波影响，社会动荡不安，"闷将"凭借着高强的武艺，获得了觅洞先祖的认可。基于村寨共同的安全利益，"闷将"及其儿子"靠将"一起作为觅洞武术的始祖，满足了觅洞先祖生存的需要。随后，觅洞村民跟随"闷将"和"靠将"习练侗族武术，构成了觅洞村早期的侗族武术行动者传承网络。其中，"闷将"及其儿子"靠将"是行动者网络中的核心行动者，村寨寨老、村寨公共安全、一般村民、侗族武术等均为行动者。

二 竞争与合作：侗寨武术行动者网络的演化

随着袁家、杨家、陆家等家族的加入，甘溪人员组成变得更为复杂，共同防御外部威胁的能力也逐步得到增强。但在传统社会时期，社会生产力相对滞后，资源也相对有限，为了争夺村寨内部有限的资源和权力，甘溪的陶家、杨家、陈家、杨家等相互之间时有械斗发生。但当甘溪与其他村寨发生械斗时，甘溪内部表现得尤为团结。相对而言，在传统社会时期，拥有武术技术也即意味着拥有抢夺更多社会资源的资本。也正因为此，甘溪几大家族开始相互保守，出现"关起门练"的情况。也即是说，甘溪陶家、陆家、陈家等几乎均有自己的武术内容。按照陶光标的说法，"甘溪武术是一种外来文化"。因此，在甘溪的各个家族内部，就形成了相对封闭的侗族武术传承网络。其中，各个家族内部阅历和资质较高的老拳师是网络的核心行动者，其他成员、生产生活、民俗等是一般网络行动者；家族的兴盛是所有行动者共同的目标和利益，各个家族的寨佬会同侗拳师将习武以强盛家族作为本家族武术行动者网络的"强制通行点"。与此同时，在村寨内部，各个家族之间为了应对诸如村寨之间的纠纷和强盗等共同的威胁时，也需要相互协作。

此外，在北部侗族整体的文化生态中，龙文化成为北部侗族的一种民间信仰。在民俗节日中，祭龙、舞龙是重要的民俗文化活动，也是维系不同村寨和不同家族之间联系的重要纽带，是侗族族群认同的重要文化符号。在此背景下，甘溪与其他侗族村寨在春节、元宵节等重要民俗节日中，要通过村寨之间的相互"扫龙"来达到相互交流，增进了解和友谊的目的。由此，"舞龙"就成为甘溪民俗生活中的一件大事。更为重要的是，在舞龙活动中，需要村寨内部不同家族之间的相互协作。一般来说，一个村寨由一条或者两条"龙"组成，每条"龙"的成员由不同家族组成。由于在舞龙表演活动中要表演侗族武术，因此在舞龙的排练和演练过程中，甘溪几大家族的武术相互影响。但更多的时候是以某一家族为主，其他家族成员通过舞龙向侗拳师学习侗族武术。如此一来，在相同的山地环境中，甘溪的不同家族武术逐渐形成了"你中有我，我中有你"的局面。所以，甘溪侗寨武术表现出矮桩的特点，且以三角步为主要特征。由此看来，在北部侗族龙文化这一整体文化语境中，甘溪的各个家族之间的侗拳师及习武爱好者，在祭龙和舞龙活动中，为了对外显示村寨整体的团结和村寨内的族群认同，需要不同家族将自己的武术展示出来，为了表演动作的一致性，还需要将自己家族内的侗族武术传授于其他家族成员。而且也正是在这一民俗文化活动中，不同家族结成了深厚的友谊，有的甚至还结为师徒关系。在这一过程中，甘溪形成了以寨佬和侗拳师为核心行动者，其他习武爱好者、舞龙、其他村寨等一同构成了一个新的侗族武术传承行动者网络。在这一网络中，"玩龙"以彰显村寨团结是所有行动者的共同利益，而舞龙、习武则是所有行动者的"强制通行点"。由此，甘溪最初的侗族武术行动者网络中的行动者发生了转移，社会角色也发生了变化。其中，变化最大的要数网络的

"强制通行点",由"习武以强盛家族"演变为"舞龙习武"。不同家族的侗拳师由竞争关系演变为合作关系,甘溪原有的几个内部行动者网络演变为一个较大的侗族武术传承行动者网络。这种行动者网络的演变既是现实的需求,也是侗族武术传承的内在要求。除此之外,在甘溪侗族武术由家族内部传承逐步扩大至家族外部乃至村寨外部后,侗族武术传承的行动者网络又发生了演变。侗拳师向家族外部传授侗族武术的主要目的是赚取适当生活费,以实现侗族武术作为一门"手艺"的经济价值。在此过程中,侗拳师与村寨内外的其他家族成员既结成了一种"师徒关系",又是基于一种经济利益之上的买卖关系,是侗族武术这一特殊商品的买卖双方。外姓家族徒弟学到了防身技术,具备了获取更多社会资源的本领,而侗拳师则获得了经济利益。

与之不同,在传统社会时期,觅洞村寨由于地理位置重要,时常遭到强盗劫匪的入侵。为了保村护寨,村民们自发习武。村寨内部最开始以吴姓家族为最大家族,习武群体也主要限于吴姓家族。而随着陈姓、杨姓、嬴姓、禹姓等家族的迁入,习武群体逐步扩大。尽管如此,在较长的一段历史时期内,觅洞侗族武术传承的行动者网络仍然主要局限在吴姓家族内部。为此,个别家族在迁徙至觅洞村后,为了能够快速融入村寨并学得觅洞武术,特意改变自己的家族姓氏为吴姓。据觅洞中寨寨佬陈家良老人讲述,杨家在刚迁徙至觅洞时,一方面是基于杨氏家族弱小的事实,为了能在觅洞村不被排挤,也为了能够学得觅洞武术,曾将自己的姓氏改为吴姓。1949年后,杨姓家族又由吴姓改为杨姓,这虽说是一种无奈之举,但也反映了觅洞武术传承网络的相对封闭性。在此行动者网络中,侗拳师仍然是核心行动者,维护家族的昌盛和繁荣是家族武术行动者网络的"强制通行点"。在此家族式的行动者网络中,各家族的族长和鼓楼、祭萨将不同行动者的利益转译为"维护家族昌盛"这一共同的利益。而随着时间的推移和禹姓、陈姓等家族的迁入,觅洞的人口组成也越来越复杂,形成了以吴姓家族为主,其他家族为辅的生存局面。此时,觅洞由己寨逐步演变为包括己寨和上、中、下四个自然村寨的大村寨。各个村寨均有自己的寨佬,寨佬的人选也已由单一的吴姓变为吴姓、陈姓、禹姓等。由此,觅洞武术的传承已逐渐由吴氏家族内部的事情演变为整个村寨的一件大事,以往由以吴氏家族侗拳师为核心的行动者网络逐步演变为以寨佬、觅洞武术、侗拳师、村民、鼓楼等组成的新的侗族武术传承行动者网络，核心行动者为寨佬和侗拳师，"维护村寨安定，传承民族文化"是所有行动者的"必经之点"。在此网络中，寨佬作为地方民族文化精英，将侗拳师、不同家族的人群、鼓楼等行动者各自的利益与职能转译为统一的族群利益。

此外，随着时代的变迁，甘溪和觅洞侗族武术作为一种防身技术，基于自身的经济价值，由侗拳师、其他家族成员、寨佬、社会环境等共同组成了侗族武术传承的行动者网络。其中，侗拳师仍然是这一行动者网络的核心行动者，侗拳师通过技术展示让其他家族成员看到这一事实：要实现保护自己和家族利益，就必须学会侗族武术。这也成为其他行动者参与侗族武术传承行动者网络的强制通行点。

第二节 侗寨武术传承行动者网络的断裂、变迁与重构

一 侗寨与国家的较量：武术传承的断裂与变通

在计划经济时代，甘溪和觅洞侗族武术的社会语境发生了变迁，在社会各方外力的共同作用下，侗族武术传承的行动者网络曾一度出现断裂，尤其是在"文革"期间，两个村寨的侗族武术都遭到了不同程度的破坏。然则，由于两个村寨的社会文化语境不同，各自的情况又有所不同。

对于甘溪来说，计划经济时代的社会生产处于缓慢恢复阶段，生产分配实行配给制度，个人活动被纳入集体经济建设中，缺乏行动支配权。在此语境下，包括侗拳师、村长、寨佬等在内的所有行动者均在国家的计划经济支配下。在国家和集体的意志下，所有行动者的利益均被转译为"发展生产"这一共同的利益。如此，侗族武术传承的行动者网络遭到了破坏。这种情况在"文革"期间表现得尤为突出。在"文革"期间，侗族武术等民族民间文化一律被视为"异端邪说"，其传承活动自然得不到国家层面的支持。在村寨内部，村民们公开习武、演武就会受到各种"批评"。

尽管如此，侗族武术的传承局限在家族内部，且均在"秘密状态"下进行。此外，春节期间的"玩龙"在计划经济时代得到了一定程度的延续，甘溪武术仅能通过各类大型民俗节日得以展演，成为"玩龙"的

附属活动。由此，舞龙、侗拳师、一般村民、寨佬、村长等组成了计划经济时代的侗族武术传承行动者网络。其中，舞龙是所有行动者的"强制通行点"，也即是说，要实现侗族武术的习练与传承，必须在"玩龙"的组织活动中开展。与此同时，侗拳师依然是核心行动者。

与之不同的是，觅洞村作为南部侗族的典型村寨，并没有舞龙活动。侗寨武术传承除了被限定在家庭内部有限地"秘密"传承之外，仅能在春节期间的民俗活动中有限地展演。幸运的是，自新中国成立以来，觅洞公社成立了"基层民兵连"。随之，"基层民兵连"成为觅洞武术传承的重要载体。当时组建觅洞"基层民兵连"的主要宗旨是组建地方治安队伍，弥补地方警力不足，维护地方治安，其学员主要来自包括觅洞在内的双江镇及周边乡镇的村民。在以村长和以寨佬的共同举荐下，觅洞侗拳师成为"基层民兵连"中的教练员，觅洞公社"基层民兵连"的训练内容也以军事训练和觅洞武术为主。如此，觅洞公社、基层民兵连、觅洞武术、侗拳师、学员、村长、寨佬等组成了觅洞武术传承的行动者网络。其中，学员来自觅洞和周边村寨，既有侗族，也有其他民族。因此，在"基层民兵连"的觅洞武术行动者网络中，行动者的范围较为广阔。不仅如此，在国家意志下，地方政府将武术爱好者、爱国青年、侗拳师、村长等不同行动者的不同利益转译为"维护地方治安"，基层民兵连成为觅洞武术传承行动者网络的"强制通行点"，地方政府是核心行动者。

二 市场与国家的协商：武术传承的转型与重构

（一）内在发展的需求

改革开放以来，在市场经济条件下，甘溪和觅洞的大部分侗拳师"重操旧业"，纷纷外出教武收徒，以赚取适当的生活费用。在此阶段，侗拳师、村民、市场经济等构成了另一觅洞武术传承的行动者网络。在此网络中，市场经济是所有行动者的"强制通行点"，也是核心行动者。市场经济将侗拳师、徒弟等行动者的不同利益转译为共同的"买卖关系"。

而随着改革开放的深入和文化大繁荣、大发展的开展，甘溪和觅洞走出了截然不同的侗族武术传承之道，形成了不同的侗族武术传承行动者网络。在甘溪，侗族武术走出了一条旅游型的传承道路，其中，侗族武术要实现传承，就必须在旅游中实现文化产业价值，为甘溪带来经济利益，进而吸引包括侗拳师及侗族武术习练者和政府文化旅游部门的广泛参与。在此，构成了由侗族武术主导构建，由侗拳师、甘溪民、政府、旅游、舞龙民俗共同参与的侗族武术传承网络。与之不同，觅洞侗族武术因循着内生型的传承道路。觅洞武术的传承并不需要政府、民俗等的干预，在侗拳师那里得到自觉性传承。无论时代如何变化，侗拳师都视传承侗族武术为己任。因此，觅洞侗拳师是关键行动者，他将习练侗族武术的兴趣转换为徒弟及其他村民的兴趣，使寨老、一般村民、民俗等其他行动者共同参与到由侗拳师主导构建的侗族武术传承网络中。

（二）网络的转译

在侗族武术传承的行动者网络中，转译包括问题呈现、利益赋予、征召和动员四个基本阶段①。其中，在问题呈现阶段，关键行动者必须意识到其他行动者实现利益的途径，让这些途径显然明了，让问题对象化，让核心行动者的问题成为其他行动者的一个强制通行点。②对于甘溪来说，在问题呈现阶段，政府必须意识到，打造侗族武术文化旅游以实现脱贫是重要的途径，要让侗拳师、舞龙民俗、甘溪人明了这一途径，让甘溪脱贫这一问题对象化。因此，在这一行动者网络中，要让"功夫村庄"的建设成为政府、村寨文化精英、旅游、武术传承的一个强制通行点。也即是说，只有"功夫村庄"建设顺利实施，甘溪人才能实现脱贫，侗寨武术也才能实现传承。与之不同，觅洞侗拳师必须意识到寨佬、觅洞村民、村干部、赛芦笙在侗族武术传承中的重要地位和实现途径，让侗族武术传承对象化，让觅洞侗拳的传承成为包括寨佬、觅洞村民、村干部、赛芦笙、鼓楼文化等在内的强制通行点。在利益赋予这一转译的第二阶段中，关键行动者要根据其他行动者的目标赋予其相应的利益，强化其他行动者对各自角色和利益的界定。③对于甘溪武术文化旅游行动者网络来说，政府要根据村民脱贫的目标，在政策和资金上给予支持，强化甘溪民传承侗族武术以发展旅游进而脱贫的社会角色。与此同时，政府文化部门认定陶通信等人为侗族武术传承人，强化他们在文化旅游脱贫行动者网络中的关键地位。不仅如此，为了能够实现脱贫，在陶光

---

① 雷辉：《多主体协同共建的行动者网络构建研究》，人民出版社2017年版，第17页。
② 同上。
③ 同上。

标等文化精英的倡导下,在政府的指导下,从江西引入"黄菊",并建构为"功夫菊"。"功夫菊""功夫客栈""功夫食堂"均是在脱贫行动者网络中被逐步建构起来的,它们在甘溪的扶贫行动者网络中的地位获得了政府和村民们的认可。与之相比,在觅洞侗族武术传承行动者网络中,政府并没有过多地参与,仅在侗族武术传承人的认证上给予了支持。不仅如此,觅洞侗族武术传承的行动者网络自觅洞武术体系形成以来,均是以侗拳师为核心。侗拳师通过在家族内和家族外的授徒教武,通过神秘而悠久的拜师仪式确定徒弟的社会与历史责任,通过向徒弟教武,增强他们在社会中的地位。此外,侗拳师还会选择德技优良的徒弟作为下一代传承人,给予徒弟以再传弟子的江湖地位,将终身所学全部传给下一代传承人。而在这一行动者网络之中,觅洞寨佬是觅洞武术传承的坚定支持者和倡导者,时刻提醒着族人保持传承武术的意识。"征召则是通过各种手段使其他行动者进入网络之中,接受各自的利益并充当关键行动者所界定的各自的角色。而到了动员阶段,关键行动者上升为网络联盟的代言人,并对其他联盟者行使权力,以维护网络的稳定运行。"[①] 对于甘溪来说,在未获得政府的支持之前,陶光标、陆承龙等文化精英与陶光荣村长,通过动员全体村民捐工、捐木,修建"功夫村庄"寨门让甘溪民进入扶贫行动者网络之中。随后,在政府的资金与政策支持下,将"功夫客栈""功夫食堂"等文化旅游基础设施建设成为扶贫项目。甘溪人接受政府和文化精英给予他们的利益安排,充当政府和文化精英给他们安排的角色。政府和文化精英成为甘溪扶贫行动者网络的代言人,通过对侗拳师、一般村民、民俗等的安排,维护着网络的运行。与之不同,觅洞村寨佬通过召开全体村民大会,号召村民参与到侗族武术的传承之中,以行使保村护寨之职责。侗戏本与侗族武术无太大关联,但以吴秀广老人为代表的文化精英巧妙地将侗族武术融入侗戏之中,使侗戏在历史上曾成为侗族武术的生存状态之一。因此,一般村民、侗族大歌、侗戏、赛芦笙等都处于寨佬的征召和动员之下。寨佬成为侗族武术行动者网络的代言人。

(三) 理性的选择

在侗族武术行动者网络的形成过程中,包括侗拳师、寨佬、村干部

[①] 雷辉:《多主体协同共建的行动者网络构建研究》,人民出版社2017年版,第17页。

等在内的成员都是理性的，都有各自的行动目标。他们参与侗族武术的传承一方面是基于文化理性，另一方面是基于经济理性。在这一时期，侗族武术行动者网络中的权力关系为社会与社会。

从新中国成立初期到文化大革命前夕，甘溪侗族武术行动者网络的行动者多数是理性的，他们参与侗族武术传承仍然是基于文化理性和经济理性，将侗族武术视为舞龙民俗生活和侗拳师经济收入的一部分。在此期间，国家并没有参与到甘溪武术行动者网络之中。在"文革"期间，在国家干预下，甘溪武术行动者网络遭到了破坏，侗族武术传承又从社会传承回到了"关起门练"式的家族内传承。改革开放以后，甘溪武术行动者网络又得以重构，甘溪人参与侗族武术传承是基于文化和经济理性的。对于外部村寨侗族武术参与者来说，他们参与侗族武术传承是基于健康和安全理性。甘溪武术行动者网络中的权力关系又由家族内部转变为社会与社会。但在经济与文化全球化的双重影响下，人们的社会价值观逐步发生变迁，外出务工已成为第一首选。在此背景下，甘溪武术行动者网络再次出现危机，村寨内外的行动者数量在不断减少，参与侗族武术行动网络多是基于文化理性和安全理性。随着文化大繁荣、大发展的推进，在陶光标、陆承龙等文化精英的倡导下，基于文化理性及经济理性，甘溪民参与到了"功夫村庄"建设，当地政府随后也积极参与并主导了"功夫村庄"建设。在此过程中，陶光标和陆承龙是侗族武术文化传承与保护的热心人士，他们的行动体现了文化理性；甘溪人民参与"功夫村庄"建设是为了能够早日脱贫，对于侗拳师来说，在文化旅游下传承侗族武术，表演侗族武术能给他们带来收入，他们的行动都体现了经济理性；而天柱县和渡马镇政府参与"功夫村庄"建设则是基于非物质文化遗产传承和保护及发展文化旅游的政治任务，政府的行动体现了政治理性。与此同时，甘溪武术行动者网络中的权力关系也已经由社会与社会转变为社会与国家。不仅如此，甘溪民、侗拳师、政府通过平等协商，追求各自利益的最大化，在"功夫村庄"建设的行动中找到了各自利益的契合点，使得"功夫村庄"建设成为各个行动者的"必经之点"。

然而，在觅洞村形成后相当长的历史时期内，侗族武术行动者网络中的参与者主要包括侗拳师、觅洞村民、寨佬、鼓楼文化等。他们参与侗族武术行动者网络中为文化理性，目的是为了传承侗族传统文化，视侗族武术传承为己任，行动者网络中的权力关系为村寨内部。到了清末和中华民国时期，觅洞武术行动者网络中的参与者有所扩大，不仅包括觅洞村民，还包括外部村寨。侗拳师参与行动在村寨外多是基于经济理性，以外出收徒为生。而在村寨内部，则兼具文化与经济理性。在此阶段，觅洞武术行动者网络中的权力关系为社会与社会。1949年后，侗族武术获得了发展的生机。在新的时代条件下，侗族武术行动者网络得到了重构。但在新中国成立初期到"文革"结束，在国家在场下，侗族武术被限定在家族内部传承，且为"隐蔽"状态。然而，为响应国家号召，觅洞武术积极参与到武术民兵连的建设和运作中。侗拳师、家族成员、国家、侗戏、基层民兵连组成了新的侗族武术行动者传承网络，其中的权力关系为社会与国家。在此行动者网络中，侗拳师和家族成员参与其中是基于文化传承理性，目的是传承"基业"，将侗族武术传承下去。其中，侗拳师参与其中是为了响应国家号召，武术民兵连和国家参与其中是为了地方治安的需要。国家、武术民兵连、侗拳师、侗戏参与其中体现了政治理性和文化理性。而值得一提的是，侗戏参与侗族武术行动者网络是基于当时的社会状况，吴秀光老人身兼侗族武术和侗戏传承人的双重身份，将侗族武术融入侗戏中，体现了文化理性。改革开放以后，受市场经济的冲击，许多侗拳师为了赚取更多的生活收入，纷纷外出收徒教武。此时，侗拳师、村寨内外徒弟、寨佬、村干部、鼓楼文化等构成了觅洞武术传承行动者网络。其中，在文化全球化的时代背景下，鼓楼文化一直是维系侗族武术传承的内在文化基因，而寨佬是侗族武术传承的督促与倡导者，更是侗族武术文化的守护者，他们参与侗族武术行动者网络体现了文化理性。而作为技艺与文化拥有者的侗拳师，在行动者网络中是侗族武术的传播和传承者，主观上是基于经济理性，但客观上却促进了侗族武术的传承。

全球化、国家建设和在地化发展之网的交织

> 在现代性的冲击下,"团寨"文化的自我坚守以及"再地方化"诉求也是极其强烈,其特点是在异质文化与"自我"文化的碰撞过程中,"团寨"文化总是以一种文化自觉的方式去接纳异质文化,并试图与"他者"文化对话关联中凸显自我、回归自我。
>
> ——张泽中《变迁与再地方化:广西三江独峒侗族"团寨文化"模式解析》

在全球化的文化语境中,甘溪侗寨武术加强境内外媒体宣传,在国家建设的大背景下,通过引入江西"皇菊"并在地化为"功夫菊";通过金庸小说中的武侠形象的在地化,打造"功夫客栈";通过侗族村寨与地方政府的协同发展,走出了一条旅游传承型发展道路。与之不同的是,觅洞武术的传承并未受到全球化太大的影响,在以寨佬为核心的鼓楼文化辐射下,侗族武术的传承成为觅洞侗族的文化基因。因此,当地的经济文化发展必须充分考虑觅洞村民的内在需求,实现经济文化发展在地化,而不是一味地单纯依靠外部力量。对于觅洞武术而言,不需要外在的动力,在村寨内部就能得到内生型传承。反之,如果外界过多地干预觅洞武术的发展,则会打破觅洞武术的传承文化基因,不利于觅洞武术行动者网络的重构。

第一节 全球化与在地化的交融

在李霖等看来,"在地化"原是指一个地区或国家,任何一种经济

或商品流动,必须适应地方需求,才有可能加速发展。① 在以往的少数民族武术研究中,多从分析文本出发,忽略了少数民族武术的活态传承,对于少数民族武术与地方社会生活之间的勾连——"在地化"研究较为少见。在全球化与在地化的双重影响下,甘溪与觅洞侗寨武术各自走出了迥然不同的发展道路。全球化主张不同区域之间经济与文化的互动,而在地化则是侧重于彰显地方文化特色,它们看似是对立的两极,但在刘述先看来,在地化与全球化相辅相成,可以组合成为全球在地化。即孔汉思所提倡的那样,"要超越国家、民族,现有宗教的藩篱,开拓全球意识,不是枝枝节节的改变,而是像文艺复兴那样的典范转译通盘的变化"②。

一 全球化与在地化语境下的甘溪侗寨武术

在侗族村寨,人们对于侗族武术的认知并不能简单地用一句话概述,而是呈现出多重话语的争鸣。这种争鸣来源于不同话语的不同阶层。其中,地方精英在侗族武术的传承中有着不同的声音。而对于甘溪来说,地方精英则包括地方政府官员、驻村干部、村干部、地方文化精英、商人。对于侗族武术的传承,地方精英虽然有不同的声音,但在全球化影响下,基于甘溪在地化的要求和村民们的内在发展需求,全球化和在地化在甘溪得到了有机地契合。

近年来,随着文化大繁荣、大发展的推进,贵州的文化旅游发展得如火如荼,地方官员纷纷开发地方民俗文化资源的经济价值,经济利益的获取成为包括侗族武术在内的传统文化复兴与发展的核心动力。在国家建设大背景下,甘溪期望通过发展实现脱贫。但对于甘溪人来说,实现脱贫的途径并不多,资源也非常有限,按照当地人的说法,"什么都没有,就只有甘溪功夫了"。因此,甘溪有想发展实现脱贫的内在需求,而侗族武术成为可利用的文化资源。所以,在国家建设背景下,必须考虑甘溪的这一"在地化"要求。与此同时,全球化主张不同区域经济文化的互动,李亚平指出:"在地化强调的是外来者接触当地社会并与当

---

① 李霖、李英:《洞庭湖区杨泗将军信仰的在地化研究》,《文化遗产》2013年第2期。
② 刘述先:《对全球在地化问题的反思与响应》,《深圳大学学报》(人文社会科学版)2014年第2期。

地社会发生互动的客观过程。"① 在全球化背景下，天柱县政府宣传部非常重视甘溪"功夫村庄"的宣传工作，通过境内外媒体加强对外宣传，并已初显成效。2015 年，来自美国和瑞典的武术爱好者在看到甘溪"功夫村庄"的海外宣传报道后，慕名来到甘溪探寻侗寨功夫的奥秘。随之，甘溪"功夫村庄"很快被英国《每日邮报》报道，《每日邮报》评价其为"世界最神奇的九个村庄之一"。而甘溪"功夫村庄"的海外报道产生了"多米诺骨牌效应"，引起了日本富士电视台的极大兴趣。2018 年 3 月，日本富士电视台一行携带采访设备来到甘溪，进行了为期一周的考察，对包括甘溪武术在内的侗族传统文化进行了详细的记录和报道，并随后在日本富士电视台播出，引起了巨大的社会反响。文化的交流与互动增强了甘溪"功夫村庄"的社会影响力，在"功夫村庄"的建设中发挥着重要的作用。在天柱县委宣传部和当地政府的关心与支持下，走文化旅游传承道路被确定为甘溪实现脱贫的重要途径。可以说，甘溪"功夫村庄"建设综合运用了全球化背景下网络媒体的影响力，结合甘溪自身的资源优势，很好地实现了在地化与全球化的契合。

二 全球化与在地化语境下的觅洞侗寨武术

与甘溪不同，觅洞村民虽然也希望通过发展来实现脱贫，但发展的途径并不单纯依靠侗族武术文化资源，而是主要依赖于政府的相关扶贫项目。对于觅洞村民来说，他们并不希望政府将觅洞武术纳入到当地的文化旅游项目中。基于此，在双江镇的文化旅游扶贫项目中，就不能生搬硬套地将觅洞武术作为重要的文化资源，而是要尊重觅洞村民们的价值选择，这是经济建设在地化的根本要求。这正如王思斌所说："在地化"是指社会工作者在服务民族地区时应能较好地了解当地人的文化和生活，了解他们陷入困境的真实原因，从当事人的角度理解社会问题，并以当地人可以接受的方式解决他们的问题。在社会问题处理上，要特别重视当事人的参与，体现他们的主体感、参与感。② 与此同时，在李

---

① 李亚平：《客商"在地化"的概念、进程及其意义》，《兰州学刊》2014 年第 4 期。
② 王思斌：《民族地区的社会治理与社会工作参与研究》，《广西民族大学学报》（哲学社会科学版）2017 年第 5 期。

林丹看来,"在地化"是具有地方性的非物质文化遗产传承的源泉。① 从唐末至今,觅洞侗族武术经历了一个漫长的历史演变过程。时至今日,仍因循着旧有的师徒传承模式,彰显了顽强的生命力和传承活力。主要表现为:从古至今,官方和民间对侗族武术进行不断地建构,在每一个阶段的建构中都有许多话语参与,每种话语代表了不同的社会阶层。在当下,地方政府官员是侗族武术的文化管理者与监督者,他们对于侗寨武术的解说代表了当下国家和地方政府主导下的意识形态。然则,他们对于侗族武术的解说多为书本知识和下乡观看表演后的综合认知。相比之下,文化精英对于侗族武术的解说和阐释就介于地方官员和侗族村民之间、学术性话语和地方性知识之间。"地方文化精英们在下层文化和上层文化的互动交融中,发挥着重要的影响力。"对于觅洞村来说,地方精英主要包括知识分子、寨佬、侗拳师,而正如闫爱萍所说:"他们是传统价值规范、制度仪式、礼俗习惯的解释者。"② 对于地方官员来说,他们希望将觅洞武术纳入到当地的文化旅游开发规划中;但对于寨佬、侗拳师、村民们来说,政府的这一规划对于武术传承的益处不大。因此,地方官员对觅洞村的建设构想停留在理念架构状态,并未融入"在地化"要求。因此,将觅洞武术纳入到当地的文化旅游规划中仍有待作进一步的商榷。

觅洞武术无论是在过去,还是在现在,抑或是在将来,都一直作为觅洞侗族的一种文化基因和"社会惯习",深深地植根于觅洞村民们的集体记忆与历史记忆中。无论社会如何变革,都无法改变觅洞侗族传承侗寨武术的内在动力,这源于觅洞村传统社会组织运行的内在凝聚力和族群认同力。因此,在全球化语境下,作为当地经济发展的文化旅游,要尊重觅洞武术内生型传承这一在地化要求。

三 侗寨武术全球化与在地化的共生

在当下,社区只有坚持全球化与"在地化"的共生,才能创造成功。如尚晴所说:全球化与地方感、传统与现代性的对接是三者面临的

---

① 李丽丹:《"在地化"与"在场化":博弈中的非物质文化遗产》,《民族艺术》2010年第4期。
② 闫艾萍:《关公信仰"在地化"研究——以关帝故里山西解州为中心考察》,《青海社会研究》2011年第3期。

共同问题。三个社区均以社区总体经营为主题，以地方资源为根基，通过政府投资、设计师与在地人的合作，发展出各具特色的社造模式。① 尚晴通过对中国台湾省社区治理成功的案例给中国大陆地区的乡村治理以借鉴，她指出：决定成败的关键在于，能否坚持以社区议题为导向，以社区自然与文化资源为核心，以社区居民福祉为目标。② 这对于侗寨武术传承的社会治理具有重要的借鉴价值。对甘溪来说，在全球化语境之中，要打造"功夫村庄"，除了利用互联网、电视报道等新闻媒体进行宣传之外，更需要在当地政府的支持与主导下，尊重侗族武术的文化生态，包括传承仪式、技战术体系、伦理体系等。与此同时，要尊重广大侗拳师对于"功夫村庄"的建议意见，与广大村民进行充分协商，才能够充分发挥甘溪广大村民和知识文化精英们的积极性与主动性，也才能够保证甘溪行动者网络的畅通，进而可避免出现甘溪人对"功夫村庄"建设的积极性急剧变动的情况。与之不同，在觅洞寨佬们的督促和村干部的监督下，在村寨文化精英们的智力支持下，觅洞村侗族武术因循着古老的传承模式。尽管受到经济与文化全球化的影响，在一定程度上阻碍了侗族武术的传承。然则，在"鼓楼"这一兼具文化与组织功能的社会载体下，侗族武术依然能够得到内生性传承。在此背景下，当地政府文化旅游部门期望也通过文化旅游将侗族武术文化转化为经济生产力，这是基于国家整体建设政府带领脱贫的需求。然而，在觅洞村推行文化旅游传承模式，必须尊重当地的社会文化与民俗传统，认真倾听侗拳师、地方文化精英及寨佬们的声音，尊重觅洞武术的"在地化"。就目前来看，觅洞武术传承不需要外界的利益驱动，文化旅游传承模式目前并不适合于觅洞村。

与此同时，侗族武术的在地化发展有利于它的全球化。以甘溪为例，在甘溪民"脱贫"的内在需求之下，通过地方精英人士与政府部门的积极协商，获得了政府的支持。如此，甘溪建造"功夫村庄"以实现脱贫，已经从最初的村寨主导，演变为以村寨为主体、以政府为主导的多方协商和参与的乡村共同治理模式。虽则如此，当地政府文化部门非常

---

① 尚晴：《台湾社区总体营造的个案与在地化思考——兼谈对湘西少数民族地区的借鉴》，《湖北民族学院学报》（哲学社会科学版）2017年第3期。

② 同上。

重视"在地化",尊重当地文化精英与侗拳师们的意见和当地人的文化习俗。张泽中在"团寨"文化变迁的案例中分析了在地化,并指出:"在现代性的冲击下,'团寨文化'的自我坚守以及'再地方化'诉求也是极其强烈,其特点是在异质文化与'自我'文化的碰撞过程中,'团寨'文化总是以一种文化自觉的方式去接纳异质文化,并试图与'他者'文化对话关联中凸显自我、回归自我。"① 笔者在甘溪侗族武术的案例分析中得出了类似但又有所不同的结论。甘溪利用政府提供的各种扶贫政策,通过修建寨门、建造"功夫记忆馆""功夫训练场""功夫客栈"、引进黄菊并在地化为"功夫菊"品牌,以建设"功夫村庄"。在此,甘溪以一种文化自觉的方式将黄菊在地化为"功夫菊",将金庸武侠小说中的英雄形象"在地化"运用到"功夫客栈"的设计中,在与"他者"的文化关联中凸显甘溪武术。此外,在地方文化精英的努力下,在县委宣传部门的支持下,通过网络媒体向境内外宣传,凸显出甘溪"功夫村庄"的全球化存在。自甘溪"功夫村庄"建设以来,先后获得境外媒体的多次关注,吸引了来自美国、瑞典和日本的武术爱好者及新闻媒体前来造访。甘溪所取得的这些"成绩"是"功夫村庄"走向全球化的一部分。

第二节 在场化与在地化的交织

在侗寨武术的传承过程中,国家建设的"在场化"至关重要。国家建设的"在场"和"缺场"决定了侗族武术传承的合法性与社会合理性。与此同时,在国家建设"在场化"下所制定的侗族村寨发展规划又要必须做到"在地化",符合当地村民们的生活习惯和传统社会制度。

一 侗寨武术的国家建设在场化

国家建设和全球化"在场化"是"凌驾于地方文化之上的更大范围的公共文化语境"②,对侗寨武术的传承起了至关重要的作用。然则,在

---

① 张泽中:《变迁与再地方化——广西三江独峒侗族"团寨"文化模式解析》,民族出版社2008年版,第250—251页。
② 李丽丹:《"在地化"与"在场化":博弈中的非物质文化遗产》,《民族艺术》2010年第4期。

国家建设中，甘溪和觅洞两个村寨的侗族武术所受到的影响各不相同。对于甘溪来说，当国家政治文化的控制较为严格甚至直接干涉制止时①，侗族武术的传承几乎处于停滞状态。如在"文革"期间，甘溪武术被打上了"不许可"的标签，仅能"关起门练"。而当国家的政治环境较为宽松、经济政策较为灵活时，则有利于侗寨武术的传承。更为重要的是，如前所述，甘溪武术传承走的是一条外向性旅游传承型发展道路，它的发展需要借助国家建设。如果国家建设在甘溪"缺场"，那么，在全球化时代背景下，侗族武术传承将步履维艰。但在国家建设中，甘溪借助旅游扶贫开发而获得了传承的生机。尤其是随着改革开放的深入和文化大繁荣、大发展的推进，天柱县和渡马镇政府通过政策倾斜、扶贫项目与资金支持并参与甘溪"功夫村庄"建设，进而带动侗寨武术的传承。

与之不同的是，觅洞武术受国家建设"在场化"的影响不大。即使是在"文革"期间，除了"关起门练"之外，依然能够在基层民兵武术连中得到有效传承。与甘溪武术相比，觅洞武术仍处于自发传承状态，但在国家在场下，以吴德林为代表的侗拳师得到了国家和社会的广泛认可，获得文化部门的认证，觅洞武术在村寨内外的传承也获得了政府部门的"明确许可"，不再是处于"灰色地带"的边缘文化。曾有一段时间，不传承觅洞武术还会受到村干部的训斥，这都是国家建设的在场化表现。而从根本上来说，侗族武术代表了觅洞村的文化特色，折射出觅洞村寨的社会结构和民族心理，因此能够在村寨中扎根。

二 侗寨武术的国家建设在地化

在社会语境中，侗寨武术作为村寨的传统文化，充分阐释了侗族村寨自然与人文环境的严酷，折射出侗族村寨村民们的社会需求及背后的社会环境。但就侗寨武术在当代的传承来说，必须适应"在地化"的要求。侗寨武术"在地化"主要是指外来事物为了能够突出侗族武术发展主题，必须尊重当地的民族风俗与社会结构，在侗寨武术传承问题上进行形式上的灵活变通。

在全球化背景下，甘溪人的最大愿望是早日脱贫。侗族武术虽然也

---

① 李丽丹：《"在地化"与"在场化"：博弈中的非物质文化遗产》，《民族艺术》2010年第4期。

代表了民族特色，但已处于次要地位，武术传承已悄然让位于经济建设。因此，大量的村民外出务工，造成了侗寨武术传承上的断层。所以，在甘溪，就不能单纯地依赖于村民们的文化自觉。究其原因，甘溪人在传承侗寨武术中缺乏文化自觉。也正因为此，甘溪侗寨武术的传承需要借助外力。这个外力主要表现为国家建设，具体来说，在当前的精准扶贫与乡村振兴战略中，甘溪自身缺乏矿产资源，只能依赖于仅有的文化资源。侗族武术一枝独秀，在全民健身和跨文化国家体育交流中仍有巨大的挖掘潜力，将能够为地方经济建设做出应有的贡献。基于此，在甘溪知识精英的谋划下，在当地村民们的支持下，政府与村民、地方文化精英三者在"功夫村庄"建设中达到了空前的一致，并与民俗、侗拳师等形成了侗族武术传承行动者网络，通过建设"功夫村庄"以带动当地旅游发展已成为各方的共识，各方实现了利益上的共谋。

与之不同的是，对于觅洞而言，国家建设必须"在地化"才能更好地传承侗族武术。具体而言，侗族村寨要整合国家建设中的各类资源，在制定各种方针政策时，充分考虑"在地化"的要求。觅洞村传统文化影响深远，旧有的鼓楼文化和议事制度在当下的国家建设中仍将发挥着不可替代的独特作用。在觅洞村民们看来，侗族武术和鼓楼等传统文化与社会制度已成为觅洞侗族的内在文化基因，在任何社会条件下都应得到延续。因此，觅洞武术传承并不需要包括国家建设在内的外力的作用。但在贵州乡村振兴战略中，觅洞村也被纳入到政府经济建设规划中。为此，双江镇政府将觅洞武术、四寨摔跤、黄岗男声大歌、坑洞的"人扮斗牛"表演等纳入到当地的文化旅游品牌建设项目中。然则，觅洞武术仅仅只是旅游项目中的一个景点而已，与甘溪"功夫村庄"的建设在力度和规模上完全不同。更为重要的是，在吴永贤、陈家良等地方文化精英看来，将觅洞武术作为旅游景点之一，虽然也能带来一定的经济效益，但将会严重影响觅洞武术的本真性传承。这正如黎平县文化局非遗中心吴再锋所说的，过度的旅游开发会导致传统文化传承内容的缺失。这种情况虽然也会发生在甘溪侗寨，但对于侗族武术文化尤为丰富的觅洞村来说，旅游开发会导致侗族武术内容被选择性地传承。也即是说，只有那些具有表演价值的动作才能获得展演的机会，反之那些较为实用但缺乏表演价值的动作则会被改造，或加入现代表演因素，或进行所谓的"技术性创新"。这显然不符合觅洞村寨包括寨佬和侗拳师在内的地方文化精英的要求,也与鼓楼文化所提倡的文化传承宗旨不相符合。因此,文化旅游开发并不符合觅洞武术的传承的"在地化"。相比之下,甘溪侗族武术的旅游传承道路则比较符合"在地化"要求,表现为甘溪民对侗族武术内容技术内容和表现形式上创新的肯定。因为在甘溪民和地方文化精英们看来,只有对甘溪武术进行内容表现形式上的创新,才能适应旅游表演化的需要。尽管有部分侗拳师对侗族武术内容传承存在担忧,但整体而言,整个侗族武术行动者网络中的所有行动者都倾向于对甘溪武术技术内容形式进行创新。因此,国家建设下的文化旅游开发契合了甘溪侗族武术的在地化要求。

总体来说,侗寨武术在全球化、国家建设和在地化交织下的复杂网络中得到有序传承。在全球化的时代背景下,侗寨武术作为跨国体育文化交流的一种重要媒介,在促进侗寨武术的全球化和侗寨旅游文化发展、增强侗族文化自觉与文化自信方面发挥着越来越重要的作用。与此同时,全球化、国家建设、在地化、寨佬、侗族武术、舞龙、鼓楼文化等元素共同组成了侗寨武术传承的行动者网络。在此行动者网络之中,作为国家代理人的当地政府在文化旅游和扶贫政策上给侗寨发展以支持,带动甘溪武术的传承。与之不同,在国家意志和力量下,觅洞武术得到了国家层面的认可,已融入国家非物质文化遗产体系之中。但当地政府的文化旅游发展规划并不适合觅洞武术的传承之路,即不能"在地化"。简而言之,侗寨武术要实现有序传承,必须借助于全球化中的文化交流机制,更要借助于国家力量,在网络各方行动者的共谋下寻求侗族武术传承"在地化"。

侗寨武术传承的类型与逻辑

> 正因为心理活动和社会生活关系密切,每个"种族"群体都具有自己特有的"思维内容"。
>
> ——[英]雷蒙德·弗思《人文类型》

第一节 外生与内生的辩证法

英国著名人类学家雷蒙德·弗思在论述文化类型时分析了不同种族文化表现与心理特征的关系,并指出:"正因为心理活动和社会生活关系密切,每个'种族'群体都具有自己特有的'思维内容'。"[①]笔者在觅洞与甘溪武术传承模式的案例中得出了类似的结论,即甘溪和觅洞各自侗族武术的文化类型不同,由此导致了传承之道的不同。具体来说,内生与外生是社会两种不同的发展类型,对于民族村寨亦是如此。在梁立新看来,民族地区外生发展战略表现为:国家自上而下官僚化控制和干预是民族地区发展的决定性力量,外部援助是脱贫致富的主要手段,且大部分资源通过政策和管理部门直接分配给受援对象和改善物质条件。而民族地区内生发展战略则表现为:反对国家行政化干预,认为它弱化了地方自主发展的能力,且管理成本过高、效率低下。与此同时,外部输血式援助可短时间扶持发展,但会埋下日后发展不平衡和不可持续的祸根。地方行动者的参与是发展的关键因素,发展过程由本地控制。[②]

[①] [英]雷蒙德·弗思:《人文类型》,费孝通译,商务印书馆2017年版,第36页。

[②] 梁立新:《超越外生与内生:民族地区发展的战略转型——以景宁畲族自治县两个村庄为例》,《浙江社会科学》2015年第7期。

然则，内生与外生并非孤立地存在，而是相互依存、相辅相成。针对甘溪和觅洞两个侗族村寨而言，虽然侗族武术的传承类型不同，但也存在着一定的关联。

一 获得外援的先期需求

在全球化背景下，侗寨武术的传承生态已发生变迁，多数年轻人选择以外出务工为主，侗族武术传承出现断层，已引起了包括侗拳师在内的侗寨地方文化精英的担忧。为了能够传承侗寨武术，在地方文化精英们的努力与支持下，侗寨武术传承出现新的生机。其实，这是侗寨武术传承的一种内生力量表现，是侗寨武术获得外部输血式援助的基础。对于甘溪来说，侗族武术整体上是旅游型传承道路，主要依赖当地政府的支持，将侗族武术的传承与发展置于当地政府的扶贫项目之中，通过建设"功夫村庄"传承侗族武术。在此过程中，天柱县和渡马镇政府发挥着主导作用，通过自上而下的行政控制与干预，在扶贫资金项目上给予甘溪以倾斜政策，将甘溪"功夫记忆馆""功夫客栈""功夫食堂""功夫菊"等纳入天柱县扶贫项目中。如果没有天柱县政府和渡马镇政府及相关文化部门的支持，在经济与文化全球化的双重影响下，甘溪侗族武术将处于濒危的边缘。因为正如甘溪百姓所说，侗族武术在新时期下并不能给他们带来实际的好处。而相反，旅游发展则可能带给他们一些实际的经济利益。因此，甘溪武术走上一种外生型传承道路。然则，在甘溪"功夫村庄"的建设初期，并没有政府层面的参与和支持，主要依靠甘溪人的自我建设，也即甘溪武术的内生力量在起主要作用。对于当时的甘溪人来说，早日脱贫致富是他们内心最大的愿望，而侗族武术则是甘溪重要的文化财富。在陶光标和陆承龙等地方文化精英的策划下，在传承侗族武术这一强烈愿望的驱使下，在甘溪干部的支持下，通过号召全体村民参与"功夫村庄"建设。随之，全体村民自觉捐工、捐木、捐款，历时近一年时间，"功夫村庄"寨门及外围设施、"功夫食堂"先后筹建起来。在这一阶段，甘溪的发展是一种内生型。而甘溪这种"渴望得到发展"的"内生型"所展现出来的实际行动感召了当地政府。之后，经过甘溪地方精英与当地政府的多方协调与论证，最终确定甘溪以"功夫"为主题的旅游发展道路。而此时，甘溪武术的传承已由"内生型"转变为"外生型"，由以村民为行动主体演变为以政府为主导，权力关系发生了实质性的改变。因此，甘溪武术传承是在"内生"的基础上借助当地政府的力量而获得"外生"。

与之不同的是，长期以来，觅洞武术的传承均是处于以议事制度为核心的鼓楼文化的影响下，成为觅洞村民们的历史记忆与集体记忆。所以，觅洞武术的传承主要依赖于内在的文化传承机制。从某种程度上来说，觅洞武术已成为觅洞侗族的文化基因，代代延续下来。至于外在的社会力量，对于觅洞武术的传承影响也非常有限。即使是在新中国成立初期的"大建设"阶段，历经三年自然灾害，也没能泯灭觅洞村民习练武术的意志。在"文革"时期，觅洞武术即使被打上"不许可"的标签，也不能阻挡觅洞村民习武的热情。这都说明了觅洞武术"内生型"传承的历史重要性。因此，在甘溪和觅洞，侗族武术传承的最主要原动力来自于村寨侗族文化的"内生性"需求，也侧面折射出侗寨武术的深厚底蕴与历史文化内涵。只有村寨有内在的传承需求，外在的社会力量才能对村寨武术的传承施加影响。否则，外部的社会力量就难以发挥作用。

二　外部力量的后期干预

当侗寨武术有内在的传承需求时，外部的社会力量对于侗寨武术的传承有促进作用，体现了外生对内生的促进。但针对甘溪和觅洞两个侗寨而言，"外生"对于"内生"促进作用的程度不尽相同。对于甘溪而言，当整个侗寨几乎失去内在传承的内源性动力时，急需用外部社会力量来推动侗族武术的传承。所以，在地方文化精英的鼓动下，基于甘溪寨脱贫的实际需要，自筹人力、物力和财力修建"寨门"，先期获得"内生"。之后，在与政府文化旅游部门的协调和沟通下，政府文体旅游部门逐步加大支持力度，从政策和资金等方面给予支持。如此，甘溪利用天柱县和渡马镇政府部门的扶贫资金，先后引入"皇菊"，并注册建构为"功夫菊"。与此同时，通过修建"功夫食堂""功夫客栈""功夫记忆馆"全面开展"功夫村庄"建设。在此过程中，当地政府文化旅游部门的强势介入使得甘溪武术传承有了新的希望，是一种典型的"外生型"传承。对于甘溪来说，外生对于内生起到了至关重要的作用。但与之不同的是，在觅洞村，包括侗族武术在内的传统文化保存得较好，因循着古老的师徒传承模式，文化传承通过寨佬管理和调节，并不需要国家层面的参与。在此，村寨寨佬和侗拳师是侗族武术传承实际的权力掌控者，侗族武术传承遵循以家族为核心的乡村传承秩序。如果政府强加干预，则会弱化觅洞村的自主发展能力。因此，觅洞武术传承是一种内生型。然则，在觅洞武术的内生型传承道路中，国家对于侗族武术的传承也起着正面或者负面的作用。在"文革"期间，侗族武术被打上了"不许可"的政治文化标签，国家层面的行政干预对于侗族武术、侗戏等传统文化的传承是一种阻碍作用。时至今日，随着文化大繁荣、大发展的推进，黎平县文化局非物质文化遗产中心及双江镇政府极其重视包括侗族武术在内的传统文化的传承与发展，采取了一系列措施。首先，在身份认同方面，黎平县非遗中心给予觅洞村吴德林以侗族武术传承人的身份，使得侗族武术由旧时的"隐身"状态"转正"，取得了国家层面的正式认可；在村寨建设层面，当地政府文化旅游部门主打"文化旅游"品牌，将包括侗族武术在内的传统文化纳入全县的文化旅游发展战略之中。对于政府来说，其目标是脱贫致富，但对于觅洞村民来说，一方面期望脱贫；另一方面又希望政府文化旅游部门不要对侗族武术进行过多的干涉。因此，对于觅洞村来说，一方面，通过政府文化部门对侗拳师身份的认同来体现国家在场，为侗族武术的传承创造良好的社会环境；但另一方面，觅洞武术的传承又不能受到政府过多的干预，在村寨寨佬和侗拳师的权力关系下，侗族武术实现内生型传承，如果觅洞武术将传承的权力关系交给政府文体旅游部门，势必会对侗族武术内容体系的完整性造成一定的破坏，反而不利于侗族武术的有序传承。因此，相对来说，觅洞武术遵照一种国家在场下的"内生型"传承模式更有利于其传承。换言之，外部社会力量对于觅洞武术的"内生型"传承的促进作用相对有限。

三　内在需求与外在力量的协商

在侗寨武术的传承类型上，内生和外生是相辅相成的关系。内生是外生的基础，外生促进内生的发展。在侗寨武术的传承之道中，外生与内生可以实现协同发展。"协同发展战略强调发展的主体是当地民众，区域的可持续发展和自主能力提升，反对国家行政系统过于直接、微观的干预，主张政府介入与民众参与上下联动。"[①] 这在侗寨武术的传承中

[①] 梁立新：《超越外生与内生：民族地区发展的战略转型——以景宁畲族自治县两个村庄为例》，《浙江社会科学》2015年第7期。

得到了很好的诠释,尤其是在甘溪侗寨武术的传承中表现得尤为明显和突出。如前所述,在甘溪侗寨以侗拳师、寨佬和知识分子为代表的地方文化精英的倡导下,甘溪侗寨上下一心,齐心协力修建寨门,为"功夫村庄"建设打下了坚实的基础,也反映了甘溪侗寨武术的内生性传承的要求。之后,政府介入甘溪"功夫村庄"的建设当中,并把"功夫村庄"建设纳入当地的扶贫建设项目中实施,这一过程就体现了政府介入与民众参与的上下联动,是内生与外生的协同配合。与之不同,觅洞侗寨武术的传承主要依赖于甘溪人的文化自觉,村民们的文化自觉和传承历史责任感作为一种内生性力量而存在,不以外界条件的改变而发生变化。尽管如此,在文化大繁荣、大发展的时代潮流中,觅洞武术基于扩大社会影响的内在需求,在政府文体部门的支持与帮助下,频频得以在各类体育文化比赛中展演。尤其值得一提的是,觅洞武术有幸代表贵州省参加了第十届全国少数民族传统体育运动会表演赛,获得了一等奖。而觅洞武术参加省级、县级等各级各类文化体育比赛更是数不胜数。不仅如此,觅洞武术还被黎平县非物质文化遗产中心认定为县级非遗项目。无论是参加各级各类比赛,还是获得非遗认可,都是觅洞武术传承内在传承的需求与外在社会力量共同作用的结果,是内生与外生协调发展的结果。此外,协同发展战略不仅承认民族地区民众拥有发展的决策权,而且意识到民族地区由于传统文化观念、现代技术水平和经济发展基础等影响,民众参与能力普遍较低。对此,协同发展战略始终把能力建设作为发展的重要目标,将民众的参与意识、参与技能以及市场经营和技术创新能力培养置于项目管理运行、生产发展和村庄治理之中。[①] 对民族地区民族参与意识与管理能力等的培养,在甘溪"功夫村庄"的建设中也体现得淋漓尽致。尤其是在天柱县杜马镇政府旅游部门接管甘溪"功夫村庄"项目之后,特别注意提高甘溪民们的服务意识。在当地政府官员看来,甘溪民有建设家乡的热情,但普遍缺乏旅游服务意识,尚未适应旅游市场的需求。为此,在甘溪"功夫客栈"建成之后,邀请县城里有经验的宾馆管理人员先期经营客栈,并让甘溪民学习旅游区宾馆的管理与服务经验。而在甘溪"功夫食堂"建成后,也聘请镇上有经验

---

① 梁立新:《超越外生与内生:民族地区发展的战略转型——以景宁畲族自治县两个村庄为例》,《浙江社会科学》2015年第7期。

的餐馆营业人员先期经营食堂，为的是保证"功夫食堂"的有序运营。也正因为此，"功夫食堂"和"功夫客栈"的管理权也引起了甘溪民与政府旅游部门之间的误会。在甘溪人看来，既然在甘溪经营"功夫村庄"，那么经营权应该交给甘溪民，以实现经济利益的回报。但在当地政府相关部门看来，"功夫村庄"的经营管理必须走科学化、规范化道路，所以必然重视将甘溪村民的参与意识、参与技能与市场经营和管理能力的培养放置于甘溪"功夫村庄"建设项目与侗寨治理中。因此，必然要先期聘请有经验的管理和服务人员对"功夫村庄"的食堂和客栈进行管理与运营。待甘溪人跟随有经验的管理与服务人员逐步掌握管理与服务经验之后，再将管理权交给甘溪人。这是一个长期的过程，不能一蹴而就。与此同时，协同发展战略认为，民族地区发展问题的焦点不应囿于发展过程由外部控制还是本地控制的争论之中，而是如何在地方行动者和外部要素间建立有效的联系网络。① 所以，无论是村寨侗族武术传承的内生需求，还是侗寨的外部社会力量，不仅要从宏观上协同配合，更要在实际行动中建立起包括各方力量和社会因素在内的侗寨武术传承行动者网络。

虽然侗族武术的传承在不同的历史时期与民俗、国家政治、地方文化精英等形成了行动者网络，表现出了极具时代特色的运动形式。但就武术文化本身而论，其传承有内在的规律与逻辑。侗族武术传承一方面是侗族文化基因延续的内在需要；另一方面也折射出侗族的社会文化生态、社会需要及各方利益。

第二节 内在逻辑

一 侗族文化基因的延续

一个民族的繁衍和兴盛不仅包括种族的延续，更是民族文化基因的承继。对于文化基因，国内外学者有着不同的认知。西方对于文化基因的认识是基于人类兼具生物和文化特性的事实，称文化基因为"Meme"，并从与生物基因对比的层面做了许多关于文化基因的研究。其中，牛津

---

① 梁立新：《超越外生与内生：民族地区发展的战略转型——以景宁畲族自治县两个村庄为例》，《浙江社会科学》2015年第7期。

大学的理查德·道金斯是学界公认的最早提出文化基因概念的学者。文化基因是一个与生物遗传基因相对应的单词，是文化传播或模仿单位。① 对于文化基因的解释，比较权威的是牛津字典，它将文化基因定义为："文化的一种要素，可以设想为一种非基因手段的复制。"② 相比之下，国内学者多从文化传承的角度来解析文化基因，其中，王东是较早阐述文化基因概念的国内学者。在他看来，文化基因是决定文化系统传承与变化的基本因子和基本要素。文化基因是人类文化系统的遗传密码，核心内容是思维方式和价值观念。③ 此后，也有许多学者对文化基因的内涵进行了扩展和延伸。对于文化基因的基本特征和社会功能，赵传海认为：文化基因具有独特性、遗传性、规定性和变异性。具有保证文化传承、维系民族认同、规范族人行为、规制社会走向的功能与作用。④ 相比之下，吴秋林在学界以往文化基因研究的基础上，提出了自己的文化基因学说。在他看来，人类文化的内部存在着某种有力的运动机能，可以理解为文化基因。⑤ 他指出：并不是所有的文化因素都能成为文化基因，但文化基因又必须在文化因素上构造。人和动物的行为有着共同的来源——基因，人的基因也与他们的社会行为或文化习俗之间存在着因果关系。基因与文化有不可分割的关系，基因创造了文化，文化启动了基因。⑥ 不仅如此，吴秋林认为：文化的延续性有自己基因图谱式的规律，科学文化时代一样延续了文化的惯性思维。⑦ 在笔者看来，文化基因是一个民族文化传承与社会秩序运行的重要内在动力和力量源泉，是一种文化思维方式的延续。就南北两个"侗拳之乡"而言，侗族武术传承是侗族文化基因延续的表现形式之一。尤其是随着经济与文化全球化的深入，侗族村寨旧有的武术传承行动者网络遭到了破坏，取而代之的是以经济建设为核心的经济行动者网络。在此背景下，在延续侗族文化基因这一内在的动力驱使下，在甘溪，以陶光标和陆承龙为代表的地方

---

① [美] 罗伯特·波拉克：《解读基因：来自 DNA 的信息》，杨玉龄译，中国青年出版社 2000 年版。
② 赵传海：《论文化基因及其社会功能》，《河南社会科学》2008 年第 2 期。
③ 王东：《中华文明的五次辉煌与文化基因中的五大核心理念》，《河北学刊》2003 年第 5 期。
④ 赵传海：《论文化基因及其社会功能》，《河南社会科学》2008 年第 16 卷第 2 期。
⑤ 吴秋林：《原始文化基因论》，《贵州民族学院学报》（哲学社会科学版）2008 年第 4 期。
⑥ 吴秋林：《文化基因论》，商务印书馆 2017 年版，第 30—31 页。
⑦ 同上书，第 43—44 页。

文化精英基于对侗族文化传承的认知，与寨佬、全体村民通过召开村民会议，在甘溪武术的传承上形成了较为一致的思路：以村寨扶贫为目标，以侗族武术为文化资源，走出一条旅游开发型的传承道路。如此，甘溪形成了以脱贫为核心的行动者网络，侗族武术传承只是文化旅游的副产品。而与之不同，在觅洞村，侗族武术一直是侗族文化基因的重要组成部分，不仅植根于觅洞村民们的历史记忆与集体记忆中，更是觅洞村鼓楼议事中的重要话题。在觅洞村的鼓楼议事中，侗族武术、侗族大歌等民族文化是重要的民族文化遗产，其传承被作为觅洞村民的重要历史使命，是觅洞侗族的一种文化惯性思维。所以，觅洞武术作为保村护寨和民族精神思维方式的延续，是觅洞侗族文化基因的一部分。也正因为此，无论是在旧时，还是在经济与文化全球化影响下的当代，觅洞武术始终是觅洞侗族文化生活中的一件大事，依然得到内生性传承。

二 侗族武术传承的建构

侗族武术的传承既是侗族传统文化基因的延续，也具有一定的社会建构性。换言之，侗族武术传承是基于当时社会群体各方利益的需求而逐步建构起来。关于社会建构，国外学界最开始起源于对科学技术社会化的研究。在经历了技术决定论之后，人们开始将重心移至于分析技术与社会的关系，将技术视为一个社会过程，一种社会文化实践。[①] 其中，技术的社会形塑论认为"技术的人工制品和实践最好被看作是隶属于社会群体的个人或集体建构起来的。主张技术和技术实践是在协商中被建构起来的，这经常被看作是由各种参与者的社会利益驱动的过程"[②]。其实，科学技术的建构学说也同样适用于社会科学领域。具体而言，在甘溪，侗族武术长期以来是当地侗族的一项重要民俗活动和娱乐活动，更是一项重要的格斗防身技术和健身术。基于旧时社会治安的混乱，当地侗族村民需要一种格斗防身技术，用于保村护寨。所以，在旧时，侗族武术作为一种格斗防身技术得到了自觉传承，这是一种基于生存的需要。与此同时，由于北侗龙文化作为一种民间信仰，在人们心中是"风调雨

---

① 刘保、肖锋：《社会建构主义——一种新的哲学范式》，中国社会科学出版社2011年版，第115页。

② 同上书，第121—123页。

顺""吉祥如意"的象征。因此，侗族武术与龙文化相互依存，侗族武术的传承被人们建构为一种民间信仰的延续和生存技术的保存。在社会政治环境较为恶劣之时，侗族武术被限制发展，社会将侗族武术建构为"不稳定因素"，进而使得侗族武术的传承只能"秘密进行"，表现为"关起门练"。改革开放后，尤其是在2008年之后，随着大部分村民外出务工，在陶光标和陆承龙的倡导下，如何利用侗族武术带动甘溪脱贫致富成为一项重要的任务。在此过程中，甘溪先后通过修建寨门、从江西引入"皇菊"进而注册为"功夫菊"、修建"功夫客栈""功夫食堂"等景点打造"功夫村庄"。显然，甘溪武术被社会建构为民族文化遗产和旅游文化资源，在政治与经济利益的驱动下得到有效传承。相比之下，觅洞村侗族武术历史更为悠久。据当地老人讲述，觅洞村侗族武术最早可追溯到唐末宋初，始祖为"闷将"和"靠将"。自唐末宋初至新中国成立前的历史时期内，觅洞武术因循着旧有的传承模式，在家族内部传承。之所以会出现家族内部传承，是由当时的社会条件决定的。在旧时，封建王朝实行"军队倡武、民间禁武"的政策，包括侗族武术在内的民间武术被视为"异端邪说"，处于"不许可"的行列。尤其是到了清代，清政府对包括苗族、侗族、瑶族等在内的少数民族地区实行高压政策，苛捐杂税多如牛毛，遂激起民变。在侗族农民起义中，侗族武术是重要的军事斗争技术，更是保命的重要手段。所以，基于生存的需要，在传统的侗族社会中，基于安全利益，必须传承侗族武术。在此，社会建构了侗族武术的传承。在传统的侗族村寨社会中，弱肉强食的丛林法则依然盛行，尤其是在觅洞村，吴姓家族迁徙至觅洞村最早，人数也最早，实力最强大。其他姓氏家族为了能够在觅洞村立足，必须跟随吴家学武。因为在旧时的侗族村寨，谁拥有侗族武术，谁就拥有获取更多社会资源的能力。基于此，侗族武术在家族内传承。所以，觅洞村的吴姓家族极力维护侗族武术传承的秩序——"传男不传女，传内不传外"。更有甚者，有的家族为了能够维持家族的生存，更改自己家族的姓氏为吴姓。因此，在较长的历史时期内，基于整体的社会政治环境，根据吴氏家族的利益和其他家族的利益，侗族武术在吴氏家族内传，是觅洞村各方利益协商的结果。随着时代的变迁，觅洞武术传承由家族内逐步扩展为村寨内的其他家族。其他家族学习觅洞武术，需向吴氏家族侗拳师缴纳一定的费用。此时，觅洞武术的传承方式是基于吴氏家族经济利益和其他家族的安全利益得以建构。1949年后，为了维护社会治安，弥补政府治安力量的不足，觅洞村成立基层民兵连，觅洞武术成为重要的军事训练科目。觅洞武术在基层民兵连内传承一直持续到1990年代末。值得一提的是，改革开放以后，一部分侗拳师解放思想，不仅将侗族武术传授给觅洞村寨其他家族，更是在附近村寨甚至临近县乡教武收徒。觅洞武术传承方式的多元化，除了旧有的家族传承之外，还有村寨内传承和社会传承，更有基于国家需求的民兵连内传承，是国家、社会、村寨多方利益共同协商建构的结果。在觅洞村，以吴学新、吴光贤、吴志先等为代表的一批民族文化精英致力于包括侗族武术在内的民族文化的传承。尤其是吴学新，在觅洞村寨佬的支持下，在村干部的鼓励下，在觅洞小学内授课，利用业余时间向小学生教授侗族武术，十几年来培养了一大批侗族武术接班人。和其他侗拳师收徒教武赚钱不同，吴学新在觅洞小学内义务教武收徒依靠的是一份热情，一份对武术的热爱，一份对传承优秀民族文化的责任。传承优秀民族文化代表着地方文化精英的利益，也体现了一种民族文化自觉，这也使得觅洞武术传承不同于甘溪。

结论：学术贡献、不足与展望

和以往的田野调查研究不同，笔者从文化整体观的角度出发，通过对甘溪和觅洞两个"侗拳之乡"的村寨历史、武术文化语境、武术演变历程、武术内容与技战术体系、武术伦理、社会影响等进行全面的田野考察，揭示侗寨武术的传承之道。实践证明，这种研究方式是可行的，克服了以往少数民族武术研究中就武术而论武术的弊端，从体育人类学的民族志"深描"中寻找问题的答案。在笔者看来，侗寨武术的许多文化现象都需要在村寨的历史文化语境及现实发展中去解读，挖掘那些极具特色的地方性知识，这也是本书的独特之处。

不仅如此，笔者对于人类学中的"跨文化比较"研究有自己的理解。以往学界普遍遵循不同文化系统之间的比较研究范式，而本书通过对两个侗寨武术的比较研究验证了这一研究模式：在同一文化系统内部不同子文化系统之间也可以进行比较研究。本书中的两个侗寨分属于南北两个不同的方言区，文化内涵与特征差异性较大。这种差异性直接影响着各自侗寨武术的传承之道。实践证明，这种研究范式是可行的。

本书将侗寨武术的传承置于全球化与国家建设的大背景下，运用社会学和人类学中的行动者网络理论、国家在场、在地化等理论方法，剖析侗寨武术的各类文化现象，并对这两个侗寨武术做比较研究。结果表明，社会学与人类学中的相关理论能够解释这两个侗族村寨的武术文化。两个侗族村寨的形成与发展历史各异，侗族武术的历史背景与进程也不尽相同，传承之道亦不同。首先，这种新的研究范式检测了许多理论和观点。如戴国斌所说："在人类对动物的文化处理中，武术也以动物作为仿生对象，通过象形化生产、会意性生产、矛盾性生产，推动了武术的文化生产。"① 觅洞武术中的黑虎拳、甘溪武术中的猴拳以及相关动作名称都是对动物的仿生性生产。如笔者在《西南山地民族武术的历史发展特征》(2014)一文中指出:"西南山地民族武术在技术上具有典型的山地特征,表现为动作范围小,注重桩功等。"甘溪武术的矮桩、在泥巴坪和桌子上训练都是为了适应山地环境。与此同时,在学界以往的研究中,习惯于用套路和技击将传统武术技战术进行无意间的剥离,如胡万祥所说:"以套路为主要技术传承的传统武术并非质疑流派武术的技击性。"② 本书中的两个侗寨武术均以套路为主要技术传承,对于一般的村民来说,仅限于套路传承;但对于徒弟来说,还有一套针对动作的"解释系统",是对套路中动作的用法讲解,正如吴德林所说,觅洞武术的实战蕴含在套路中,招招都能打人。值得关注的是,行动者网络理论广泛应用于文化旅游、手工艺、工程科学等研究领域,但尚未涉及体育研究领域。而笔者将其应用于侗寨武术传承之道的分析中,验证了行动者网络理论在体育研究领域中的可行性。

此外,在师徒关系及择徒规范上,周伟良、李金龙、李凤成都进行了针对性分析,认为:传统武术择徒谨慎、授徒严格,并有拜师程式,讲究师道尊严和规范。③ 而本书中的甘溪和觅洞两个侗寨武术的择徒都格外强调武德修养,在武术训练上强调精益求精,只有前一个动作完全掌握,达到师傅的要求,才能继续学习下一个动作。尽管如此,觅洞武术个案中虽然也有拜师仪式,但充满了鬼神信仰,且在吴学新向吴光荣拜师学习时不需要介绍人,这是侗寨武术传承中的不同之处,是对以往研究的补充。王俊奇④曾对体育文化保守主义进行了剖析,但仅停留在宏观层面,对于一些细致入微的细节并未涉及。而通过本书的分析,笔者认为:侗寨武术的文化保守主义并非指侗族武术故步自封,而是指侗拳师为了维护家族的侗族武术技术垄断,实行"传内不传外,传男不传

---

① 戴国斌:《武术的仿生性生产》,《上海体育学院学报》2009年第6期。
② 胡万祥:《论以套路为主要技术传承方式的传统武术对技击的超越》,《天津体育学院学报》2014年第4期。
③ 周伟良:《师徒论——传统武术的一个文化现象诠释》,《北京体育大学学报》2004年第5期。
④ 王俊奇:《从武术文化遗产保护引发对"保守主义"的文化思考》,《体育学刊》2008年第2期。

女";为了保护自己的人身安全和经济利益,在技术传承上要"留一手"。这是对以往武术文化保守主义研究的有益补充,也更能够深入侗拳师的实际生活,体现了体育人类学的人文关怀。不仅如此,罗辑认为:侗族武术传承要从保护传承人和文化生态、挖掘整理、进校园等途径入手。而本书指出:甘溪和觅洞侗寨武术分别是外生型传与内生型传承模式。本书按照类型学的方法将村寨武术传承分为内生型和外生型两种模式,是对学界以往武术传承认知的有效补充。

然则,通过本书对两个侗寨武术的田野考察和对比分析,也发现有一些理论方法并不完全适合于侗寨武术。如旷文楠所说:"实战经验的总结,均强调了后发制人,以柔克刚,是'道者反之动'方法论在技击上的具体运用。"① 但在觅洞武术个案中,事实并非如此。觅洞武术实战格斗就尤其强调"先发制人",目的在于"使对手措手不及,掌握格斗中的主动权"。学界以往普遍认为:中国传统武术与戏曲紧密结合。但是,这在觅洞武术案例中也并非如此,觅洞侗戏中并没有武术内容,只是后来吴秀光老人为了传承觅洞武术,才将觅洞武术内容加入到侗戏中。不仅如此,对于武术的传承与发展,学界普遍认为:应结合传统村落,通过旅游文化建设得到传承。然则,这在觅洞侗寨武术案例中也并不适用。政府和社会对于觅洞武术的传承不应过多地进行干预,应在政策上给予支持和鼓励,尊重侗寨武术的原生型传承模式。此外,如吴永存等人所说:所谓的武术健身、武术表演、武术祛病等只能称为少数民族武术的'副产品',应坚持"技击性"的价值取向和选择,通过速度、击打、实战应用等方面的强化,来捍卫少数民族传统武术之本质。② 但这并不适用于甘溪侗寨武术个案,甘溪武术虽然实战性很强,但表演性不强,缺乏吸引力,不利于甘溪武术的旅游型传承。所以,应充分挖掘甘溪武术的表演价值。因此,社会学、历史学、人类学及体育学中的某些理论并不完全适合于侗族武术,这是由于侗族拥有自己独特的文化特性,作为生长和发展于侗族传统文化沃土之上的武术文化,在其传承与发展的历史中有其独特之处。

---

① 旷文楠:《中国武术文化概论》,四川教育出版社1990年版,第44页。
② 吴永存、周振东:《全球化场域下我国少数民族传统武术文化的传承与发展》,《北京体育大学学报》2016年第1期。

结论：学术贡献、不足与展望

"书中得来终觉浅，深知此事需躬行。"这是本书田野工作的真实写照。尽管两个侗寨历史悠久，但由于历史记忆的中断，也缺乏相关的历史文献记载，唐末至清代间的觅洞侗寨武术的历史状态已无从知晓，但通过侗寨的历史遗迹及相关地方志文献，结合口述访谈和民间传说与故事，能够大致明晰侗族武术的历史概貌。此外，通过本书对两个侗寨武术的田野考察，收获的不仅仅是侗寨武术本身所蕴含的技术与文化内涵。更为重要的是，这些零星的历史记忆和故事能够折射出历史状态下的侗寨社会发展状态，这对于今天开展侗族武术文化活动提供了借鉴与参考。与此同时，仅仅依靠人类学和体育学中的理论与方法对田野调查结果进行解析，并不能完全揭示其中的文化现象。相比之下，借助于社会学的ANT、在地化等理论方法，不仅可以获得更为完整的文化阐释，更为侗寨武术的传承之道提供理论参考。本书对两个侗寨武术进行比较研究，是一次积极的尝试，尽管存在一定的不足，但却为学界同人进行同类研究提供了理论与方法上的参考。对属于同一类体育文化但又处于不同历史文化语境中成长起来的不同体育文化进行民族志式的比较研究，将有巨大的发展潜力，亟待学界做进一步的研究。

参考文献

著作

《马克思恩格斯文集》（第1卷），人民出版社2009年版。

《天柱县志》，成文出版社1968年版。

费孝通：《乡土中国》，北京出版社2005年版。

龚茂富：《中国民间武术与社会变迁：基于四川地区民间武术的研究》，中国社会科学出版社2018年版。

郭荣茂：《传统手工艺的行动者网络——闽南永春漆篮变迁考察》，科学出版社2017年版。

郭振华：《滇黔武术文化研究》，民族出版社2015年版。

国家体委武术研究院：《中国武术史》，人民体育出版社1997年版。

胡小明：《体育人类学》，高等教育出版社2017年版。

旷文楠：《中国武术文化概论》，四川教育出版社1990年版。

雷辉：《多主体协同共建的行动者网络构建研究》，人民出版社2017年版。

廖君湘：《南部侗族传统文化特点研究》，民族出版社2007年版。

刘保、肖峰：《社会建构主义——一种新的哲学范式》，中国社会科学出版社2011年版。

罗康智等：《传统文化中的生计策略：以侗族为例案》，民族出版社2009年版。

马明达：《说剑丛稿（增订本）》，中华书局2007年版。

马鑫：《边界与利益：少数民族文化旅游资源产权研究》，云南大学出版社2016年版。

毛艳等：《西南少数民族民俗概论》，云南大学出版社2012年版。

宋健：《鼓楼侗歌》，贵州民族出版社2014年版。

王明珂:《英雄祖先与弟兄民族:根基历史的文本与情境》,中华书局2009年版。

温力:《中国武术概论》,人民体育出版社2005年版。

吴秋林:《文化基因论》,商务印书馆2017年版。

杨海晨:《族群体育与认同建构:对黑泥屯演武活动的田野考察》,中国社会科学出版社2017年版。

杨秀芝:《侗族审美文化》,中国社会科学出版社2017年版。

张岱年、方克立:《中国文化概论》,北京师范大学出版社1994年版。

赵静蓉:《文化记忆与身份认同》,生活·读书·新知三联书店2015年版。

周伟良:《中国武术史》,高等教育出版社2003年版。

周志俊:《体育辩证法》,合肥工业大学出版社2004年版。

[德] 恩斯特·卡西尔:《人论》,甘阳译,西苑出版社2003年版。

[法] 米歇尔·福柯:《词与物:人文社科的考古学》,莫伟民译,上海三联书店2017年版。

[法] 米歇尔·福柯:《规训与惩罚》,刘北成、杨远婴译,生活·读书·新知三联书店1999年版。

[法] 皮埃尔·布尔迪厄、[美] 华康德:《实践与反思》,李猛、李康译,中央编译出版社1998年版。

[美] 阿尔君·阿帕杜莱:《消散的现代性:全球化的文化维度》,刘冉译,上海三联书店2012年版。

[美] 保罗·奥斯卡·克里斯特勒:《文艺复兴时期的思想与艺术》,邵宏译,东方出版社2008年版。

[美] 本尼迪克特·安德森:《想象的共同体:民族主义的起源与散布》,吴叡人译,上海人民出版社2011年版。

[美] 大卫·费特曼:《民族志:步步深入》,龚建华译,重庆大学出版社2007年版。

[美] 罗伯特·波拉克(Robert Pollack):《解读基因:来自DNA的信息》,杨玉龄译,中国青年出版社2000年版。

[美] 马文·哈里斯:《文化唯物主义》,张海洋、王曼萍译,陈来胜校,华夏出版社1989年版。

[英] 雷蒙德·弗思:《人文类型》,费孝通译,商务印书馆2017年版。

［英］马林诺夫斯基：《文化论》，费孝通译，中国民间文艺出版社 1987 年版。

论文

艾少伟、苗长虹：《从"地方空间"、"流动空间"到"行动者网络空间"：ANT 视角》，《人文地理》2012 年第 2 期。

程大力：《论图腾崇拜对象性武术的影响》，《成都体育学院学报》1993 年第 2 期。

崔榕：《"国家在场"下湘西苗族文化的调试策略与现实启示》，《西南民族大学学报》（人文社科版）2016 年第 11 期。

戴国斌：《武术的仿生性生产》，《上海体育学院学报》2009 年第 6 期。

邓艳辉等：《少数民族婚俗中的武术文化探微》，《四川体育科学》2015 年第 4 期。

高丙中：《民间的仪式与国家的在场》，《北京大学学报》（哲学社会科学版）2001 年第 1 期。

郭俊立：《巴黎学派的行动者网络理论及其哲学意蕴评析》，《自然辩证法》2007 年第 2 期。

郭学松：《一个少数民族村落传统武术人口变迁的考察》，《武汉体育学院学报》2015 年第 12 期。

郭玉成：《武术标准化研究的概念、方法和体系——基于标准化学科视域的基础理论构建》，《上海体育学院学报》2015 年第 1 期。

和春云等：《原始宗教仪式舞蹈与武术套路形成的双向实证研究》，《体育科学》2014 年第 11 期。

胡万祥：《论以套路为主要技术传承方式的传统武术对技击的超越》，《天津体育学院学报》2014 年第 4 期。

胡小明：《体育人类学方法论》，《体育科学》2013 年第 11 期。

李凤成：《从师徒关系到约定契约：武术文化传承机制演变的价值审视》，《体育与科学》2017 年第 3 期。

李立华等：《旅游空间的空间转向——行动者网络理论视角的旅游研究述评》，《旅游学刊》2014 年第 4 期。

李丽丹：《"在地化"与"在场化"：博弈中的非物质文化遗产》，《民族艺术》2010 年第 4 期。

李亚平:《客商"在地化"的概念、进程及其意义》,《兰州学刊》2014年第4期。

李延红:《"国家在场"与侗族嘎老的乡村传承》,《中央音乐学院学报》2015年第1期。

李忠汉、刘普:《"国家—社会"关系理论视野下社会治理的建构逻辑》,《中国社会科学院研究生院学报》2017年第3期。

梁立新:《超越外生与内生:民族地区发展的战略转型——以景宁畲族自治县两个村庄为例》,《浙江社会科学》2015年第7期。

廖耀南:《姜映芳领导的农民起义》,《贵州民族研究》1982年第1期。

刘长林:《宇宙基因·社会基因·文化基因》,《哲学动态》1988年第11期。

刘述先:《对全球在地化问题的反思与响应》,《深圳大学学报》(人文社会科学版)2014年第2期。

刘文燕等:《黔东南侗族黑虎拳的人类学研究》,《体育文化导刊》2017年第7期。

罗辑:《少数民族武术中"物"的在场、脱域与出场:以贵州少数民族武术为例》,《体育科学》2014年第3期。

罗辑、刘积德:《非物质文化遗产视域贵州侗族民间武术的传承与发展》,《贵州民族研究》2014年第161期。

马翀炜、张雨龙:《国家在场对于文化多样性的意义》,《世界民族》2013年第5期。

欧阳开松:《侗族武术月牙镋引进校园的创编与研究》,《中国学校体育》2012年第S1期。

尚晴:《台湾社区总体营造的个案与在地化思考——兼谈对湘西少数民族地区的借鉴》,《湖北民族学院学报》(哲学社会科学版)2017年第3期。

谭广鑫等:《巫风武影:南部侗族"抬官人"挖掘整理的田野调查报告》《体育科学》2014年第3期。

汤立许:《岳家拳传承治理的特征、问题与路径》,《体育学刊》2017年第1期。

汪流、王凯珍:《"国家在场"的中国老年体育:回顾与思考》,《武汉体育学院学报》2015年第7期。

王东:《中华文明的五次辉煌与文化基因中的五大核心理念》,《河北学刊》2003 年第 5 期。

王海萍:《合理性的乌托邦与个人的自我实现》,《学术交流》2017 年第 4 期。

王俊奇:《从武术文化遗产保护引发对"保守主义"的文化思考》,《体育学刊》2008 年第 2 期。

王林等:《传统武术传承的社会人类学解析》,《武汉体育学院学报》2010 年第 12 期。

王明建:《村落武术的文化人类学研究》,《上海体育学院学报》2016 年第 3 期。

王明建:《拳种与村落:武术人类学研究的实践空间》,《成都体育学院学报》2016 年第 1 期。

王思斌:《民族地区的社会治理与社会工作参与研究》,《广西民族大学学报》(哲学社会科学版)2017 年第 5 期。

王增鹏:《巴黎学派的行动者网络理论解析》,《科学与社会》2012 年第 4 期。

王振等:《黔东南州侗族月牙镋武术文化研究》,《体育科技》2017 年第 2 期。

吴秋林:《原始文化基因论》,《贵州民族学院学报》(哲学社会科学版)2008 年第 4 期。

吴永存、周振东:《全球化场域下我国少数民族传统武术文化的传承与发展》,《北京体育大学学报》2016 年第 1 期。

武超等:《论民间习武共同体之生态保护》,《上海体育学院学报》2017 年第 6 期。

闫艾萍:《关公信仰"在地化"研究——以关帝故里山西解州为中心考察》,《青海社会研究》2011 年第 3 期。

杨海晨等:《论体育人类学研究范式中的跨文化比较》,《体育与科学》2012 年第 8 期。

杨海晨等:《走向相互在场:"国家—社会"关系变迁之仪式性体育管窥》,《体育与科学》2017 年第 3 期。

张江龙等:《黔东南侗族武术文化生态研究》,《体育文化导刊》2017 年第 8 期。

张忠杰：《苗族传统武术文化的山地特征》，《原生态民族文化学刊》2013年第3期。

张忠杰等：《中国少数民族武术研究的回顾与展望》，《中国体育科技》2016年第2期。

赵传海：《论文化基因及其社会功能》，《河南社会科学》2008年第2期。

赵传海：《论文化基因及其社会功能》，《河南社会科学》2008年第2期。

周伟良：《师徒论：传统武术的一个文化现象诠释》，《北京体育大学学报》2004年第5期。

周伟良：《师徒论——传统武术的一个文化现象诠释》，《北京体育大学学报》2004年第5期。

后　　记

　　本书是贵州省高等学校人文社会科学重点研究基地、贵州师范学院中国山地文明研究中心基地招标项目《中国侗族武术传承之道的田野研究》（以下简称基地项目）的成果，也是课题组深入甘溪和觅洞这两个侗族村寨的田野调查的心血之作。课题组在龙宇晓教授的策划和悉心指导下，由张忠杰制定具体调研方案，深入甘溪、觅洞这两个侗族武术村寨搜集包括文字、口述、音像等在内的侗族武术史料，为书稿的完成准备了丰富的一手资料。书稿的框架主要由张忠杰根据田野调查获得的资料拟出，经过龙宇晓教授修改而得以完善。

　　在课题组深入甘溪进行田野调查之前，承蒙天柱县文物管理所的姚登屏老师帮助课题组联系调研村寨中的老拳师和相关负责人，在此特致以衷心的感谢。在甘溪，课题组受到了包括陶光荣支书在内的甘溪百姓的欢迎，也得到了天柱县民族中学陶光标老师的大力支持，在此特表示深切的谢意。此外，在结束对甘溪的调研之后，课题组在时任天柱县政协文史委主任的秦秀强先生和他所介绍的黎平县政协文史委的同人们的帮助下，在双江镇政府的精心安排下，课题组于2018年1月24日顺利到达觅洞村。在觅洞，课题组得到了陆德安支书、吴村长及村寨父老乡亲们的热情招待和支持。在我们入驻觅洞村开展田野调查的日子里，吴志先先生不辞劳苦，几乎天天陪同课题组深入上寨、中寨、下寨、己寨等自然寨，考察觅洞村寨历史沿革、觅洞武术历史及技战术训练、社会生产生活和民族民俗等，对于觅洞田野调查的顺利开展提供了极大的帮助，在此谨向吴志先先生致以崇高的敬意和深深的感谢。

　　课题组在两个侗族村寨的侗族武术田野中，与当地老百姓同吃同住，不仅感受到了侗族人民的热情和淳朴，更感受到了贵州侗族人民奋发赶超、积极进取的"贵州龙"精神。最让课题组感动的是，在村支书的带

后　记

领下，在陶光标和陆承龙的倡导下，甘溪民自发捐工、捐木、捐款，用于修建寨门、合约食堂、功夫记忆馆等设施，形成上下一心、精诚团结的和谐局面。这种热心公益和勇于奉献的精神令我们钦佩，也值得其他民族村寨学习和借鉴。这体现了在新时期背景下，贵州侗族人民在党的领导下形成的文化自觉。包括侗族武术在内的民族传统文化有效地得以继承并发扬光大，乃是侗族人民文化自觉、文化自信和文化自强的必由之路。从这个角度上看，深入研讨侗族武术文化传承之道，有利于侗族地区文化旅游融合发展和"健康中国"战略的实施，其学术价值和现实意义都不言而喻。希望本书对促进少数民族武术文化研究的深入发展和侗族地区的乡村振兴战略的实施能够有所裨益。